12 presque 13

Les 12 choses carrément dingues
à faire pour être encore plus géniales
avant d'avoir 13 ans

LISA GREENWALD

12 presque 13

Texte traduit de l'anglais
par Paola Appelius

Les 12 choses carrément dingues à faire pour être encore plus géniales avant d'avoir 13 ans

Slalom

L'édition originale de ce titre a été publiée en anglais pour la première fois en 2018, sous le titre *12 before 13*, par HarperCollins Publishers.

Slalom, un département d'Édi8
12 avenue d'Italie, 75013 Paris
www.slalom-éditions.fr
Photos de couverture : © iordani / Adobe Stock

Loi n° 49-956 du 16 juillet 1949 sur les publications destinées à la jeunesse, modifiée par la loi du n° 2011-525 du 17 mai 2011.
ISBN 978-2-37554-114-2
Dépôt légal : juin 2019

À la mémoire de Helen Feiler Greenwald :
ma mamie chérie, ma fan numéro un, et mon amie

Chapitre 1

« Qu'est-ce que tu veux dire par : "On avait établi une liste" ? me demande Alice pendant que je remplis ma bouteille à la fontaine à eau du camp, aspergeant généreusement au passage mon T-shirt vert à col en V du collège de West Brookside.

— Kaylan et moi, on avait établi une liste des onze choses qu'il fallait qu'on fasse avant d'atteindre nos douze ans. Et maintenant, on est en train d'en dresser une nouvelle, avec les douze choses à faire avant nos treize ans. »

Une fois ma bouteille pleine, je bois une gorgée d'eau fraîche au goulot, et la rebouche.

Alice fronce le nez.

« Mais pourquoi ? Juste comme ça, pour le fun ? »

Je lâche un petit rire.

« Oui, plus ou moins, mais aussi parce que c'était un moyen de nous rassurer avant l'entrée au collège. Et à présent, c'est une tradition, et il ne faut pas rompre avec les traditions. »

Alice se plie en deux, tête en bas, et rassemble ses tresses africaines en un semblant de chignon sur le dessus de son crâne.

« Ça me plaît bien, déclare-t-elle en se redressant. C'est cool. » Elle crochète son bras au mien. « Franchement, je n'arrive pas à croire que ça fait seulement deux semaines que je te connais, Arianna. J'ai l'impression qu'on a été amies toute notre vie.

— J'ai un peu cette sensation, moi aussi. J'aurais dû venir avant dans ce camp de vacances.

— C'est trop dommage, on se serait rencontrées plus tôt. Et alors, quelle quantité d'eau tu dois ingurgiter dans la journée, exactement ?

— Juste ce qu'il faut pour garder un teint éclatant. »

Je tourne la tête vers elle pour qu'elle voie bien les deux côtés de mon visage.

« Tu es trop rigolote. Au fait, ton T-shirt est trempé. »

Je hausse les épaules et réponds : « Pas grave. Ça va sécher.

— Et donc, quelle est la chose suivante que tu...

— Les filles ! » aboie une voix derrière nous. Celle, reconnaissable entre toutes – haut perchée et criarde – de Sari, une de nos monitrices. « Vous allez être en retard !

— Désolées ! s'écrie Alice. »

Elle m'agrippe la main, et on cavale en s'esclaffant vers la *Beit Ham*. Ça signifie « maison chaleureuse », en hébreu, ou « maison du peuple ».

« On va se faire enguirlander. »

Presque à bout de souffle, je la rassure : « Mais non, ne t'en fais pas. »

On arrive juste à temps. On s'assied en vitesse sur le plancher en bois, tandis que le reste de notre groupe se retourne pour nous dévisager. On se fait toutes petites, mais on continue de ricaner derrière nos mains.

« Dis, tu me les montreras, vos listes, quand on sera rentrées au dortoir ? chuchote Alice une fois que nous avons repris notre sérieux. Tu les as apportées au camp ? »

Je hoche la tête : « Bien sûr. Elles ne me quittent jamais.

— Alors, lance Jake, notre chef d'unité, debout face à nous sur l'estrade, mains sur les hanches. Dites-moi, qu'est-ce que ça signifie, être un leader ? »

Alice et moi échangeons un regard, levant les yeux au ciel, et poussons un grognement aussi discrètement que possible.

« C'est, genre, la centième fois qu'on fait ça, ronchonne Alice entre ses dents.

— Alice Kalman ! On dirait que tu as une réponse. À toi de joueeeeer... », beugle Jake comme s'il était le présentateur d'un jeu télévisé, en lui faisant signe d'approcher.

On se croirait presque au collège, lorsqu'on a des ennuis, sauf qu'ici, c'est quand même plus drôle et plus relax. Les autres rigolent, mais ils ne se moquent pas d'Alice. Ils rient plutôt *avec* elle. Je prends mentalement note de toutes les choses qu'il faut que je raconte à Kaylan. On essaie de s'écrire tous les jours. Elle est bien plus forte que moi pour ça, mais c'est aussi parce qu'elle a plus de temps.

On aurait peut-être dû ajouter « S'écrire tous les jours » à notre liste de cette année, mais je crois que ça aurait fait trop. Au moins, je me tiens à l'item « Faire un dessin par jour ». Ça ne prend pas longtemps et c'est amusant.

« Euh, bonjour, dit Alice depuis l'estrade, les bras croisés sur la poitrine. Un leader, c'est quelqu'un qui accomplit des choses. »

Jake hoche la tête en signe d'approbation et se tapote le menton.

« Bien. Tu as raison. Maintenant, désigne l'un de tes camarades. »

Nos regards se rencontrent. Je suis presque sûre qu'elle va me choisir. Elle hausse les sourcils, et je hoche la tête pour lui faire comprendre que je suis d'accord.

« Très bien. Arianna Nodberg, à toi de joueeeeer... »

Je me lève d'un bond en époussetant mon short, et réfléchis à ce que je vais pouvoir dire tandis que je gagne l'estrade. C'est une chose à laquelle je n'ai encore jamais pensé sérieusement.

« Alors... » Je scrute les visages tournés vers moi. « Un leader, c'est quelqu'un qui est capable de coordonner d'autres personnes et de leur donner l'envie de participer à un projet, ou à un travail, ou à... n'importe quoi d'autre. Et aussi, genre, de valoriser les qualités de chacun. » La liste surgit soudain dans mon esprit. « Vous savez, aider les gens autour de soi à briller. Un truc du genre.

— Excellente réponse ! me félicite Jake en me claquant un *high five*. À toi de désigner quelqu'un. »

Je pourrais choisir une fille de mon dortoir, ou l'une des filles de l'atelier de pleine conscience, mais j'ai le sentiment d'avoir une chance, une occasion de faire les choses autrement. C'est ça qui est génial au camp : ici, on peut être qui on veut. On n'a plus peur d'oser.

« Euh, je choisis Golfy. »

Dès qu'il se lève, je m'empresse de reprendre ma place, et Alice me serre très fort dans ses bras.

« C'était une super réponse. »

Je regarde attentivement Golfy monter sur l'estrade. (Son vrai nom, c'est Jonah Malkin, mais tout le monde l'appelle Golfy, à cause d'un truc qu'il avait mis dans un questionnaire lors de son tout premier séjour au camp. Genre, que le golf était son sport préféré.)

Il a les mains enfouies dans les poches de son short de gym. Ses cheveux bruns sont hérissés dans tous les sens.

J'ai l'impression que mon cœur va exploser sous mon T-shirt à col en V.

« Un leader, c'est quelqu'un qui pense à l'intérêt général. Et qui fait avancer les choses. Qui assure tous les jours, en gros. »

Il hausse les épaules et ébauche un sourire en coin.

À cet instant, je suis l'incarnation du smiley avec des cœurs à la place des yeux.

Il est sans doute le garçon le plus parfait de toute l'histoire de l'humanité.

Je ne le connais que depuis deux semaines, mais je crois que je l'aime.

Oui, je suis grave amoureuse de lui.

Chapitre 2

Pendant notre temps de repos, alors qu'on attend que les moniteurs nous distribuent le courrier, je passe en revue la liste que Kaylan et moi avons dressée. Pour le moment, elle m'intimide un peu, parce que je suis loin de chez moi et qu'il y a beaucoup d'items que je ne peux pas accomplir ici. « Boire assez d'eau », je maîtrise. « Réussir l'équilibre[1] parfaitement », je peux y arriver. « Faire un dessin par jour », pas de problème.

Mais l'item « Avouer nos sentiments à un garçon » me paraît impossible.

J'aime Golfy. Je le sais. Mais je ne peux quand même pas le lui dire. Pas encore, en tout cas. C'est bien trop tôt.

Alice s'assied sur mon lit et je lui montre la nouvelle liste.

1. Posture de gymnastique consistant à se maintenir en appui sur les mains, le corps à la verticale.

12 choses carrément trop dingues qui vont nous rendre encore plus GÉNIALES avant nos 13 ans
(Quand Ari deviendra une femme aux yeux des siens. Kaylan, elle, sera mi-femme, mi-fille. Enfin, peut-être. Qui sait ?)

1. Entretenir notre amitié. ☐
2. Boire assez d'eau (pour garder un teint éclatant). ☐
3. Marquer les esprits. ☐
4. Maîtriser l'art des macaronis au fromage (faits maison, pas ceux de la boîte ![2]). ☐
5. Réussir l'équilibre parfaitement. ☐
6. Aider quelqu'un à briller. ☐
7. Passer une nuit blanche pour voir le coucher et le lever du soleil. ☐
8. Trouver l'homme idéal pour la mère de Kaylan. ☐
9. Faire un dessin par jour. ☐
10. Avouer nos sentiments à un garçon. ☐
11. Se consacrer corps et âme à une passion (première étape : se trouver une passion). ☐
12. Se défaire d'une mauvaise habitude. ☐

2. Aux États-Unis, les boîtes de « *mac and cheese* » instantanés sont très populaires. Il suffit de cuire les macaronis et la sauce, sous forme de poudre, dans de l'eau.

« Et ça, c'est celle de l'année dernière. »

11 choses démentes qui vont nous rendre encore plus DIVINES avant nos 12 ans

1. Devenir copines avec un garçon. ☒
2. Changer totalement de style. ☒
3. Passer à la télé pour un truc cool qu'on aura fait (pas parce qu'on s'est fait renverser par un bus). ☒
4. Venir en aide à l'humanité. ☒
5. Se teindre les cheveux. ☒
6. Se lancer dans une activité dont on sait qu'on va la détester. ☒
7. Réaliser notre vieux rêve d'atteindre l'île au milieu du lac en kayak et de nuit (première étape : trouver un kayak). ☒
8. Embrasser un garçon. ☒
9. Se prendre une heure de colle. ☒
10. Avoir une discussion sérieuse avec notre mère au sujet de ses défauts. ☒
11. Faire un sale coup à Ryan. ☒

« L'ancienne a l'air mille fois plus difficile, commente Alice tandis qu'elle compare les deux listes. Je veux dire, passer à la télé ! Toi, tu as réussi ?

— On a réussi toutes les deux », précisé-je, rayonnante.

Je la regarde tout en guettant l'arrivée du courrier.

« Cela dit, dans la nouvelle, vous vous êtes donné des objectifs plus importants, plus sérieux, je trouve. » Elle lâche un petit rire. « Vous n'avez peur de rien pour faire des trucs pareils. Et vous êtes un peu bizarres, aussi, sans vouloir te vexer. »

Je m'esclaffe à mon tour.

« Pas de souci.

— Vous avez commencé vos deux listes en été, c'est bien ça ? Et vous avez jusqu'à quand pour les finir ? s'enquiert Alice en ramenant ses genoux sous son menton.

— Oui, c'est ça. Et on a jusqu'à nos anniversaires. Oh ! Parce qu'il y a ça, aussi. Nos anniversaires tombent presque le même jour. Kaylan est née le 1er novembre, et moi, le 2, alors c'est notre date butoir.

— Super logique, en fait ! C'est comme une liste de bonnes résolutions du nouvel an, mais pour l'année scolaire ! » s'exclame-t-elle.

J'y songe un instant.

« Mais oui, tu as raison. Je n'y avais jamais pensé, mais c'est carrément ça. »

Alice examine à nouveau la liste.

« Celle-ci fait très remise en question. On dirait que vous cherchez à savoir qui vous êtes. »

Je prends le temps de réfléchir.

« Je crois que c'est le cas. Kaylan est toujours super stressée, et elle prétend que je suis plus cool, que je prends les choses comme elles viennent. » Je hausse les épaules. « Mais qui sait ? Ce n'est pas si évident. Au fond, on ne se connaît jamais vraiment.

— Tu crois ? demande Alice en grattant son vernis à ongles bleu écaillé.

— Oui. Il vaut mieux agir comme on le sent, sans trop se prendre la tête. »

Alice éclate de rire.

« Tu vois que tu prends les choses comme elles viennent, finalement ! » Elle consulte à nouveau la liste. « Mais le truc du dessin me laisse un peu perplexe. Qu'est-ce que ça vient faire là ?

— On a toutes les deux un mini-calendrier, et on dessine dans la case du jour, chaque soir à la même heure, 21 h 04. Du coup, c'est comme si on était ensemble, et on pense au moins à l'autre pendant quelques minutes. » J'étire mes jambes. « Séparées, mais ensemble par la pensée, tu vois le truc ?

— *Oh my God !* » Alice se tord de rire. « C'est tellement gnangnan et mignon à la fois, et... »

On est interrompues par Sari, qui débarque dans le dortoir en braillant : « Courrier ! »

Alice et moi nous levons aussitôt, pour rejoindre le lit de la monitrice tandis qu'elle distribue les enveloppes.

« Zoé. Alice. Miriam. Hana. Ava. Eloïse. Sara. Rebekah. Encore Miriam. Encore Zoé. Tovah. Ari. Rachel. Et encore Zoé... Ari ? La Terre appelle Ari ! »

Je m'aperçois alors que Sari essaie de me donner ma lettre.

« Oh, pardon, j'étais ailleurs. »

Zoé éclate de rire.

« Ça t'arrive souvent, tu sais.

— Ah bon ?

— Ben, ouais. Mais c'est pas grave. » Elle sourit. « Je t'adore quand même. »

Je jette un coup d'œil au paquet d'enveloppes dans sa main.

« Tu reçois un max de courrier, Zo.

— Toutes ces lettres sont de mon père. Ne sois pas jalouse.

— Ça compte quand même. »

Je regagne mon lit, déchire l'enveloppe, et lis :

Chère Ari/Arianna/Miss Reine de la Colo/BFF :

Comment ça se passe, la colo ? Je n'arrive toujours pas à croire que tu es partie et que ça fait déjà deux semaines. Je ne m'y ferai peut-être jamais. Sans rire, tous les matins, je commence à te textoter, et puis je me souviens que tu n'as pas ton portable au camp. Mais au moins, je peux t'envoyer des lettres, et tu vas finir par rentrer. Qu'est-ce que tu penses de mon écriture ? J'essaie qu'elle soit lisible et jolie à regarder pour toi.

Sinooooon, ici, tout va bien. J'aide madame Etisof à mettre tous ses tableaux sur Internet pour qu'elle puisse les vendre. Deux sont déjà partis ! Et elle me donne des cours de dessin. J'apprends plein de trucs et on s'amuse bien.

Je traîne souvent avec les filles de la cantine. J'ai l'impression qu'on devient toutes très proches. M.W. et Amirah parlent beaucoup, maintenant. Elles ne sont pas si timides, en fin de compte. Au fait, tu manques énormément à Mary. Apparemment, elle a pris option japonais, alors elle ne pourra peut-être pas déjeuner avec nous cette année. Ça craint à mort, non ?

Oh ! Tu te souviens de Lizzie la Labo-Girl ? Elle vient à la piscine, genre, tous les jours, et du coup, elle est souvent avec nous aussi.

On est toutes allées voir un spectacle comique à la salle polyvalente. C'est moi qui les ai traînées là-bas, mais on s'est trop éclatées. Évidemment, Cami nous a apporté plein de sandwichs du Harvey Deli avant le spectacle. C'était méga-délicieux, comme d'hab.

Je vois Jason presque tous les jours, mais je ne sais pas trop où j'en suis avec lui. J'ai l'impression que c'est plus un copain qu'un petit ami. Mais ne lui dis pas, hein ! Ah, et je soupçonne Ryan d'avoir une copine. Tu te souviens de Maura, la fille qui était capitaine de l'équipe de natation à la piscine et qui faisait toujours des longueurs ? Subitement, elle y vient, genre, tout le temps. Mais elle est sympa.

Pour le moment, à part dessiner, le seul item de la liste que j'ai fait, c'est boire de l'eau. J'ai cherché des recettes de macaronis au fromage pour m'inspirer. Il y en a une où il faut ce fromage méga-cher qu'on ne trouve qu'en France. On devrait essayer d'en commander sur Internet, non ?

Ah, et l'équilibre. J'y travaille aussi, mais bon, ça demande encore de l'entraînement.

Oh ! Super important : j'ai décidé de décaler la date butoir de la liste. À la place de ton anniversaire, ce sera le jour de ta bat-mitsva, vu que c'est un événement MAJEUR dans l'année de tes treize ans, tu vois ? Bat-mitsva = treize ans[3]. Et ça nous laisse un jour de plus ! YOUPI ! Préviens-moi si ça t'embête. Plus je pense à la liste, plus je me rends compte que c'est une sorte de portail entre l'enfance et l'âge adulte. On s'attaque à des choses super importantes. Genre, te préparer (et moi aussi, LOL) à devenir une femme. Beurk. On dirait un gros mot.

Au fait, est-ce que tu as re-eu tes ragnagnas ? Pas moi. C'est totalement normal de les avoir une fois et ensuite

3. Au sein du courant judaïque réformé (ou libéral) américain, la bat-mitsva est célébrée à l'âge de 13 ans.

plus du tout pendant, genre, un an, non ? C'est ce que dit Cami, en tout cas. Apparemment, c'est ce qui est arrivé à ses deux sœurs.

Écris-moi et raconte-moi ce qui se passe en colo. Oh ! J'allais oublier. J'ai croisé Noah, au cinéma, le week-end dernier. Il était avec son père, et moi avec Jason, et je crois qu'il était un peu mal. Il a dit qu'il partait pour l'Australie le lendemain.

Bref, cette lettre est grave longue. Je n'arrête pas de penser à des trucs qu'il faut que je te raconte !

Tu me manques plus que les babies[4] *à paillettes qu'on portait en CM2. Il me tarde trop de te voir ! Vivement le jour des visites !*

Big bisous bien baveux,

Kaylan

4. Les babies sont des chaussures.

Chapitre 3

« Dites, qu'est-ce que vous savez sur Golfy ? »

J'ignore pourquoi il m'a fallu si longtemps pour me renseigner sur lui auprès d'Alice et des autres filles. Je l'ai remarqué le premier soir au camp, et je l'ai tout de suite trouvé sympa et mignon.

L'heure du couvre-feu est passée, et nous sommes toutes en pyjama, assises sur le sol poussiéreux du dortoir, à grignoter les cochonneries que certaines ont apportées en douce le premier jour.

« Golfy ? couine Hana. Il vient ici depuis toujours. Genre, depuis qu'il a sept ans.

— Sérieux ? »

Je plonge la main dans le paquet de chips pour en piocher une nouvelle poignée.

« Ouais, son père y venait, et ses oncles, et ses sœurs aînées aussi, explique Zoé. Sa famille fréquente Camp Silver depuis au moins six générations.

— Le camp n'existe que depuis cinquante ans, intervient Alice. Donc...

— Tu vois ce que je veux dire, reprend Zoé. On a tous les deux commencé quand on avait sept ans. C'est un peu comme mon frère, depuis le temps. Bref, pourquoi cette question ?

— Comme ça. Par curiosité. »

Je souris et engloutis quelques chips.

Hana change de sujet : « Bon, passons. On peut parler d'un truc méga-important ? Est-ce que vous comptez inviter des gens du camp à vos bat-mitsva ? Ma mère m'a demandé de rester raisonnable, parce que j'ai déjà une centaine d'amis de chez moi sur ma liste. Mais je ne sais pas quoi faire !

— Moi oui, en tout cas, déclare Alice.

— Moi aussi », ajoute Zoé.

Je secoue la tête : « Hum, ne le prenez pas mal, les filles, mais je viens juste de vous rencontrer, alors... »

Elles éclatent toutes de rire.

« Mais bon, OK, je vous enverrai une invitation. Dans ma ville, c'est la vraie folie pour les bar-mitsva et les bat-mitsva[5].

— Ah oui ? demande Alice. Comment ça, la folie ? »

J'extirpe un biscuit du paquet d'Oreo.

« Tout le monde devient juste dingue pour les fêtes – avec des organisateurs, et des soirées à thème, des Photomaton, des jeux et des vêtements personnalisés à offrir aux invités. » Je lève les yeux au ciel. « Une fille a même fait venir Rihanna ! Et un garçon d'un an de plus que moi a

5. La bar-mitsva est la cérémonie organisée pour les garçons. La bat-mitsva est son pendant féminin.

offert des baskets à tout le monde ! Genre, une paire toute neuve pour chaque convive.

— C'est fou ! s'exclame Alice. Je n'ai jamais entendu parler de fêtes comme ça. Il n'y a pas des tonnes de juifs dans ma ville en même temps, et la plupart des gens sont du style : “C'est quoi, une bat-mitsva ?”, et je leur réponds que c'est comme une fête d'anniversaire, mais pour célébrer la majorité religieuse, à treize ans chez les juifs. »

Je lui tapote le genou.

« C'est une bonne description.

— À New York, on organise aussi des bar-mitsva et des bat-mitsva délirantes, ajoute Zoé en se levant. Mais mon père n'aime pas trop ça. Il dit que c'est la cérémonie qui compte le plus. Blablabla. Alors, on fait juste une petite fête à la synagogue. »

Je m'empresse d'intervenir : « Mes parents sont pareils, ils disent qu'ils ne veulent pas d'une fête trop tape-à-l'œil. Jusqu'à ce que ma mère commence à parler avec ses copines, et là, c'est elle qui délire.

— Chez moi, dit Hana, on fait, genre, un déjeuner, avec peut-être un DJ, et ça s'arrête là. Et les seuls cadeaux sont ceux que le DJ a prévus.

— Oh ! J'ai une autre question pour vous, les filles… » Je souris. « Si j'invite Golfy, vous croyez qu'il viendra ?

— *Oh my God !* Tu le kiffes ! » Alice me jette une chips. « Pourquoi tu l'as pas dit plus tôt ? Bon, je ne vois pas trop ce que tu lui trouves, mais j'accepte la mission.

— La mission ? Quelle mission ? glapis-je.

— Il y a toujours une mission, ajoute Hana. Pour Alice, en tout cas.

— Qu'est-ce que ça veut dire ? couiné-je en enfournant une poignée de bretzels dans ma bouche.

— Tu verras, répond Hana. De toute façon, demain, c'est le jour des visites, alors ça va devoir attendre un peu. Et tu n'as plus beaucoup de temps. Il ne reste que deux semaines de camp. »

Alice me donne une petite tape sur le genou.

« Le jour des visites, chacun part de son côté, certains dînent même dehors avec leur famille ; alors, tu ne le verras pas.

— Oh. »

Une minuscule pointe de déception me pince le cœur. J'espérais pouvoir montrer Golfy à Kaylan et lui demander ce qu'elle pense de lui – ferait-il un bon petit ami ou non, ce genre de truc. Bon, on ne s'est pas beaucoup parlé, mais un peu quand même, et j'ai besoin de l'approbation de ma meilleure amie.

« Ça va aller, Ari, dit Hana en posant la tête sur mon épaule. Enfin, c'est Golfy. Tu n'auras pas des tonnes de concurrentes. »

Je prends un air offensé.

« Ça veut dire quoi ?

— Ça veut dire qu'on le connaît depuis toujours. Il fait comme partie du décor, intervient Zoé en sortant de la salle de bains, les joues et le front recouverts d'un épais masque à l'argile verte. Donc, n'importe comment, tu es *la seule* sur le coup.

— Compris.

— Tu as eu de beaucoup d'amoureux ? » me demande-t-elle.

Elle ferme et ouvre grand les yeux, comme si le masque la démangeait et qu'elle essayait très fort de ne pas se gratter.

Je lâche un petit rire.

« Pourquoi ? J'ai l'air d'en avoir eu des tas ?

— Ben, un peu, répond Alice. Tu as jeté ton dévolu sur Golfy, et tu as l'air déterminée. On dirait que tu sais ce que tu fais.

— Non. J'ai embrassé un seul garçon. Noah, de l'Institut hébraïque. Il devait venir ici cet été, mais au dernier moment, son père a été affecté en Australie, et toute sa famille est partie avec lui. »

Je m'interromps pour boire une petite gorgée de thé glacé. Nous l'avons fabriqué avec du thé instantané et de l'eau du robinet, et je ne l'ai pas assez mélangé. Un grumeau me colle à la langue.

« Il t'enverra peut-être une carte postale, suggère Hana. Ça serait romantique.

— Ouais. » Je hausse les épaules. « Peut-être. »

Je m'aperçois que je n'ai pas pensé à Noah de tout l'été. J'imagine qu'il ne me manque pas vraiment.

Nous poursuivons notre conversation, et je remarque que le groupe des filles introverties nous observe de l'autre bout du dortoir ; mais quand je les regarde, elles font semblant de ne pas nous écouter.

J'ai eu trop de chance qu'on ne m'ait pas mise dans le même sac, et d'être acceptée dans la bande d'Alice et ses copines. Je remercie Dieu intérieurement, ou qui que ce soit qui a rendu ça possible. Je me sens bien avec elles. Je suis contente qu'elles m'apprécient, d'avoir rapidement trouvé ma place dans leur groupe, et de pouvoir côtoyer les garçons, à qui elles parlent (volontiers).

Mais j'ai envie d'être cool avec les filles introverties aussi. Je ne veux pas être le genre d'adolescente que les autres détestent. Ici et partout, je veux être sympa avec tout le monde.

J'annonce à mes copines : « Je suis crevée, les filles. Je vais me coucher pour être en forme demain. J'espère vraiment qu'on se verra pendant la journée et que vous pourrez rencontrer Kaylan. Vous allez l'adorer. Franchement.

— Oh, Kaylan, ta BFF ! dit Alice. Oui, j'ai trop envie de la connaître. »

Chapitre 4

« Arianna Nodberg ! » hurle une voix familière.

Assise sous le porche, devant le dortoir, je lève les yeux et aperçois Kaylan en train de gravir la côte à toute vitesse.

Ça me fait trop bizarre de la voir ici, comme quand je tombe sur un de mes profs au supermarché. Il ne semble pas à sa place, même si je sais très bien qu'il ne vit pas dans la salle de classe.

« Kaylan ! »

Je bondis de ma chaise pour me précipiter vers elle. Une fois réunies, on s'étreint de toutes nos forces.

« Cet endroit est génial ! s'exclame Kaylan lorsqu'on se sépare enfin. La piscine est super, le lac est magnifique, et ces fauteuils en bois partout... On se croirait à l'hôtel ! » Elle éclate de rire. « Est-ce que je peux me convertir au judaïsme pour venir ici l'été prochain ?

— Euh... » Je lâche un gloussement. « Je crois que c'est un truc trop sérieux pour se décider à la légère. On en reparle plus tard ?

— Carrément. On le garde pour la prochaine liste ? Non, je rigole ! Allez, montre-moi ton dortoir. Tes parents et Gemma sont restés près du réfectoire, ils discutent avec quelqu'un de la synagogue, mais ils ne devraient pas être longs. On m'a indiqué la zone du camp dédiée à ta tranche d'âge, et je me suis dit que je te trouverais bien.

— Je vois que ma famille est impatiente de me revoir. » Je lève les yeux au ciel, tandis qu'on se dirige vers les chambres. « Bah, c'est pas grave. Je suis heureuse de pouvoir passer un peu de temps toute seule avec toi !

— Oh, moi aussi. » Elle s'arrête une seconde et se penche pour renouer ses lacets. « Tu ne peux pas savoir combien tu me manques. Ce n'est pas pareil, sans toi.

— J'imagine. Mais je n'ai plus que deux semaines ici, et c'est vraiment super triste, même si je serai contente de rentrer chez moi et de te retrouver. »

Kaylan fait la grimace, puis me serre à nouveau dans ses bras.

« On va s'éclater quand tu reviendras. Franchement, les filles de la cantine sont super cool, cet été. Sans oublier qu'on sera bien occupées avec notre liste.

— Oui, c'est vrai. »

On entre dans le dortoir. En fait, je n'ai pas trop envie qu'elle me raconte ce qui se passe chez nous. Quand je suis au camp, le reste n'existe plus vraiment. Je veux dire, je sais bien que c'est ma ville, et tout le monde me manque, mais je n'y suis pas, et ce n'est pas un problème.

« Donc… ça, c'est le dortoir 19. Là, c'est les lits des monitrices. Tu ne trouves pas que leur espace est trop cool ? »

Kaylan jette un regard alentour.

« Leur espace ?

— Oui, elles ont des lits individuels, et des cubes de rangement. Elles peuvent mettre toutes leurs affaires dessus, genre leurs produits de beauté, leurs photos, et tout. C'est vraiment sympa. »

Kaylan me dévisage comme si j'étais en train de devenir folle.

« Euh, pour moi, c'est juste une vieille étagère en bois.

— Ça doit être l'esprit du camp, j'imagine. Il faut y être pour comprendre.

— Oh. » Elle se mord la lèvre. « Je rigolais, c'est bon. »

Je fronce les sourcils. Est-ce que ma remarque l'a blessée ? Je vais devoir me réhabituer à Kaylan et à son hypersensibilité.

Je la conduis au bout de l'allée centrale du dortoir.

« Voilà mon lit. J'ai eu de la chance qu'on m'attribue la couchette du haut, et le lit le plus proche des toilettes. Tu me connais, moi et mes envies de pipi nocturnes.

— Oh, ça oui, je confirme.

— *Oh my God*, c'est Kaylan ? » s'exclame une voix aiguë depuis la salle de bains.

C'est Alice. Je reconnaîtrais ses cris perçants entre mille.

« C'est bien moi », chantonne Kaylan.

Elle fait une révérence, comme une célébrité consciente que tout le monde espérait la rencontrer – ce qui n'est pas faux, mais je ne veux pas que ça lui monte à la tête.

« Saaaaluuut, répond Alice sur le même ton, après s'être essuyé les mains dans une serviette suspendue à une poutre. Moi, c'est Alice. Laisse-moi te dire que c'est le quatrième été que je passe dans ce camp, et je m'éclate toujours à fond, mais depuis qu'Arianna est là, c'est encore plus dément ! »

Kaylan hoche la tête et sourit.

« Tu peux le dire, parce que c'est trop vrai ! Parce que Arianna est trop géniale. Ma BFFFFFFFFF. »

Kaylan se tord de rire et Alice se joint à elle.

« T'es trop marrante, déclare Alice. J'en étais sûre. La BFF d'Arianna est forcément marrante. Et elle m'a dit aussi que tu étais douée pour la comédie. »

Kaylan pince les lèvres et me regarde, comme si elle attendait que je dise quelque chose.

Je lance : « Du calme, les filles. Je suis super. Vous le savez toutes les deux. Vous avez de la chance de m'avoir. »

Soudain, une voix retentit : « Alice Judith Kalman !

— Ma mère », articule silencieusement Alice, en levant les yeux au ciel d'un air détaché.

Une seconde plus tard, la famille d'Alice entre dans le dortoir.

Évidemment, il fallait que mes parents s'arrêtent pour discuter, et ils ne sont toujours pas là. Je me demande même s'ils arriveront avant la fin de la journée des visites.

Une fois Alice et sa famille parties, Kaylan me chuchote : « Je croyais que c'était un camp de vacances juif ?

— C'est le cas. Pourquoi ? »

Kaylan jette un regard autour d'elle.

« Ben, Alice est noire, alors... »

Je lui explique à voix basse : « Il y a des Noirs juifs. Mais de toute façon, Alice a été adoptée. Elle est née dans le Tennessee, et ses parents sont venus la chercher quelques heures après sa naissance. Elle nous a tout raconté ; elle adore parler de son histoire.

— Oh. Intéressant. »

Kaylan médite un instant.

« Alooors... Je te préviens avant que tes parents arrivent. » Elle se remet à chuchoter : « Il faut que tu leur parles de ta bat-mitsva. Genre, super vite.

— Hein ? Pourquoi ? »

Mon estomac se contracte. On a inscrit « Avouer nos sentiments à un garçon » sur la liste, mais on aurait peut-être dû ajouter « Dire ce que l'on ressent à notre BFF », parce que la fébrilité de Kaylan est à son top niveau, en ce moment. Et j'ai un peu perdu l'habitude.

« On peut s'asseoir sur ton lit ? demande-t-elle. Je suis trop jalouse que tu dormes dans un lit superposé.

— Bien sûr. » Je hausse les épaules et commence à grimper à la petite échelle. « Mais dépêche-toi de m'expliquer. Je sens que mes parents vont débarquer d'une seconde à l'autre.

— Bon, d'accord. Ils en parlaient dans la voiture, commence-t-elle dès qu'on est installées sur mon lit. Ta mère a plein d'idées, qui sont très cool, mais... » Elle jette un regard vers la porte pour voir s'ils arrivent. « Je ne suis pas sûre que ce soit exactement ce que tu veux. Et c'est *ta* journée.

— T'inquiète, je ferai avec. » Je lui tapote le genou. « Vas-y, raconte.

— OK ! Un groupe au lieu d'un DJ, des hors-d'œuvre à l'ancienne servis sur des plateaux, genre des roulés de laitue, un truc avec du caviar, beuuurk. » Elle fait la grimace. « Et tout un buffet de grillades ! Et elle veut des nappes rose fuchsia ! Tu n'aimes même pas le rose ! Il faut absolument que tu le lui dises.

— Sérieux ? »

Je serre les dents. J'éprouve soudain une bouffée de gratitude envers Kaylan. Je suis contente qu'elle soit là et qu'elle me répète tout ça pour que je puisse échapper au rose, et peut-être même au caviar. Sa fébrilité a peut-être du bon, dans ce genre de situations.

« Oui, et elle veut aussi des danses israéliennes pendant la fête ! C'est dingue, non ? Tu n'as pas envie de ça, pas vrai ? »

Je lâche un petit rire.

« Ben, si, pour être honnête. On fait des danses israéliennes ici, le vendredi soir, et c'est super. »

Kaylan semble perplexe.

« D'accord, mais tu veux quand même qu'on danse "normalement", hein ? Avec des chansons actuelles et tout ? Et qu'on fasse des jeux, comme ceux de la bat-mitsva d'Ashley Feldman ?

— Oui. »

Je souris. Je dois admettre que plus je pense à ma fête, plus j'ai hâte d'y être.

« Les danses israéliennes, c'est vraiment cool, par contre. Je suis sérieuse.

— Mais ça ne va pas te gêner ? s'enquiert Kaylan. Par rapport aux gens du collège, je veux dire ? Je n'imagine pas les filles de la cantine s'adonner à ce genre de chose.

— Peut-être qu'elles trouveront ça cool, elles aussi.

— Mais attends... »

La voix chantante de Gemma nous parvient soudain : « Ariiiiiiiii ! »

Sauvée par le gong. Mais il faudra quand même que je revienne sur le sujet des nappes roses. Je n'aime définitivement pas cette couleur.

Je saute de mon lit et mes pieds heurtent bruyamment le parquet.

« Gemmaaaaa ! » crié-je sur le même ton.

Je souris de toutes mes dents dès que je l'aperçois. Je me précipite vers elle et la serre dans mes bras. Je crois que je ne l'ai jamais aimée aussi fort qu'en cet instant. Celui qui a inventé le proverbe « Loin des yeux, loin du cœur » n'est visiblement jamais parti en colo sans sa petite sœur.

« Tu m'as trop manqué, dit Gemma. Je m'ennuie trop sans toi. Et maman et papa n'arrêtent pas de faire des filets de poisson pour le dîner parce qu'ils croient que j'aime ça, alors que je leur ai répété au moins un million de fois que non ! »

Dès que mes parents franchissent la porte du dortoir, je leur fais les gros yeux.

« Des filets de poisson, franchement ? Vous torturez votre pauvre fille, et je ne suis même pas là pour la soutenir !

— Oh, Ari, viens ici ! »

Ma mère me prend dans ses bras, et son parfum fruité envahit mon univers. Et cette odeur me fait sentir son absence, même si elle est juste à côté de moi. Je ne m'en étais pas rendu compte, mais maintenant qu'elle est là, je m'aperçois qu'elle m'a vraiment manqué.

Je ne pensais pas que les émotions pouvaient être si compliquées et déroutantes.

On est encore en train de s'embrasser lorsqu'elle dit : « Il faut qu'on discute d'un tas de choses pour l'organisation de ta bat-mitsva. On doit mettre au point le menu avec le traiteur, faire une liste des chansons pour le groupe. Je voudrais que tu choisisses le logo que tu veux pour les sweats à capuche. Et, bien sûr, il faut qu'on voie où tu en es dans la préparation de la cérémonie. Le chantre[6] a appelé et...

— Maman. Pas de stress. » Je lève les yeux et me dégage de son étreinte. « Tout va bien se passer.

— Hé ! C'est mon tour ! »

Mon père m'enveloppe d'un bras, ma mère de l'autre, et on se fait un câlin collectif pendant un instant. Puis Gemma se faufile entre nous et se met à danser au milieu de notre cercle.

Je ressens soudain un pincement au cœur : Kaylan est restée à l'écart, et sa famille à elle n'est plus unie.

« Viens, Kay, rejoins le cercle ! »

Elle se précipite vers nous et je lui fais une place, puis nous demeurons ainsi pendant une seconde. Je prends alors conscience qu'on doit avoir l'air complètement fous à s'enlacer comme ça, au milieu du dortoir.

6. Le chantre est une personne chargée de chanter les prières.

« Bon, on peut y aller ? On n'a que quelques heures, et vous m'avez promis de la vraie nourriture !

— De la vraie nourriture ? répète mon père. Qu'est-ce que ça veut dire ?

— Tout sauf la nourriture du camp ! C'est parti ! »

Chapitre 5

Après le déjeuner, j'annonce à Kaylan : « Au fait, j'ai pensé à un truc pour un des items de la liste, hier soir ! Je suis trop contente qu'on puisse en parler ensemble. »

On est assises dans l'herbe, les jambes étendues devant nous, et on profite du soleil. Je me suis tellement gavée de pizza, de pain à l'ail et à la mozzarella, et de glace aux cookies que j'ai un peu de mal à parler. Mais je ne suis pas sûre qu'on aura une autre occasion de discuter en tête à tête d'ici mon retour du camp, et il faut absolument que je lui fasse part de mon idée.

« Qu'est-ce que c'est ? »

Kaylan se gratte le front et me jette un regard soupçonneux.

Je respire un grand coup avant de me lancer : « Bon, tu vois l'item "Trouver l'homme idéal pour ta mère" ? »

Je l'observe, la gorge serrée. On n'a pas inscrit cet item sur la liste sans raison, mais c'est un de ces trucs qu'on a ajoutés vite fait, sans prendre le temps d'en reparler. Genre, Kaylan voulait qu'il y figure, mais elle préférait faire comme si de rien n'était.

Elle hoche la tête, le regard lointain.

Je reprends : « Eh bien, j'ai un candidat parfait. Le père de ma copine Zoé. Sa mère est morte quand elle était toute petite, et il ne s'est jamais remarié ; franchement, il est adorable. Tous les jours, sans exception, il lui écrit une lettre de deux pages tapée à l'ordinateur. Et ils habitent à Manhattan, dans un appartement super luxueux ; et, tiens-toi bien... ils ont une piscine sur le toit !

— Sérieux ? »

Kaylan écarquille les yeux. Je savais que la piscine lui ferait de l'effet, c'est pour ça que je l'ai gardée pour la fin.

« Continue !

— Euh, il travaille à Wall Street, mais il est super gentil, il ne fait pas peur, ni rien. Je l'ai rencontré le premier jour du camp, et ensuite, Zoé m'a raconté pour sa mère. Tous les autres étaient déjà au courant. Elle en parle très facilement. » Je marque une pause pour réfléchir à ce que je pourrais rajouter. « Oh, et ils ont une maison de vacances en bord de mer à Long Island, et il lui arrive d'inviter tout le monde à dormir là-bas.

— Waouh, souffle Kaylan. Mais ils n'habitent pas tout près. Je veux dire, Brookside est à plus d'une heure de Manhattan.

— Je sais. J'y ai pensé. Mais il a une voiture, tout comme ta mère, et ce n'est pas si loin. Ils pourraient aussi prendre le train pour se voir. »

Kaylan hoche lentement la tête, comme si elle considérait cette idée.

« Je sais bien qu'on a mis cet item sur la liste, et qu'on doit accomplir tout ce qui y figure, mais est-ce que je peux être honnête ?

— Bien sûr.

— J'ai carrément hésité à l'inscrire, et après, j'ai préféré l'oublier, parce que c'est quand même super bizarre de chercher un nouveau mec pour sa mère. Enfin, tu vois ce que je veux dire, non ? En plus, je ne suis pas sûre que les adultes aient envie que leurs enfants se mêlent de leur vie sentimentale.

— C'est vrai que c'est un peu bizarre. »

Je jette un regard alentour, observant les familles qui passent la journée au camp de vacances. Tout le monde sourit et s'amuse. Des enfants jouent au ballon avec leurs parents. D'autres familles pique-niquent sur la pelouse bien entretenue. Ça fait une éternité que mes parents sont partis accompagner Gemma aux toilettes. Je me demande pourquoi ils mettent si longtemps.

Je reviens à la conversation : « C'était juste une idée.

— Oui, et la liste avant toute chose, hein ? ajoute Kaylan. On l'a mis sur la liste, donc on doit le faire. Il me faut juste un peu de temps pour m'y habituer. Alors, si tu penses que monsieur… euh, c'est quoi le nom de famille de Zoé ?

— Krieger. Son nom complet, c'est Robert Irwin Krieger. Tu ne trouves pas que ça fait très classe ?

— Si, carrément. » Kaylan éclate de rire. « Ça me fait penser à un truc que je voulais te demander. On en parlait à la piscine avec les filles de la cantine, l'autre jour. Est-ce qu'on est des amies TF ou des amies MS ?

— Euh, je comprends rien du tout. » Je m'esclaffe. « Tu pourrais être plus claire ?

— D'accord. » Elle réinstalle ses jambes sur l'herbe et réfléchit un instant. « Les amies TF sont des amies "Totalement Franches", qui se disent tout ce qu'elles pensent, qui se racontent tous leurs projets, même si l'autre n'en fait pas partie, etc. »

Elle me regarde.

« Et MS ?

— Ça veut dire : qui "Ménagent les Sentiments". Genre, on ne dit pas tout à l'autre parce qu'on ne veut pas qu'elle soit mal. » Elle hoche la tête, comme si je devais à présent avoir compris. « Alors, on est quoi ?

— Je crois qu'il me faut un peu de temps pour te répondre ! glapis-je. Je dirais quelquefois TF et quelquefois MS. Ça dépend de la situation. »

Kaylan hausse les épaules.

« Oui, je vois. Mais réfléchis-y, d'accord ?

— D'accord.

— Allez, les filles, fini les messes basses, lance ma mère, revenue des toilettes avec mon père et Gemma. On va bientôt partir, et j'aimerais passer un peu de temps avec toi, Arianna.

— Oui, *maman*. »

Je lutte de toutes mes forces, mais je ne peux pas m'empêcher de lever les yeux au ciel.

« Et si on faisait des activités du camp tous ensemble ? suggère-t-elle. Du bateau, par exemple ? Ou alors, tu pourrais nous montrer l'atelier artistique.

— Oui, si vous voulez. Allons-y. »

J'agrippe la main de Kaylan et lui chuchote : « C'est une bonne chose, en fait. Avec un peu de chance, on va croiser Golfy, et je pourrai te le montrer, ou peut-être même te le présenter.

— Ouh, Golfyyyy, chantonne-t-elle, avant de s'esclaffer.

— Chut. »

Je ris aussi.

Tandis que nous traversons le camp par l'allée principale, Kaylan se lance dans un long compte-rendu du jour où elle et les filles de la cantine sont allées dans ce fameux restaurant de tartes avec la famille de M.W.

« Tu m'écoutes, Ari ? » Elle me tapote la tête de l'index. « Hé oh ? Tu es sur une autre planète.

— Désolée, j'avais l'esprit ailleurs. » Je lui souris. « Continue. Tu parlais de tartes ?

— Oui. Donc, les parents de M.W. sont dingues de cet endroit, m'explique Kaylan. Le restaurant s'appelle Briermere Farms, et ils font des heures de route pour y aller. Ils y passent la journée. M.W. trouve ça *trop* ennuyeux, alors elle nous a toutes invitées à venir avec eux.

— Comment vous avez fait pour tenir dans la voiture ?

— Son père possède sa propre entreprise de transport, tu le savais ? Du coup, il a un minibus et il nous a toutes emmenées dedans.

— Oh. Je ne sais pas grand-chose sur M.W., tout compte fait.

— C'était pourtant ta copine avant la mienne », me rappelle Kaylan avec un petit rire.

Je rigole à mon tour : « Je sais, mais on n'a jamais été très proches, on faisait juste partie du même groupe, tu vois ? »

Kaylan hoche la tête : « Bref, la tarte à la framboise était une vraie tuerie, et on s'est éclatées. On a chanté dans le minibus, genre karaoké, et c'était trop marrant. On s'est amusées toute la journée.

— Ça devait être super. Oh ! Voilà Golfy, dis-je à voix basse tandis qu'on passe à côté du terrain de foot.

— Quoi ? Où ça ? » Kaylan jette un regard alentour. « Je ne le vois pas bien. »

Je me penche pour lui chuchoter à l'oreille : « Celui qui porte un T-shirt rouge et une casquette de base-ball.

— De quoi vous parlez, toutes les deux ? » demande Gemma en faisant quelques pas à reculons pour se glisser entre nous.

D'un air détaché, je réponds : « De rien. »

Gemma lève les yeux au ciel : « Ouais, c'est ça. Kaylan va me le dire, de toute façon.

— Euh, commence Kaylan. Je racontais à Ari qu'ils ont installé de nouveaux trucs à la piscine. Il lui tarde de voir le toboggan aquatique.

— OK, si tu le dis. Mais il est pas terrible, franchement. »

En sautillant, elle rejoint mes parents, qui flânent dans le camp. J'étais censée leur faire une visite guidée, mais ils marchent devant nous, et je ne sais plus trop comment me comporter.

Je chuchote à Kaylan : « Jette un coup d'œil en passant, mais sans en avoir l'air. Et fais vite, parce que mes parents viennent de s'arrêter. »

Elle hoche la tête et regarde discrètement vers le terrain de foot, puis revient à moi.

Je me tourne vers mes parents : « Bon, alors, vous voulez voir l'atelier de poterie ? »

Je ne sais pas quoi dire d'autre, et je ne crois pas que ce soit le bon moment pour présenter Golfy à tout le monde.

« Avec plaisir, répond ma mère.

— Yo ! Arianna Nodberg ! »

Je pince les lèvres et adresse un regard affolé à Kaylan, qui me le rend, car nous savons toutes les deux qui vient de m'interpeller. Et parce qu'il se dirige droit sur nous.

« C'est bien que tout le monde connaisse ton nom, ici, commente mon père.

— Salut, lance Golfy lorsqu'il nous rejoint, un peu essoufflé. C'est ta famille, Arianna ? »

J'acquiesce. « Oui, ma famille adorée. Ma mère, mon père, ma petite sœur chérie. Et voici ma meilleure amie, Kaylan.

— Enchanté, "meilleure amie, Kaylan", répond Golfy en tournant sa casquette, visière dans le dos. Et enchanté aussi, "mère, père, et petite sœur chérie" d'Arianna. Moi, c'est Jonah. Mais tout le monde ici m'appelle Golfy.

— Bonjour, lance mon père, avec sa voix de père la plus ridicule que je lui aie jamais entendue.

— Ravie de faire ta connaissance, euh, Golfy, c'est ça ? »

Ma mère lui adresse son fameux sourire en coin ; celui qu'elle arbore lorsqu'elle tente d'analyser quelqu'un.

« Ouaip ! Vous passez une bonne journée ? »

Tout le monde fait oui de la tête. Kaylan ajoute : « Carrément.

— Super, répond Golfy, mains sur les hanches, comme s'il essayait de trouver autre chose à dire. Bon, je ferais mieux de retourner à mon match. Amusez-vous bien, à plus. »

Il regagne le terrain de foot au pas de course, et on reste tous plantés là, à le regarder.

« Eh bien, il est très amical ! » commente ma mère, les sourcils arqués.

Je vois bien qu'elle attend que je lui en dise plus long sur Golfy, mais je ne lui donnerai pas cette satisfaction. En plus, je ne sais pas grand-chose sur lui. Je me contente de répondre : « Ouais. Bon, venez. L'atelier de poterie est par là. On se dépêche, on se dépêche. »

Kaylan me donne un petit coup d'épaule : « Flash info : tu as les joues plus rouges que le T-shirt de Golfy.

— Chuuut. Mes joues sont tout à fait normales. Je suis juste bronzée, tu as oublié ? On se calme, Kaylan.

— Je suis calme », proteste-t-elle.

Je chuchote : « Mais tu le trouves pas trop mignon ?

— Si, carrément. »

Chapitre 6

Quelques jours plus tard, alors que je repense à ces moments passés avec ma famille, allongée dans mon lit, je m'aperçois que je n'ai même pas parlé de ma bat-mitsva avec mes parents. Je serai bientôt rentrée à la maison, et j'imagine que ce n'était pas essentiel d'en discuter le jour des visites, mais quand même. Les nappes roses et le « super » buffet d'adultes... ce ne sont que des détails, mais il faut que j'intervienne avant que ça dégénère.

« Psssst, Arianna, tu dors ? murmure une voix depuis le lit en dessous du mien.

— Non. »

Je penche la tête au bord du lit superposé et regarde Zoé.

« Descends. Il faut que je te parle. »

Je passe les jambes par-dessus les barreaux en bois, et la rejoins aussi silencieusement que possible pour ne réveiller personne. Je grimpe dans le lit de Zoé, rabats la capuche de ma veste de pyjama, et glisse mes pieds sous son édredon aux motifs cachemire.

Je chuchote : « Qu'est-ce qu'il y a ?

— Alice était censée assister à cette déclaration, mais elle s'est endormie. Comme d'habitude. » Elle marque une pause et lève les yeux au ciel. « Golfy est amoureux de toi. C'est sûr.

— Sérieux ? Comment tu le sais ? On n'a même pas commencé la mission.

— Eh bien, en fait, si, plus ou moins. Alice et moi. On ne t'a rien dit parce qu'on ne voulait pas que tu sois triste si ça ne marchait pas. Et, de toute façon, ça a été vite fait... »

Je chuchote frénétiquement : « Bon, allez, raconte !

— D'accord. Alors, il parlait à des gens devant le réfectoire avant la veillée, et j'ai tout entendu, mais j'ai fait comme si de rien n'était.

— Qu'est-ce qu'il a dit ?

Zoé se mord la lèvre et lâche un petit rire.

— Bon, je mens. Je recommence à zéro. Doooonc... en fait, on lui a simplement demandé s'il aimait quelqu'un. Et il a haussé les épaules. Alors, on lui a dit : “Est-ce que tu aimes Arianna ?” Et il a souri, il a hoché la tête, et il a répondu : “Oui.”

— Waouh.

— Ouais. » Elle me secoue légèrement et chuchote : « Ça te fait flipper ?

— Hum, je ne sais pas trop. Je ne pense pas. Je suis juste, genre, tout excitée !

— Je crois que n'importe quelle autre fille serait totalement pétrifiée, mais d'accord. » Zoé étire ses jambes. « Le camp est presque fini. Il faut qu'on se bouge.

— Carrément. Je suis pour.

— Au fait, pourquoi ce n'est que ton premier été ici ? s'enquiert-elle. Tu as décidé de venir comme ça, à douze ans, alors que tu ne connaissais personne ? C'est trop bizarre. Enfin, c'est bien. Mais c'est bizarre. »

Je hausse les épaules : « Bah, j'étais toujours bien occupée chez moi. On adore aller à la piscine, Kaylan et moi, et on se voit presque vingt-quatre heures sur vingt-quatre. Mais un jour, des gens du camp sont venus faire une présentation à ma synagogue, et ça avait l'air génial ; alors, je me suis dit que ça vaudrait le coup d'essayer. Et je suis *trop* contente d'être là. Comme tu peux t'en douter.

— Oui, j'ai cru comprendre.

— Chut, nous rabroue Sari à mi-voix depuis son lit. Les filles ! Arianna ! Tu devrais être dans ton lit à cette heure ! »

Je lui réponds tout aussi bas : « Désolée !

— On en rediscutera demain, ajoute Zoé. Mais il fallait absolument que je te parle… de l'amour de ta vie, Golfy Malkin.

— Chut, les filles, répète Sari. Au lit. Demain, je ne veux pas vous entendre vous plaindre que vous êtes fatiguées. »

Je lève les yeux au ciel. « Je retourne me coucher. *Laila tov*[7].

— *Laila tov*, répond Zoé. Dors bien. »

Je sais que je vais rester éveillée pendant des heures, à songer à Golfy et au fait qu'il est amoureux de moi. C'est trop bête qu'on ne l'ait pas découvert plus tôt. Pourquoi est-ce qu'on met si longtemps à s'apercevoir de certaines choses,

7. « Bonne nuit. » en hébreu.

et pourquoi tardent-elles autant à arriver ? J'imagine qu'on ne peut pas vraiment forcer ce genre de situations. Elles doivent se produire le moment voulu.

Et de toute façon, on se reverra l'été prochain.

« Arianna, chuchote Sari, debout près de mon lit. Maintenant que tu m'as réveillée, je te remets ça. Elle a été distribuée dans le mauvais dortoir. Désolée. Dors, à présent. Sérieusement. »

Elle me tend une lettre. Je lui chuchote en retour : « Merci. Et pardon. Bonne nuit. »

Chère Ari,

Je viens juste de rentrer chez moi après le jour des visites, et tu me manques déjà. C'était trop bien de te voir, de rencontrer tes copines, et Golfy. Ça m'a rendue un peu jalouse, par contre. J'aimerais bien avoir un endroit comme ça, un endroit rien qu'à moi, où je pourrais être une autre fille qu'au collège. Tu te rends compte que tu es différente, n'est-ce pas ? Je veux dire, tu es toujours la même, mais tu es encore plus Ari à l'esprit libre, calme et détendue.

Bref, je crois que je vais enfin dire à Jason une bonne fois pour toutes qu'il vaut mieux qu'on reste amis. Je pourrai cocher l'item « Avouer nos sentiments à un garçon », bien que ce ne soit pas le genre de truc agréable à entendre. Ça compte quand même, non ?

Réponds-moi, et dis-moi tout de suite ce que tu en penses.

Est-ce que tu vas avouer tes sentiments à Golfy avant la fin de la colo ?

Je t'adore ! Big bisous,

Kaylan

Je réfléchis à la question de Kaylan tout en cherchant le sommeil, mais je finis par la remiser dans un coin de ma tête. La vérité, c'est que je n'ai pas envie de penser à la fin du camp. Je veux juste profiter de chaque seconde que je passe ici.

Il faut faire durer le plaisir, comme dit toujours Mamina, ma grand-mère paternelle.

Chapitre 7

Le lendemain, pendant notre temps de repos, j'écris une réponse à Kaylan.

Chère Kaylan,
Je suis trop contente que tu aies pu rencontrer tout le monde ! Tu as vécu la magie de Camp Silver le temps d'une journée. N'est-ce pas un lieu fantastique ? Pour moi, c'est l'endroit le plus joyeux au monde. Encore mieux que Disney World.
Et devine quoi ? Golfy est amoureux de moi ! Zoé et Alice l'ont découvert. Je suis troooop excitée. Je te tiendrai au courant.
Est-ce que je t'ai parlé du dessert complètement dément qu'on sert ici ? C'est comme un flan, mais ça s'appelle du « mung », et même quand on retourne le bol, le mung reste collé ! Il ne tombe pas ! C'est pas trop dingue ? Je ne sais même pas comment c'est possible. En plus, c'est délicieux.

Il faut que je te raconte… L'autre jour, il n'a pas arrêté de pleuvoir, alors on a eu le droit de rester traîner au dortoir. Et ensuite, on a enfilé nos maillots de bain et on est sorties avec notre shampoing et notre gel douche, et on s'est toutes lavées dehors ! C'était génial. Trop délirant. Toutes les filles se rasent les jambes, ici. Je suis trop contente qu'on ait commencé à le faire avant l'été. Ça aurait été super bizarre, sinon. Est-ce que la mère de June l'autorise enfin à se raser ? Elle n'est pas très poilue, mais bon…
Au fait : mes ragnagnas ne sont pas encore revenues. Mais je suis préparée.
Bref, tu me manques ! J'ai hâte de te montrer tous mes dessins.
JE T'ADORE À L'INFINI,
Ari

Après le temps de repos, je rejoins mon groupe de pleine conscience, et je fais tout de travers. Le but de la méditation, c'est de mieux ressentir ses émotions et d'accepter l'idée qu'on ne peut pas les contrôler. De les éprouver, et de les laisser passer.

Enfin, je n'en suis pas vraiment sûre. J'apprends encore.

Le moniteur chargé de cet atelier explique au groupe : « Nous devons accorder à nos pensées de l'espace dans notre esprit, et puis les laisser s'envoler, comme un petit oiseau. Nous devons réfléchir à la façon dont elles nous affectent, et accepter que certaines nous distraient. »

Il s'appelle Barack, alors, naturellement, tout le camp le surnomme Président, même s'il nous répète constamment qu'il portait ce nom avant l'élection de Barack Obama.

« Et on se concentre sur notre respiration. Inspirez. Expirez. »

J'essaie, mais mon esprit vagabonde encore. Je songe à Golfy, à ma bat-mitsva, à Kaylan et à notre liste, aux nappes roses, et à ce que penseront les filles de la cantine des danses israéliennes à ma fête.

« Prenez conscience de la sensation du sol, nous dit Président. Votre corps est-il lourd ? Ressentez le poids de votre présence en ce lieu. »

Je parviens à appliquer toutes les consignes qu'il nous donne, et l'espace d'un instant, mon esprit prend conscience du poids de mon corps, mais il ne tarde pas à s'échapper de nouveau, comme un enfant sur une aire de jeux.

Tant de pensées nous tournent dans la tête qu'il paraît impossible de se concentrer sur une seule chose pendant plus de quelques secondes.

« Prenez maintenant conscience de l'odeur de cette pièce, nous enjoint Président. Inspirez profondément, appropriez-vous l'arôme de ce lieu, puis expirez. »

Je jette un regard autour de moi. Aucune de mes amies n'a choisi cette activité, et au début, ça m'embêtait d'être séparée d'elles – j'avais dû m'inscrire dans ce cours auquel je n'avais même pas envie de participer, faute de places disponibles dans les autres ateliers.

Mais en cet instant, le fait d'être seule me procure calme et sérénité. Et finalement, la méditation de pleine conscience, c'est plus intéressant que ce que je pensais.

« Fermez les yeux un moment, nous dit Président. Vos paupières sont lourdes. Ouvrez-les. Fermez-les. » Il marque une pause. « Au camp, tant de choses se passent constamment autour de nous. Nous aimons cet endroit. Nous ne voulons pas en perdre une miette. Nous voulons être sûrs de prendre le temps d'en avoir pleinement conscience, de remarquer la beauté du paysage qui nous entoure, de sentir que nous en faisons partie. »

Pendant qu'il parle, je repense à la dernière lettre de Kaylan, et je m'aperçois de quelque chose.

Tout le monde (surtout Kaylan) me prend pour une fille cool et détendue, qui n'a pas de problèmes. Et je le suis, du moins, c'est l'impression que je donne. On dirait que rien n'est jamais grave pour moi, et c'est vrai. Mais ce n'est pas pour autant qu'il ne se passe rien dans ma tête. Mon esprit n'est pas vraiment super zen : il part toujours dans un million de directions différentes. Ce n'est pas forcément mauvais, mais il est constamment agité.

Peut-être que si je continue à y travailler, mon esprit aussi sera cool.

Chapitre 8

« C'est vraiment demain, la fin du camp ? » me demande Golfy.

On est assis sur le terrain de basket après la veillée, et les discussions vont bon train autour de nous. Il flotte dans l'air une odeur moite de gazon fraîchement coupé après la pluie. Je lève la tête pour contempler le ciel, où brillent un million d'étoiles – bien plus que je n'en ai jamais vu à Brookside. La stridulation des criquets résonne plus fort que d'ordinaire. On dirait qu'ils savent, eux aussi, que le camp s'achève demain.

« Comment c'est possible ?

— Je n'en sais rien, mais c'est la triste vérité. Peut-être que l'été prochain, je pourrai rester les huit semaines entières. Cela dit, Kaylan me tuerait sans doute, et je ne suis pas sûre d'être capable de la quitter pour si longtemps. »

Golfy hoche la tête : « Ouais. »

Je cherche mes amies des yeux. Chaque fois que je les aperçois, elles disparaissent aussitôt parmi la foule.

Je pince mes lèvres sèches en regrettant de ne pas avoir un baume dans ma poche.

« Tu passes toujours l'été entier ici ?

— Toujours, depuis que j'ai sept ans, répond Golfy. Hé, ça te dirait d'aller voir un endroit super cool ? » Il se lève d'un bond. « Ça va te plaire.

— Euh, d'accord. » Je le regarde une seconde et commence à rire. « J'adore les endroits super cool. »

Je ne sais même pas ce que je raconte. Quand je suis avec Golfy, tout est matière à s'amuser.

Je scrute à nouveau la foule à la recherche de Zoé, Alice ou Hana, mais je ne vois aucune d'elles. Je les ai entendues parler de me fabriquer une boîte à souvenirs, mais j'ai fait comme si je n'avais rien remarqué, parce qu'elles voulaient que ce soit une surprise.

Golfy enfonce les mains dans ses poches.

« En fait, je vais te montrer deux choses. Je viens juste de me rappeler la seconde. D'accord ?

— Euh, oui, bien sûr. » Je marche à côté de lui. « Alors, personne ne t'appelle Golfy, chez toi, c'est ça ? »

Il éclate de rire : « Bien sûr que non. À la maison, je suis juste Jonah.

— Juste Jonah. On dirait le titre d'un one-man-show confidentiel.

— C'est carrément ça ! » répond-il, toujours hilare. Il s'immobilise. « Voilà, c'est notre premier arrêt. Celui dont je viens de me souvenir. »

On se tient devant l'un des dortoirs tout en haut de la colline, où logent les adolescents les plus âgés du camp. Ce sont des cabanes très anciennes, en forme de tentes, qui ne peuvent accueillir que six personnes.

Je regarde Golfy et attends qu'il me dise quoi faire.

« Tu vois ce nom ? demande-t-il.

— Hum, il doit y en avoir un million ici. »

Les graffitis ne sont pas vraiment autorisés au camp, mais ça n'empêche personne de laisser une trace de son passage.

« "Nathan Malkin, 1980", lit Golfy. Tu savais que mon père est venu ici, lui aussi ? »

Je hausse les épaules : « Oui, j'en ai entendu parler.

— Je trouve toujours ça cool de voir son nom gravé. C'est drôle de se dire qu'il est venu ici en tant que campeur, puis comme moniteur. Drôle et cool à la fois, tu vois ?

— Oui, totalement. »

L'espace d'une seconde, j'imagine mes parents quand ils étaient enfants et adolescents. À quoi ressemblaient-ils ? Comment auraient-ils réagi si leurs propres parents avaient choisi une couleur de nappe sans leur demander leur avis ? Qu'est-ce que les autres pensaient d'eux : étaient-ils du genre anxieux, comme Kaylan ? Ou prenaient-ils les choses comme elles venaient ?

Mais en fait, pourquoi je me pose la question ? Ma mère était forcément angoissée. Elle l'est toujours. Maintenant que j'y pense, c'est peut-être pour ça que je m'entends si bien avec Kaylan.

« Bon, tu es prête pour la prochaine destination ? Ce n'est pas très loin. Je te ramène au terrain de basket dans, genre, quatre minutes. Et après, on doit tous aller au lac pour le dernier cercle de l'amitié. » Il marque une pause et me regarde. « Tu t'es préparée à voir tout le monde pleurer ?

— Euh, est-ce que quelqu'un peut vraiment se préparer à ça ?

— Tu as raison. »

On marche un moment, et tous les bruits du camp paraissent s'éloigner. On les entend toujours, mais ils sont étouffés.

« Encore une chose. Tu dois me promettre un truc, d'accord ?

— D'accord.

— Tu promets de revenir l'été prochain ?

— Oh, bien sûr. »

C'est étrange, mais j'ai parfois l'impression de connaître Golfy depuis toujours. Comme si nous étions nés dans le même hôpital sans le savoir. Ou que nos parents se fréquentaient quand ils étaient petits. J'ai la sensation d'être reliée à lui par une sorte de connexion cosmique, mais il est sans doute trop tôt pour lui dire ça. Je sais bien que la liste de cet été comporte l'item « Avouer nos sentiments à un garçon », mais je ne crois pas qu'il s'agisse de ça, ni que ce soit le bon moment pour le faire, de toute façon.

« Bon, ferme les yeux, dit-il. Juste une seconde. »

Mon cœur s'emballe, mais je ne sais pas pourquoi. Je lui fais confiance, et je me sens totalement détendue dans cette situation, mais c'est quand même un peu bizarre d'ignorer ce qui va se passer.

« Euh, d'accord. »

Je me cache les yeux d'une main, et il me guide un peu plus loin.

« OK, tu peux les ouvrir. »

Je regarde autour de moi. Je suis sûre que nous n'avons que très peu marché, mais je n'ai pourtant pas la moindre idée de là où nous sommes.

Face à nous, une minuscule cascade coule à travers un arbre et se déverse dans un petit ruisseau murmurant. L'ensemble est si parfait qu'on dirait que quelqu'un l'a fabriqué pour un projet scolaire, comme si tout ça avait été construit d'après un plan précis.

« C'est mon endroit préféré de tout le camp, déclare Golfy. Je vais te dire un secret, si tu me promets de ne le répéter à personne. »

Je glousse : « On fait beaucoup de promesses aujourd'hui, tu as remarqué ?

— C'est vrai, répond Golfy. Donc ça veut dire que tu me le jures ? Encore ? »

J'éclate de rire : « Je te le jure.

— Parfois, je viens ici l'après-midi, pendant notre temps libre. Je m'assieds là et je regarde la cascade. »

Il marque une pause et plonge ses yeux dans les miens. Soudain, un frisson me parcourt le dos. Un frisson agréable.

« Il m'arrive de rester très longtemps. Tu trouves ça bizarre ? »

Ce n'est pas vraiment bizarre, juste un peu inhabituel, parce que c'est la première fois que j'entends un garçon dire ce genre de choses. Et puis, généralement, ils ne tiennent pas en place.

« Tu n'as pas répondu à ma question, me rappelle Golfy.

— Oh, j'étais perdue dans mes pensées. » Je lâche un petit rire. « Non, je ne trouve pas ça particulièrement bizarre. Je veux dire, c'est peut-être un peu spécial. Mais c'est bien de se poser et de communier avec la nature, de temps en temps. Enfin, c'est mon avis.

— Merci de me rassurer. J'avais peur d'être le garçon le plus étrange du monde. » Il se tait et me lance un regard. « Tu veux t'asseoir une seconde ?

— Je croyais que tu devais me ramener au terrain de basket "dans quatre minutes" ? On va s'attirer des ennuis, Golfy.

— Oui, tu as raison. »

On reste plantés là à contempler la cascade, puis il passe un bras autour de mes épaules, et on ne bouge plus. J'ai toujours envie d'aller retrouver mes amies sur le terrain de basket, mais je veux aussi profiter de ce moment. C'est un drôle de sentiment, d'être partagée entre le bonheur de vivre l'instant, et le désir d'être ailleurs. Je crois que la meilleure solution serait de pouvoir se dédoubler pour se trouver dans deux endroits à la fois.

Golfy pose sa tête sur mon épaule, et je n'ai pas la moindre idée de ce qui va suivre.

Il se lance soudain : « Bon, on n'a plus beaucoup de temps. Il y a encore une chose que je veux faire, mais je ne sais pas comment m'y prendre, alors tu veux bien que je te le demande direct ? »

Je ne l'avais jamais entendu parler si vite. Je hoche la tête, et il retire la sienne de mon épaule, puis son bras, et il se plante devant moi. Le flot de la cascade semble résonner plus fort, et soudain, je n'entends plus que ça. Comme si le monde se limitait tout à coup à cette petite étendue d'herbe, cette chute d'eau et cet arbre.

« Le camp finit demain, et je ne te reverrai peut-être pas avant un an. Tu as déjà promis que tu reviendrais l'été prochain, donc je ne suis pas inquiet à ce sujet. Mais... » Il s'interrompt.

Mon cœur bat la chamade et je ne peux pas m'empêcher de me mordre la lèvre.

« Golfy ! Allez, crache le morceau, lâché-je en riant à moitié.

— Est-ce que je peux t'embrasser ? Tu veux bien ? demande-t-il. Je dois t'avouer que c'est la première fois pour moi, et je ne sais pas trop ce que je fais, mais s'il te plaît, ne le dis à personne. Alors, je peux ? »

Je pose les mains sur ses épaules. Je n'ai jamais fait ça auparavant, mais à cet instant, ça me paraît naturel et approprié.

« D'abord, ce n'est pas comme si j'avais embrassé un million de garçons. La plupart des gens que je connais n'ont encore embrassé personne. » Je souris. « Je vais rester là, sans bouger, et tu y vas quand tu veux. Et ne t'en fais pas, tu ne peux pas vraiment te louper. »

Bon, cette dernière affirmation n'était peut-être pas tout à fait vraie, vu que Kaylan et Jason ont dû s'y reprendre à deux fois, mais je crois que c'est assez rare, et je ne veux pas stresser Golfy.

« D'accord, dit-il en frottant ses paumes sur son short. Prête ?

— Prête. »

Il avance un peu la tête, je l'imite, et nos lèvres se touchent. Je suis en train d'embrasser un garçon devant une cascade, c'est l'été, je suis loin de chez moi, et lorsqu'on se sépare, on voit une étoile filante traverser le ciel.

Tout ça semble complètement irréel.

Chapitre 9

Dans le bus qui me ramène à la maison, je lis toutes les lettres que Hana, Zoé et Alice ont mises dans la boîte à souvenirs qu'elles m'ont fabriquée.

Je n'arrive pas à croire que le camp soit fini et que nous rentrons tous chez nous. Que tous les dortoirs sont vides, alors qu'ils étaient remplis de tant de joie et d'amour pendant si longtemps.

L'été prochain, il faut absolument que je vienne les huit semaines entières. Je veux profiter de la magie du camp et y rester tant qu'on me le permettra.

J'ai l'impression de ne plus être la même personne qu'à mon départ, et le plus étrange, c'est que je ne me suis pas aperçue que je changeais. Je ne m'en suis pas rendu compte, sur le moment. Tout ce que je sais, c'est que je me sens différente.

Chère Arianna,

Tu es la meilleure. Je suis tellement contente de t'avoir rencontrée cet été. Tout le monde au camp t'a adorée, et tu as tout de suite trouvé ta place. Ça n'arrive jamais. Merci de m'avoir appris à chanter avec ma brosse à cheveux, à enrouler mes spaghettis sur ma fourchette, et à faire la posture de l'arbre au yoga sans perdre l'équilibre. Tu me manques déjà trooooop.

Je t'aime pour toujours,

Zoé

Arianna, l'amour de ma vie,

Pourquoi tu es si géniale ? Je ne sais même pas. À la seconde où je t'ai vue descendre du bus avec tes lunettes de soleil en forme de cœurs, j'ai su que tu allais être la fille la plus cool du monde. Tu es venue au camp sans connaître personne, et ce n'était même pas un problème. Tes cheveux sont top et tes chaussettes aussi. On en avait trop marre d'être un trio, alors merci d'avoir fait de nous un quatuor.

Big bisous,

AlKal (Alice J. Kalman, la fabuleuse)

ARIANNA NODBERG !

Tu connaissais cette tradition ? Tu n'as pas le droit de jeter ces lettres. Tu es obligée de les garder pour toujours, et la dernière nuit de notre dernier été, on se les lira toutes à voix haute. Alors, ne les jette pas ! Compris ? Merci d'être venue au camp. On t'adore toutes et on te trouve géniale. Tu vas trooooop me manquer.

JE T'AIME POUR TOUJOURS !

Hana Elizabeth Bergman

On n'a parcouru que la moitié du trajet et je suis en larmes. Je ne les connais que depuis quatre semaines, mais j'ai le sentiment que nous sommes liées pour la vie. Je ne me l'explique pas. Il y a des filles que je côtoie à l'école depuis des années, et je les aime bien et tout, mais ce n'est pas pareil.

Peut-être que c'est différent quand on vit ensemble. Quand on se voit matin et soir, enveloppées dans nos serviettes de bain et en pyjama. Quand on prend tous nos repas en commun, qu'on discute jusque tard dans la nuit et qu'on pratique des activités collectives. C'est peut-être ce qui fait la différence entre une amie et une âme sœur.

Je voudrais raconter tout ça à Kaylan, partager avec elle tous les détails du camp, mais je ne suis pas sûre d'en être capable. Je ne veux pas la rendre jalouse. Je ne veux pas qu'elle ait l'impression que je l'ai remplacée.

Comment dire à sa meilleure amie qu'on vient de passer les quatre semaines les plus géniales de toute sa vie sans elle ?

Je crois que c'est impossible.

Chapitre 10

Je suis rentrée !

Ça fait trois minutes que je suis chez moi et j'envoie déjà un texto à Kaylan, tout excitée de retrouver mon téléphone.

Mais mes parents veulent qu'on dîne en famille et qu'on passe la soirée ensemble. Piscine demain ?

Elle met moins de cinq secondes à répondre, comme si elle avait les yeux rivés sur son portable, dans l'attente d'un message de ma part.

☹ J'ai trop hâte. Des tas de trucs à te raconter. Au fait, j'ai dit à Jason que je préférais qu'on reste amis. On a encore trop de choses à faire sur la liste. Pas grave ! TEXTOTE-MOI + TARD. BISOUUUUUS.

Je marque une pause avant de répondre.

T'es sérieuse pour Jason ?

Oui, mais je dois filer. Les filles de la cantine vont arriver.

Tu vois, tu te débrouilles très bien sans moi. Je suis fière de toi, Kay ! Bisous.

Quelques minutes s'écoulent avant qu'elle m'envoie en retour :

Tu m'as trop manqué. Je me débrouille pas bien du tout. AHHHHHH ! Bon, A+.

J'éclate de rire. Kaylan est tellement dramatique. Je consacre les heures suivantes à défaire mes bagages. Chaque fois que je sors un vêtement de mon sac pour le fourrer dans la machine à laver, je le renifle pour m'imprégner de son odeur.

Je pourrais peut-être laisser tout mon linge sale dans ma valise pour l'éternité, histoire de préserver le délicieux parfum du camp. Comme ça, je humerais mes habits chaque fois que je me sentirais triste.

Non. Ce serait dégueu.

« À table ! » appelle ma mère depuis le rez-de-chaussée.

Quand j'arrive dans la cuisine, il y a des ballons partout, des assiettes colorées, et des plateaux de hamburgers, de hot dogs et d'épis de maïs grillés, ainsi que des salades de chou et de pommes de terre.

« C'est soirée barbecue, ce que tu préfères, Ari ! s'exclame mon père en m'attirant dans ses bras. On a passé toute la semaine à réfléchir au repas pour fêter ton retour, et c'est ce qu'on a choisi. Les ballons, c'était l'idée de Gemma.

— C'est trop bien, non ? s'extasie ma sœur. Je ne pensais pas qu'ils me laisseraient en acheter autant, mais si ! Ça veut dire que tu leur as vraiment manqué ! »

Avant de prendre place sur ma chaise, je réponds doucement : « C'est trop gentil, merci. »

La vérité, c'est que, même si tout ça est super, je n'ai pas vraiment envie d'être ici et de dîner dans ma cuisine. Je voudrais être au réfectoire du camp, avec les filles de mon dortoir, à me plaindre de la nourriture et à essayer de concocter des trucs de ouf au bar à salades. (Les pois chiches dans la salade de thon, c'était trop bon !)

Je voudrais chanter avec les autres, tous ensemble, inventer des danses débiles entre les tables, empiler la vaisselle sale, et me demander quel sera le programme de la veillée.

« C'était tellement triste de voir ta chaise vide pendant tout ce temps, dit ma mère en posant sur la table un pichet de sa fameuse limonade à la fraise. Mais on savait que tu t'amusais, et ça nous remontait le moral. »

Je me force à sourire, mais j'ai l'estomac noué. Toute cette délicieuse nourriture, et les ballons, et les dessins que m'a faits Gemma de notre famille réunie...

« Et pour le dessert, on sort tous au bar à sundaes ! » ajoute mon père.

Malgré la soirée géniale qu'ils m'ont préparée, j'ai juste envie de pleurer.

« Allez, mangez, nous dit ma mère. J'ai hâte que tu nous racontes toutes tes vacances au camp, Ari. »

Je déglutis avec difficulté, les yeux baissés sur mon assiette. J'ajoute du ketchup sur mon hot dog et pioche une poignée de chips.

Après avoir avalé une bouchée, je marmonne : « Mmm. Délicieux. »

Je n'ai pas envie d'être ici, mais ils se sont donné tant de mal. Le moins que je puisse faire, c'est prétendre que ça me fait plaisir. C'est un des trucs que j'ai appris à l'atelier de pleine conscience : vivre à fond l'instant présent. Me concentrer sur chaque bouchée, chaque mot que je prononce, chaque détail de mon environnement.

Il faut juste que je tienne le temps du dîner, que j'avale ce qu'ils m'ont préparé, et tout ira bien. Mais au fond de moi, je n'ai même pas envie de manger des hot dogs et des hamburgers. Je crois que j'aimerais devenir végétarienne. Mais cette discussion attendra une prochaine fois.

« Ari, nous sommes tellement heureux que tu sois rentrée à la maison », répète ma mère, appuyée sur un coude. Elle me fixe.

« C'était vraiment si terrible, sans moi ? » demandé-je avec un rire, en me servant de la salade de pommes de terre.

« Oui, un peu, répond Gemma, qui semble prête à faire une scène.

— Pourquoi ? »

Je m'esclaffe et bois une gorgée de limonade. Gemma regarde mes parents, puis revient vers moi.

Je fronce le nez : « Qu'est-ce qu'il y a ? »

Tout s'est bien déroulé le jour des visites, tout semblait normal ; comme quand ils sont venus me chercher à l'arrêt de bus, un peu plus tôt.

« On est juste bien occupés par l'organisation de ta batmitsva, explique ma mère en se redressant sur sa chaise, avec un sourire forcé. N'oublie pas que tu as rendez-vous avec le chantre demain matin. »

Je hoche la tête.

« Et nous verrons le traiteur plus tard dans la semaine », ajoute-t-elle.

J'acquiesce encore.

« Je ne sais pas comment on va réussir à tout faire. » Elle prend une minuscule bouchée de salade de chou – si minuscule qu'on dirait qu'elle ne mange rien. « Tu apprends bien tes leçons d'hébreu ? Tu vas être tellement occupée, cette année, Ari. Ça fait beaucoup, pour une élève de cinquième. »

Je m'exclame en lâchant un rire nerveux : « Maman ! Stop. » Je pose ma main sur la sienne. « Je gère, et tout sera prêt. Ne t'inquiète pas, sérieusement. Détends-toi, plutôt. Allez. » Je jette un regard à mon père et Gemma, qui semblent un peu absents. « Je viens tout juste de rentrer. »

Ma mère hoche la tête et joue machinalement avec le contenu de son assiette. Je devrais lui demander pourquoi elle ne mange pas ; ou peut-être que je préfère ne pas le savoir.

Quelques minutes plus tard, le téléphone sonne. Je regarde qui appelle et vois que c'est Mamina. Je n'avais pas vraiment besoin de vérifier : peu de gens tentent de nous joindre sur la ligne fixe. Mais elle, toujours.

Je décroche et retourne à table avec le combiné sans fil.

« Coucou, Mamina.

— Arianna, ma chérie ! C'est si bon d'entendre ta voix. » Elle marque une pause. « Comment c'était, le camp ? »

Je pique une tranche de concombre avec ma fourchette et réponds : « Super. Je me suis éclatée.

— Tu vois ! Je te l'avais dit. On a les camps d'été dans le sang. J'y ai passé les meilleurs moments de ma vie.

— Je sais. Tu avais raison. Tu as toujours raison. »

Je m'esclaffe et mords dans mon hot dog, tandis que Mamina me raconte l'une de ses anecdotes de colonie de vacances : une histoire de goudron et de plumes. Heureusement que rien de la sorte n'est arrivé à Camp Silver.

« Vous êtes à table ? demande-t-elle. Va finir de manger. Je te rappellerai demain. Bon retour à la maison.

— D'accord, à demain. Je t'aime, Mamina.

— Je t'aime encore plus », répond-elle.

D'habitude, je proteste et j'affirme que c'est moi qui l'aime le plus, puis elle rétorque que c'est elle, et ça peut durer des heures. Mais comme on est au milieu du dîner, cette fois, je lâche l'affaire.

Plus tard dans la soirée, on est tous réunis dans le salon et on regarde plus ou moins la télé. Mes parents sont rivés sur leurs portables, et Gemma est occupée à fabriquer une sorte de coussin avec un kit que Mamina lui a offert.

Je lui donne un petit coup sur le genou avec mon pied.

« Gem. Viens dans la cuisine, je veux te montrer quelque chose. »

Elle me jette un regard soupçonneux.

J'insiste à voix basse : « Viens, je te dis. »

Une fois dans la cuisine, je fouille le garde-manger à la recherche d'un truc cool à grignoter que je pourrais lui montrer, et mes yeux tombent sur les boîtes de macaronis au fromage instantanés. Kaylan et la liste surgissent aussitôt dans mon esprit. Je trouve un peu bizarre qu'elle ne m'ait pas invitée à venir chez elle avec les filles de la cantine, mais d'un autre côté, je lui ai dit que je passais la soirée en famille.

« Qu'est-ce que tu veux me montrer, Ari ? » demande Gemma, une main sur la hanche.

Je m'exclame en feignant l'enthousiasme : « Ces délicieux fruits séchés ! Tu savais qu'on avait ça ? C'est comme des bonbons, mais sains et bio. Des bonbons qui sont bons pour la santé ! Mon Dieu ! »

Elle fronce les sourcils.

« On a toujours eu ça. » Elle me détaille de la tête aux pieds. « Ça va, Ari ? Je crois que la colo t'a rendue un peu toc-toc. »

Je l'attire vers moi.

« Mais oui, ça va. Je te faisais marcher, avec les fruits séchés. » Je marque une pause et l'invite à s'asseoir à table. « Dis-moi ce qui se passe. J'ai l'impression qu'il est arrivé quelque chose pendant que j'étais au camp. »

Elle secoue légèrement la tête et se penche vers moi pour chuchoter : « Je ne sais pas. C'est bizarre. Maman et papa sont tout le temps en train de faire des messes basses, ils discutent la porte fermée, mais je ne sais pas pourquoi. »

Je demande dans un sifflement : « Comment ça, tu ne sais pas ? Explique.

— J'en sais rien, répète-t-elle. Tout ce que je peux te dire, c'est qu'il se passe un truc. » Elle se lève de table. « Arrête de me harceler, je n'ai que neuf ans ! Pfff. »

Sur ces mots, elle quitte la cuisine. Déconcertée, je reste assise encore quelques minutes. Je la soupçonne d'avoir une petite idée de ce qui se trame. Cela dit, si elle n'est vraiment pas au courant, c'est que ça ne doit pas être si grave.

Je jette un coup d'œil à mon portable pour voir si Kaylan m'a textotée, mais non.

En revanche, les filles du camp ont envoyé plein de messages dans notre conversation de groupe.

Hana :

Vous me manquez trop, les filles.

Pourquoi on n'est pas au dortoir, en ce moment même ?

Aaaaaaaaaaaarghhhhhh !

Alice :

☹

Vous me manquez encore +++++++ !

Zoé :

M'en parlez pas. Je suis au bout de ma vie.

Combien de jours avant la prochaine colo ?

Je consulte la date et calcule rapidement.

Plus que 317 jours avant qu'on soit réunies, mes petits choux.

Je continue à fixer mon texto plusieurs minutes après l'avoir envoyé.

Trois cent dix-sept jours, ce n'est pas si long. On sera toutes de retour à Camp Silver en moins de temps qu'il ne faut pour le dire, et on pourra de nouveau se doucher sous la pluie, manger du *mung* et chanter des chansons en hébreu.

Trois cent dix-sept jours, ce n'est rien du tout.

Chapitre 11

« Le fromage est arrivé », m'annonce Kaylan en me réveillant d'un petit coup de coude.

L'espace d'une seconde, j'ai l'impression d'être en train de rêver, et puis soudain, je m'aperçois que c'est la réalité. J'ouvre les yeux et découvre Kaylan assise au bord de mon lit. Son tankini rouge à pois dépasse légèrement de son débardeur bleu marine.

Je la dévisage. Je ne sais même pas quelle heure il est. Ni de quoi elle parle.

« Le fromage français. » Elle me lance un regard noir. « Tu te rappelles ? Je t'en ai parlé dans une lettre. J'en ai trouvé sur Internet et je l'ai commandé. Je pense que ça fera toute la différence pour notre recette de macaronis au fromage. »

Je me redresse lentement en me frottant les yeux et jette un coup d'œil par la fenêtre, avant de lui demander : « Quelle heure il est ?

— Presque neuf heures et demie. Je sais que tu as ton rendez-vous avec le chantre, ta mère me l'a dit. Mais il fallait absolument que je te prévienne pour le fromaaaaage. » Elle pouffe de rire. « Il me tarde trop de faire ça avec toi !

— OK, tu es peut-être à fond sur les macaronis au fromage, mais tu oublies clairement l'item “Entretenir notre amitié”. Et je vais y mettre fin immédiatement : tu me réveilles trop tôt ! » Je lui donne un coup d'oreiller dans le bras, puis le plaque sur ma tête. « Bye-bye, Kay. »

Elle me l'arrache des mains. « C'est une heure normale pour se réveiller, Ari. La rentrée est dans moins de deux semaines, tu dois t'y préparer. Et puis, je croyais que tu te levais tôt en colo.

— Oui, mais on allait déjeuner en pyjama, encore à moitié endormis. Donc, c'était différent. On n'était pas vraiment frais et dispos. Et ce qui est sûr, c'est qu'on ne parlait pas de fromage dès le matin. »

J'éclate de rire et Kaylan m'imite, puis je m'aperçois que je suis totalement réveillée, maintenant.

« Bon, je t'explique pourquoi je veux absolument faire les macaronis au fromage, commence Kaylan en regardant son portable. Et si la cuisine était ma passion ? J'ai envie de le découvrir. Après tout, c'est pour ça qu'on l'a mis sur la liste. »

Je hoche la tête. « Pas faux.

— Tu vois, je suis sûre, genre, à quatre-vingt-dix pour cent, que ma passion, c'est la comédie, parce que c'est évident, mais bon... Je pourrais me tromper. »

J'acquiesce et l'écoute divaguer. Je décroche légèrement, mais elle parle tellement que je doute qu'elle s'en rende compte.

Elle poursuit : « Et je veux aussi faire l'item "Passer une nuit blanche pour voir le coucher et le lever du soleil", comme ça, tu pourras me raconter touuuute la colo. Alors, on n'a qu'à faire les deux en même temps ! Ce soir, chez moi ! Ça te va ? »

J'inspire et expire profondément. La fébrilité de Kaylan est de retour à fond les ballons.

« Hum, d'accord. Je ne suis pas sortie hier soir, donc ça devrait passer. Ça va être super.

— Apporte tes idées de recettes, aussi, pour les macaronis, m'enjoint-elle. On ne peut pas se contenter de mon fromage français. »

Je rejette la tête en arrière et éclate de rire : « Va savoir pourquoi, mais ta façon de dire "fromage français", c'est vraiment trop comique.

— Fromage français », répète-t-elle en prenant un faux accent.

On se tord tellement de rire que j'en ai mal au ventre.

Comment est-ce qu'elle peut être aussi stressée, à vouloir tout régenter, et aussi marrante à la fois ?

Ma mère me conduit à la synagogue, et je m'attends à ce qu'elle descende de voiture pour m'accompagner à mon rendez-vous avec le chantre, mais elle se contente de me déposer devant la porte d'entrée.

« Tu ne viens pas ?

— Non, ce n'est qu'un cours de préparation pour ta bat-mitsva, répond-elle. J'ai des choses à faire. »

Je hausse les épaules : « Ah, bon. Je croyais que les parents étaient censés être là. Tu es venue avec moi les autres fois, au printemps.

— Je n'ai pas besoin d'être présente à chaque fois, réplique-t-elle. Allez, file. Tu vas être en retard. »

J'entre dans la synagogue. Tout est si vide et silencieux, à l'intérieur. D'habitude, les couloirs sont encombrés d'enfants, quand je viens à l'Institut hébraïque, et on entend le murmure des adultes qui bavardent après l'office autour d'une tasse de café.

Quand j'arrive devant le bureau du chantre, la porte est fermée, alors je m'assieds dans l'un des fauteuils matelassés, dans le couloir.

J'envoie un texto à Alice.

> Comment se passe ton 1er matin chez toi ? Moi, j'ai un RDV avec le chantre.

Je reçois aussitôt une réponse.

> Oooh, trop l'éclate. Moi, je traîne en pyjama. Ton chantre est vieux ou jeune ? Le mien a genre 100 ans. LOL !

> MDR. Elle est entre les deux. Je sais pas quel âge elle a. 50, peut-être ?

> Oh, c'est une dame. Elle a une belle voix ?

> Haha, oui. Très belle. Elle chante trooop bien les prières. LOL !

LOL. Amuse-toi bien. Tu me manques trop, Noddie.

Tu me manques +, AlKal.

« Arianna ! m'accueille madame Simon en venant me chercher dans le couloir. C'était comment, la colonie de vacances ?

— Génial. Je me suis éclatée.

— Tu étais à Camp Silver ? » demande-t-elle en prenant place derrière son bureau.

Je m'installe en face d'elle, dans l'un des fauteuils en cuir.

« Ouais.

— C'est le meilleur. J'y ai passé treize étés, comme campeuse, puis comme monitrice. » Elle sourit. « Tu le savais ? »

Je secoue la tête.

Elle ajoute : « C'est magique, là-bas. Alors, comment ça avance ? Ta section de la Torah, tes prières ? Dis-moi tout. » Elle croise les mains.

Je balaie la pièce du regard, les livres sur les étagères, les photos encadrées et les tableaux. Et j'ai presque du mal à croire que je suis là, dans le bureau de notre chantre, pour la préparation de ma bat-mitsva. J'ai toujours vu ça comme quelque chose que faisaient les autres, et que je ferais aussi un jour, mais dans très, très longtemps.

« Euh, ça avance. » Je lâche un rire. « J'ai travaillé un peu les prières au camp, et j'ai commencé mon discours, mais ce n'est pas encore ça. Et je m'entraîne un peu tous les jours à lire ma section de la Torah ; alors, euh, voilà, je serai prête. Ne vous inquiétez pas. »

Elle rit à son tour : « Je ne suis pas inquiète. C'est simplement mon rôle de faire le point avec toi. Le rabbin Oliker et moi t'accompagnerons à la table de lecture, mais ce sera à toi de conduire l'office, ce jour-là. C'est toi qui te tiendras sur l'estrade, qui chanteras et réciteras les prières, qui liras devant tout le monde. » Elle m'adresse un grand sourire. « Tu te rends compte ?

— Euh... » Je souris aussi, m'efforçant d'avoir l'air de la fille qui maîtrise. « Honnêtement, j'ai du mal.

— Bon, avant que tu me montres ce que tu sais faire, parlons un peu. » Elle se penche légèrement sur son bureau.

« D'accord.

— Alors, sur une échelle de un à dix, à quel point dirais-tu que le judaïsme joue un rôle important dans ta vie ? »

Sa tête oscille d'un côté puis de l'autre.

« Euh... En fait, avant d'aller à Camp Silver, c'était, genre, cinq, peut-être. Je veux dire, on allumait les bougies le jour du shabbat et on fréquentait parfois la synagogue, et puis j'allais aussi à l'Institut hébraïque, bien sûr. » Je marque une pause. « Mais au camp, c'est comme si j'avais eu une révélation – ça fait un peu vieux jeu, je sais – et maintenant, je dirais huit. »

Madame Simon attache ses cheveux avec une pince en écaille. Elle paraît plus jeune, à présent.

« C'est merveilleux. C'est une très bonne nouvelle. »

J'éclate de rire. « Je trouve aussi.

— Sais-tu ce qui a provoqué cette révélation ? me demande-t-elle.

— Non, pas vraiment. » Je réfléchis. « Je crois, peut-être, les gens, le fait d'être tous ensemble, de partager la musique, les traditions, tout ça.

— Intéressant. » Elle me claque un *high five*. « Je vois que ça te fait cogiter.

— Oui. » Je souris. « Mais il me reste encore beaucoup de choses à comprendre.

— Ça viendra, m'assure-t-elle.

— Alors, c'est normal que je ne sache pas encore totalement ce que je ressens par rapport à tout ça ? Je veux dire, pas à cent pour cent ?

— Oui, c'est tout à fait normal. » Elle hoche la tête et boit une gorgée de thé. « Le questionnement et la réflexion sont des aspects primordiaux du judaïsme. Tu fais tout comme il faut.

— Ouf ! » Je lâche un petit rire.

« Tu es prête à répéter ? On va commencer par le début de l'office. Ton premier cantique sera *Hine ma tov*, c'est bien ça ? Est-ce que tu l'as chanté à Camp Silver ? » Elle éclate de rire. « Quelle question ! Tu l'as forcément chanté là-bas.

— Oui ! » Je me lance : « *Hine ma tov u'ma nayim*[8]... »

Puis madame Simon se lève et se joint à moi : « *Shevet achim gam ya'had*[9]. »

On chante le reste du cantique toutes les deux en riant aux éclats.

Elle se rassied dans son fauteuil.

8. « Qu'il est bon et doux... » en hébreu.

9. « D'être assis ensemble entre frères. » en hébreu.

« Tu n'imagines pas comme ça m'amuse de partager ton expérience à Camp Silver. Je revis ma jeunesse !

— Et moi, je dis au revoir à la mienne. » Je baisse les yeux sur mes genoux et fais semblant de renifler. « Je rigole. »

On revoit d'autres cantiques, mélodies et prières, et elle me complimente chaque fois : « Ta prononciation est excellente. Quand le grand jour approchera, on répétera ta section dans la vraie Torah. »

Mon cœur s'emballe un peu. « Vous voulez dire, le vrai rouleau ?

— Oui. Le vrai de vrai. Les cinq livres de Moïse. L'intégralité de la loi et de l'enseignement juifs.

— D'accord. » Je souris. « Mais le coup de devoir jeûner pendant quarante jours si on fait tomber le rouleau de la Torah, c'est un mythe, n'est-ce pas ? Je n'ai pas l'intention de le faire tomber, mais on ne sait jamais.

— Je veillerai à ce que ça n'arrive pas, me dit-elle avec un clin d'œil. Bon, on va bientôt devoir tout ranger ; je te reverrai la semaine prochaine. Mais avant que tu t'en ailles, j'aimerais te poser une question. Je sais que tu es encore en pleine réflexion, mais que penses-tu de la cérémonie de la bat-mitsva ? Est-ce que c'est un événement important, pour toi ? Ou quelque chose que tes parents t'imposent ? Est-ce surtout la fête qui t'intéresse ? Dis-moi tout. Sois honnête. »

J'appuie mon menton sur ma paume, et prends le temps d'y réfléchir un instant.

« Je crois que c'est en effet important pour moi. Et d'une certaine façon, c'est une sorte d'accomplissement. À force de répéter les prières, la cantillation, et de pratiquer l'hébreu, je progresse peu à peu. C'est, genre, le plus grand projet de ma vie. Et c'est excitant. » Je hausse les épaules. « Enfin, si je peux être honnête, je faisais tout ça un peu mécaniquement, jusqu'à présent. Mais plus je m'entraîne, plus ça prend du sens.

— Premièrement, n'aie jamais peur d'être honnête. Et puis, tu sais, Ari, quelquefois, les gens se découvrent une passion à un jeune âge, lorsqu'ils s'y attendent le moins. »

Je jette un coup d'œil aux photos de sa famille sur son bureau, et lui demande : « Vous saviez que vous vouliez devenir chantre, quand vous aviez douze ans ? Enfin, presque treize.

— Hum. » Elle pince les lèvres. « Non, pas à treize ans... mais à quinze ou seize, oui. »

Je hoche la tête. J'hésite à lui parler de la liste, et du fait que trouver ma passion fait partie de mes objectifs cette année, mais c'est un peu long à expliquer et le rendez-vous touche à sa fin.

« Ça m'a fait plaisir de discuter avec toi, dit-elle. J'ai hâte de te revoir la semaine prochaine. »

Je me lève. « Moi aussi. »

Je sors de la synagogue et m'assieds sur le petit banc en bois en attendant que ma mère revienne me chercher.

L'item « Se consacrer corps et âme à une passion » est un but tout à fait logique pour quelqu'un qui va bientôt fêter ses treize ans. C'est bien pour ça qu'on l'a mis sur la liste.

Mais trouver sa grande passion n'est pas si simple. Des tas de choses m'intéressent. Comment savoir ce que sera ma vraie passion, celle à laquelle je voudrai me consacrer pleinement ? On n'a pas beaucoup de temps, en plus.

Ma mère a déjà cinq minutes de retard lorsque je sens mon portable vibrer. Je le sors de ma poche, persuadée que c'est elle qui m'appelle, dans tous ses états, mais c'est Kaylan.

« Yo, dit-elle.

— Yo, yo.

— Je suis à la piscine, avec Cami, M.W., June et toute la bande », m'annonce-t-elle, mais j'ai du mal à l'entendre avec tout le bruit qui résonne autour d'elle.

La *bande* ? On est une bande ?

Kaylan poursuit : « Mary et Amirah nous rejoindront peut-être plus tard. Tu viens ?

— J'attends ma mère, qui doit me récupérer à la synagogue.

— Quoi ? » hurle-t-elle.

Je répète en criant : « J'attends ma mère, qui doit me récupérer à la synagogue.

— Je t'entends pas ! Viens à la piscine. » Elle arrête de parler et pouffe de rire à cause d'un truc qui se passe là-bas. « D'accord ? À plus ! »

Elle raccroche sans me laisser le temps de placer un mot. Je m'avachis sur le banc. Je ne m'attendais pas vraiment à ce que Kaylan me déroule le tapis rouge à mon retour, et je l'avais trouvée un peu trop exaltée le jour des visites, mais maintenant que je suis rentrée, on dirait presque qu'elle n'a plus besoin de moi. Elle se débrouille très bien toute seule. Elle a même une *bande*, dont je ne suis pas certaine de faire partie.

Peut-être que c'est une bonne chose. Peut-être pas.

C'est tout le contraire de l'été dernier, quand elle était la Kaylan méga-nerveuse à l'*agita* niveau maximal.

Je me demande si les macaronis au fromage et la nuit blanche sont toujours au programme de ce soir.

Alice me textote quelques minutes plus tard.

Comment c'était, ton RDV ?

Super. Je peux te poser une question ?

Bien sûr, ma chérie.

Ça te fait quoi de faire ta bat-mitsva ? Genre, ça signifie quoi, pour toi ?

Euuuuuuh...

Je crois que ça me permet de me sentir plus proche de ma communauté et de mon héritage, tout ça, et d'y jouer un rôle + important.

Cool. Je suis d'accord. Je me posais juste la question.

T'es tellement réfléchie.

Hein ?

Genre, tu réfléchis à plein de trucs. C'est cool.

Merci, ma chérie. Tu me manques trooooooop !

Tu me manques aussiiiiiiiiiii !

JTMMMMMMMM !

Bisous à l'infini !

Au moins, je peux compter sur Alice. Même si Kaylan est occupée avec *la bande*, il me reste Alice, Zoé et Hana. Et Golfy, je l'espère, même si je n'ai pas de nouvelles de lui. Ce qui, je dois l'admettre, est un peu bizarre. Où est passé le garçon super introspectif devant la cascade ?

Il m'a peut-être complètement oubliée, maintenant que le camp est fini.

J'espère que non.

Chapitre 12

« Comment s'est passée ta leçon ? » s'enquiert ma mère alors que je monte dans la voiture.

Je lui réponds en bouclant ma ceinture : « Bien. »

Je m'attends à ce qu'elle me questionne davantage, mais elle s'arrête là. Elle garde le silence et n'allume même pas la radio.

Tout en cherchant une playlist sur mon portable, je lui demande : « Oh, tu peux me déposer à la piscine, s'il te plaît ?

— Tu as ton maillot de bain ? » Elle se tourne pour me regarder une seconde, puis fixe de nouveau la route.

Je lance triomphalement : « Toujours ! On ne sait jamais quand on va trouver de l'eau.

— Ah bon ? » Un petit sourire étire ses lèvres. « Et ta crème solaire aussi ? »

Je hoche la tête.

Quelque chose la travaille, mais je ne sais pas quoi. On ne dit rien pendant quelques minutes, puis la voilà partie dans sa liste de choses à faire.

« Oh ! Ari, j'ai failli oublier. On doit finir les étiquettes d'adresses, confirmer notre rendez-vous avec le traiteur, et commander les kippas. Tu as dit que tu les voulais bleu marine, n'est-ce pas ? Ou on pourrait aussi les faire en motif pied-de-poule. Ce serait joli, non ?

— Des kippas pied-de-poule ? Euh, ouais, ça pourrait être sympa.

— Il faut aussi qu'on décide si on veut faire un brunch le dimanche, pour nos invités qui viennent de loin. » Je ne sais plus si elle s'adresse à moi ou si elle parle dans le vide. « Ça va peut-être faire trop, mais bon, il faudra bien qu'ils mangent avant de repartir. »

J'appuie ma tête contre la vitre et laisse ma mère palabrer. Je crois que ça la détend de tout énumérer à voix haute, même si je ne réponds pas.

Quand on arrive à l'entrée de la piscine, je lance : « Bon, ben, à plus tard, maman.

— On dirait que tu n'as aucun mal à reprendre tes habitudes », lâche-t-elle tandis que je suis déjà à moitié descendue.

Je ne comprendrai jamais pourquoi les gens (surtout les mères) ont cette fâcheuse manie d'entamer une conversation au moment où l'on s'apprête à les quitter.

Je hausse les épaules : « Oui, j'imagine... »

Mais je ne sais pas vraiment si c'est le cas ou si je fais juste semblant. Je voudrais être au camp, ça, c'est certain. Mais je suis ici, et j'ai plein de choses à faire, comme cocher les items de la liste, découvrir ce que cachent mes parents, répéter pour ma bat-mitsva, et tout le reste.

Alors, autant s'y mettre. Ce qui est fait n'est plus à faire, comme on dit.

J'entre dans la piscine, inscris mon nom dans le registre, et scrute les lieux à la recherche de Kaylan et des filles de la cantine. J'aimerais bien voir Julie, aussi. Ce serait l'occasion de discuter de nos leçons de bat-mitsva, de nos préparatifs. Je crois que la sienne aura lieu en décembre.

« Salut, Arianna ! lance Noah, me prenant complètement par surprise. Je ne savais pas que tu étais rentrée de colo.

— Oh, je suis arrivée hier soir. Je te croyais en Australie, ou un truc du genre ?

— J'y étais. Je suis revenu il y a quelques jours. Julie m'a invité à la piscine aujourd'hui, alors, bah, me voilà. »

Julie l'a invité à la piscine ?

« Cool. »

Je détourne les yeux, essayant de trouver quoi lui dire. On n'est pas vraiment restés en contact pendant l'été.

« C'était bien, la colo ? demande-t-il.

— Ouais, c'était trop génial. J'ai adoré.

— C'est cool. » Il traîne les pieds sur le sol. « Bref, je ferais mieux d'y aller. Julie nous a commandé à manger. À plus, Arianna. »

Je regarde ailleurs, puis reviens à lui. « Euh, OK, salut.

— Ari ! » hurle une voix, dont je ne parviens pas à trouver la provenance. Je suis presque sûre que c'est Kaylan, mais je ne la vois nulle part. « Ari ! Ici !... Près du plongeoir ! »

Je lui fais un signe de tête et la rejoins. Elle n'est pas à notre place habituelle, et je ne me serais jamais attendue à la voir assise là-bas. Elle est avec Cami, June, M.W., Amirah, Kira, Sydney et Mary. Toute la bande, en effet.

L'année dernière, à la rentrée, on formait clairement deux groupes : Sydney, Kira, M.W., Mary et moi d'un côté, et Kaylan, June et Cami de l'autre. Je ne me rappelle pas bien dans lequel se trouvait Amirah, mais ça n'a pas vraiment d'importance. Petit à petit, on a fini par fusionner.

Il y a aussi cette fille, Lizzie, le binôme de TP de sciences de Kaylan, en sixième. Elle déjeunera peut-être avec nous à la cantine, cette année.

Je me laisse tomber sur une chaise longue libre, et lance : « Salut, les filles.

— Arianna est de retour et c'est reparti pour un tour, chantonne Cami. Arianna est rentrée. »

Elle se lève et se met à danser, et je dois admettre que c'est... un peu trop.

Si je devais décrire Cami en une phrase, c'est exactement ce que je dirais : elle en fait trop.

« Contente de voir que je vous ai manqué. » Je souris à tout le groupe. « Alors, quoi de neuf, les filles ? Racontez-moi tout. Qu'est-ce que j'ai raté cet été, à Brookside ? »

Elles échangent toutes un regard et gardent le silence pendant ce qui me semble durer trois siècles, puis elles me dévisagent.

« Quoi ? » J'ai les joues en feu.

« Euh... tes seins ont vachement poussé pendant les vacances, chuchote Mary, mais assez fort pour que toute la bande l'entende. Est-ce que tu as dû t'acheter de nouveaux soutiens-gorge ? »

J'éclate de rire. « Attends. Quoi ? Tu es sérieuse ? » Je croise les bras sur ma poitrine.

« C'est vrai, renchérit Kaylan.

— Moins fort, quand même, les filles. » Je me rapproche du groupe. « C'est gênant de parler de ça à la piscine, d'abord. Ensuite, je porte toujours les mêmes brassières de sport qu'au printemps dernier, alors je ne sais pas d'où vous sortez ça. »

June hausse les épaules. « D'accord, ben, peut-être que tes brassières s'étirent, ou un truc comme ça. Tes seins sont, genre, vraiment très gros, maintenant, Arianna.

— Ils sont énormes », disent en chœur Kira et Sydney, avant de s'interrompre pour s'exclamer : « Chips !

— Arrêtez ! » Je glousse. « Je ne veux pas avoir de gros seins. On va voir si je n'ai pas mon mot à dire en matière de taille de soutien-gorge ! »

Les filles explosent toutes de rire.

« Bon, sérieusement, qu'est-ce que j'ai raté pendant que j'étais au camp ? »

Je sors ma crème solaire de mon sac de piscine et commence à m'en enduire les jambes.

« Qu'est-ce que je disais ? chuchote Kaylan aux autres en levant les yeux au ciel. Elle fait une fixette sur cet endroit. »

J'ignore son commentaire et lui rends son air agacé. Je ne vois pas ce qui lui fait dire ça.

M.W. se racle la gorge. « Ben, il y a eu l'incident des nouilles visqueuses.

— Oh mon Dieu ! Les nouilles visqueuses. » June hurle de rire et se laisse retomber sur sa chaise longue, manquant de s'écrouler par terre. « Les nouilles visqueuuuuuuses !

— Les plus visqueuses de l'histoire, ajoute Kaylan.

— Personne ne croirait que des nouilles puissent être *aussi* visqueuses », dit Lizzie d'une voix sinistre.

Mary se tord tellement de rire qu'elle n'arrive pas à prononcer le moindre mot, si bien qu'elle finit par agiter les mains et déclarer forfait.

Amirah hausse les sourcils. « C'est clair.

— D'accooord. » Je fais la grimace. « On va dire que j'ai raté l'incident des nouilles visqueuses. »

Elles explosent toutes de rire à nouveau, mais personne ne m'explique ce qui s'est passé. Ce n'est pas comme si ça m'intéressait vraiment, puisque c'est manifestement un de ces moments où « il fallait être là » pour comprendre. Mais c'est quand même un peu relou.

Cami déclare : « On va nager », et toutes les autres la suivent.

Sauf Kaylan, qui se rallonge sur sa chaise longue, les yeux rivés sur son portable.

M'assurant que personne ne peut m'entendre, je chuchote : « Je ne savais pas que vous traîniez encore avec Lizzie.

— Oh, oui, elle était à la piscine tous les jours, donc elle s'est jointe à nous. » Kaylan lève les yeux vers moi. « En fait, on traîne avec toutes celles qui sont là, quoi. »

Je hoche la tête. « C'est cool. »

Kaylan reporte son attention sur son écran, alors je lui donne une petite tape sur le genou et annonce : « Julie a invité Noah à la piscine aujourd'hui.

— Tiens, bizarre. Je ne les ai pas vus ensemble de tout l'été. Mais qui sait ? » Elle hausse les épaules. « Bon, alors, ces macaronis au fromage vont littéralement nous changer la vie. J'ai pensé à tout. J'ai tous les ingrédients qu'il nous faut chez moi. Donc, après la piscine, on rentre, on prend une douche, on enfile des vêtements confortables, et on s'y met. » Elle tape dans ses mains. « OK ? »

Je hoche la tête. « D'accord. Ça me paraît bien.

— Allez, Ari, un peu d'énergie ! insiste-t-elle. S'il te plaît. Montre-moi un enthousiasme digne de ton camp !

— Je suis à fond, t'inquiète ! » Je brandis mon poing dans les airs. « Mais tu penses que je devrais dire à Noah qu'il ne m'intéresse plus vraiment ? Est-ce que ça compterait pour l'item "Avouer nos sentiments à un garçon" ? »

Elle y réfléchit un instant. « Nan, ce n'est pas assez important, je trouve. En plus, je ne crois pas que ce soit nécessaire : vous n'avez pas passé beaucoup de temps ensemble au printemps dernier, de toute façon. »

Je contemple le ciel. « Pas faux.

— Bon, allez. C'est l'heure de l'équilibre, déclare Kaylan. Ce n'est pas en se prélassant sur des chaises longues qu'on va accomplir quoi que ce soit sur la liste, même si ça aurait fait un bon item. »

Je fronce les sourcils. « Quoi ? Maîtriser l'art de la bronzette ? On est déjà des pros.

— Ça, c'est vrai. » Elle m'agrippe la main. « Allez, viens dans l'herbe, près du terrain de basket, et on va s'entraîner pour l'équilibre. »

Tout en marchant, je repense à l'été dernier. La Kaylan d'avant le collège n'aurait jamais suggéré une chose pareille. Faire l'équilibre en public ? Devant des gens de notre école ?

Impossible. Mais maintenant, elle est prête à se donner en spectacle.

Elle est peut-être plus spontanée qu'elle ne le croyait.

Plus je passe du temps avec Kaylan, plus je m'aperçois qu'elle a changé. Je ne pensais pas qu'on pouvait changer autant en seulement quatre semaines, mais visiblement, si.

« Bon, je commence, déclare-t-elle. Et toi, tu m'évalues, tu me donnes des conseils, ce genre de choses. Et ensuite, on fait le contraire, OK ?

— OK. »

Je me laisse tomber dans l'herbe et me frotte les yeux sous mes lunettes de soleil. Je crois que je ne me suis pas encore totalement remise de la fatigue du camp.

Kaylan balance ses tongs, fait quelques étirements, puis se plante, le dos bien droit, pieds écartés l'un devant l'autre, légèrement penchée. Elle bascule ensuite son corps en avant, envoie sa jambe arrière le plus haut possible, sans plier les bras, puis l'autre. Elle réalise un équilibre parfait. Les jambes jointes et tendues vers le ciel, les bras solides. On dirait qu'elle pourrait rester dans cette position les trois prochaines heures sans broncher.

Elle redescend et reprend une posture normale, mains sur les hanches.

« Alors ?

— Parfait. Dix sur dix, sans hésiter. Ça y est, tu le maîtrises. » Je m'allonge, en appui sur mes coudes.

« C'est vrai ? dit-elle d'un air déçu. J'avais un peu envie de continuer à m'entraîner. Peut-être parce que tous les autres items de la liste sont super durs. »

Je me lève et réponds : « C'est possible. Tu peux continuer à t'entraîner si tu veux, mais c'était déjà parfait. Bon, à moi.

— Veille à pousser sur ta jambe dominante pour te lancer, me conseille Kaylan. Je crois que c'est l'élément clé. »

J'essaie de faire exactement comme elle, mais ce n'est pas une réussite. Une fois en l'air, les mains à plat sur le sol, je fais tout mon possible pour garder les jambes tendues, mais je sais qu'elles sont pliées, de travers, comme une paire de ciseaux, et je finis immanquablement par tomber en avant.

Kaylan prend du recul pour évaluer la situation, un doigt sur les lèvres. « Ouais, bon, il va te falloir de l'entraînement, Ari. Mais tu y arriveras. On va quand même attendre un peu pour le rituel de la victoire. »

Je hoche la tête en signe d'approbation : « Ouais, je suis trop crevée pour sauter en l'air. Je pourrais toujours faire le *high five* et l'étreinte, par contre… » Je pousse un soupir. « Je ne suis pas gymnaste. Rappelle-moi pourquoi on a mis ça sur la liste ?

— Parce qu'on savait le faire avant et qu'on adorait ça, et qu'on veut conserver un peu de notre âme d'enfant en grandissant, explique Kaylan. On ne peut pas mettre que des choses nouvelles et excitantes, tu vois ?

— Oui, c'est vrai. »

Je me laisse retomber dans l'herbe, m'allonge, et contemple le ciel comme on le faisait au camp, entre deux activités. Dans cette position, j'avais presque l'impression de sentir la Terre bouger, très, très lentement.

Mais ici, pas vraiment. Il y a trop de bruit et d'agitation.

« Je recommence, déclare Kaylan. Vérifie ma posture.

— D'accord.

— Sois attentive ! » lance-t-elle sèchement.

Je me redresse. Pile au moment où elle se penche et lance ses jambes, j'aperçois Jason qui passe près de nous. Il s'arrête pour nous regarder, puis s'apprête à partir, mais se fige à nouveau. Je devrais peut-être prévenir Kaylan, mais ce ne serait pas discret.

Il se dirige à présent vers nous, et mon ventre se serre.

C'est le genre de situation dans laquelle on a parfaitement conscience qu'on devrait intervenir, sans savoir quoi faire. Alors, on se contente de la regarder se dérouler en spectateur.

« Pas mal, commente Jason tandis que Kaylan est encore en équilibre. Tu vas pouvoir cocher cet item sur ta liste. »

Kaylan lui a montré la nouvelle liste ? Je me sens soudain horriblement gênée, comme si quelqu'un venait d'entrer dans ma cabine pendant que j'enfilais mon maillot de bain. Enfin, ce n'est que Jason. Il était au courant pour l'autre liste, alors j'imagine que ce n'est pas si grave.

Lorsque Kaylan redescend enfin sur terre, ses joues sont écarlates. Peut-être parce qu'elle est restée si longtemps la tête en bas que tout le sang lui est monté au visage, ou bien à cause de Jason, le garçon avec qui elle vient de rompre, qui se tient juste devant elle.

Même si, bizarrement, il ne m'ait pas dit bonjour, je lance : « Salut, Jason. Tu as passé de bonnes vacances ? »

Il me scrute et hausse les sourcils. « Euh, ça dépend. Elles ont bien commencé et se sont mal terminées. » Il se tourne vers Kaylan pour lui jeter un regard noir.

« Tu devrais lui demander comment s'est passée sa colo », l'enjoint Kaylan.

Le cœur battant à tout rompre, j'éprouve l'envie soudaine de m'enfuir en courant pour échapper à cette situation embarrassante.

« Je peux décider tout seul de ce que je lui demande », réplique Jason. Il s'assied à côté de moi dans l'herbe, tournant le dos à Kaylan, et murmure : « C'était bien, ta colo ? »

J'aperçois un minuscule sourire étirer le coin de ses lèvres.

« Trop génial. C'est le meilleur endroit au monde. J'aimerais passer toute ma vie au camp.

— Waouh », dit-il en rejetant la tête en arrière.

Je me redresse et l'observe. « Comment tu te sens, Jason ?

— Misérablissime. Ta BFF est grrrrrrr. »

Je glousse. Je ne suis pas sûre qu'il essayait d'être drôle, mais ça fait du bien de rire de toute façon.

« Ne rigole pas, dit-il. Je croyais que tout allait bien entre nous, jusqu'au moment où elle a décidé qu'il n'y avait plus de "nous". »

Je fais semblant de l'écouter s'épancher. En vérité, je me demande comment Kaylan arrive à réaliser toutes ces incroyables figures.

Elle fait l'équilibre aux quatre coins de la pelouse, la roue, des saltos arrière et des rondades. Ce n'était pas juste du tout qu'elle mette l'équilibre sur la liste. Elle est super douée en gymnastique, alors que moi, je suis archi-nulle.

« Du coup, qu'est-ce que je devrais faire ? » me demande Jason.

Je fouille rapidement mon cerveau dans l'espoir de me rappeler ce qu'il vient de dire. « Bah, elle changera peut-être à nouveau d'avis. Ça lui arrive souvent. »

Il hausse les épaules. « Mais c'est plus comme avant, entre nous. Et je peux savoir pourquoi elle fait des pirouettes dans tous les sens juste sous mon nez ? Elle est bizarre.

— Ne le prends pas mal, Jason, mais elle le ferait que tu sois là ou non. Elle aime bien se la péter, de temps en temps.

— Comment j'ai pu l'aimer un jour ? me demande-t-il comme si je connaissais la réponse.

— C'est une fille géniale, voilà tout. Et vous avez passé des moments sympas ensemble. Mais les meilleures choses ont une fin. La bonne nouvelle, c'est qu'elles peuvent recommencer. Sois patient, tu verras.

— Je ne veux pas attendre, rétorque Jason. Je m'ennuie. J'ai envie de traîner avec vous.

— Ben, personne n'a dit que tu ne pouvais pas. Moi, je n'ai rien contre. Et vous resterez des amis quoi qu'il arrive. En plus, la rentrée est dans, quoi, deux semaines, dooonc... »

On se lève pour rejoindre Kaylan, qui papote au snack avec Julie et Noah. « Je faisais des compétitions de gymnastique quand j'étais en primaire, leur explique-t-elle. Mais, j'ai arrêté. C'est un bon exercice physique, cela dit. »

Je lui demande : « Qu'est-ce que tu as commandé ?

— De l'eau, pour la liste, chuchote-t-elle. J'ai laissé ma bouteille vers les chaises longues. Et des bâtonnets de mozzarella.

Jason se tourne vers moi : « Alors, est-ce que tu arrives à boire assez d'eau ?

— À toi de juger. Mon teint n'est-il pas éclatant ? »

Il hausse les épaules. « Je ne sais même pas ce que ça veut dire, pour être honnête.

— Ça va, ça progresse. » Je lui jette un regard méfiant. « J'ai l'impression que tu essaies de faire la liste avec nous. Je me trompe ?

— Plus maintenant. » Il se renfrogne.

Je commence à me demander si inscrire sur notre liste l'item « Avouer nos sentiments à un garçon » était une bonne idée.

Chapitre 13

À mon retour de la piscine, Gemma est en train de regarder la télé dans le salon. Elle porte encore le short et le T-shirt couverts d'éclaboussures de peinture de son dernier jour au centre aéré.

Je lui demande : « Où est maman ? »

Sur la route, je me suis aperçue que je n'avais pas prévenu ma mère que je dormais chez Kaylan, et maintenant, je vais devoir présenter les choses tout en finesse pour qu'elle accepte sans paniquer ce changement de programme de dernière minute.

« En haut, dans le bureau, avec papa. J'ai frappé trois fois pour leur demander si on pouvait commander des pizzas ce soir, mais ils n'arrêtent pas de dire qu'ils parlent d'un truc important et que je ferais mieux de retourner regarder la télé. » Elle étire ses jambes sur le canapé. « Pour ça, en tout cas, je ne vais pas me plaindre ! »

J'accroche ma serviette mouillée à la porte de la buanderie, puis monte prendre une douche et me changer pour aller chez Kaylan. Sur le chemin, je marque un bref arrêt devant le bureau pour écouter discrètement ce qui se trame.

« Eh bien, ça fait maintenant des mois qu'ils y font allusion, Marc, dit ma mère. C'est dur de vivre dans une telle incertitude. »

De qui parle-t-elle ? Et à quoi ces gens font-ils allusion ?

Mon père marmonne quelque chose en guise de réponse, mais je n'arrive pas à entendre.

Ma mère ajoute : « Je ne pensais pas qu'on se retrouverait dans cette situation, voilà tout. »

Nouveau grommellement de la part de mon père.

Puis, le silence.

Bien que je sois très tentée de rester là, devant la porte du bureau, pour essayer de comprendre ce qui se passe, ça finit par être ennuyeux, et j'ai vraiment envie d'aller chez Kaylan pour la longue nuit qui nous attend. J'ai hâte de tout lui raconter sur le camp, de préparer les macaronis au fromage, et de voir le soleil se coucher et se lever.

Quoi qu'il se passe avec mes parents, ce sont clairement des histoires d'adultes, et je n'y peux rien, de toute façon. Mieux vaut m'occuper de mes affaires.

Je file sous la douche et prends le temps de bien faire mousser le shampoing, d'utiliser une bonne dose d'après-shampoing, et de savourer le ruissellement de l'eau chaude sur mon dos.

Dix minutes plus tard, alors que je sors de la salle de bains, une serviette sur la tête et une autre solidement nouée autour du corps, ma mère m'intercepte.

« Oh, tu es rentrée, dit-elle.

— Oui, mais je repars. Je vais dormir chez Kaylan. » Je regagne ma chambre, et elle m'y suit. « Désolée. »

Elle pousse un profond soupir. « D'accord, Ari, mais s'il te plaît, n'oublie pas qu'il y a encore beaucoup à faire avant la rentrée. Nous n'avons même pas eu le temps de parler des cours avancés auxquels tu es inscrite. Tu es contente ? Stressée ?

— Je n'y ai pas vraiment réfléchi, pour le moment. C'est encore les vacances. » Je penche la tête sur le côté et me demande comment on peut passer subitement d'une douche super relaxante à un interrogatoire méga-stressant mené par sa mère. « Maman, ça va aller. Détends-toi. Franchement, je vais me débrouiller. » J'effectue une petite danse dans ma serviette. « Tu trouves que j'ai l'air stressée ? »

Elle lâche un gloussement. « Pas vraiment, non.

— Tout va bien, alors. » Je fouille mon placard, à la recherche d'une tenue. « Bon, laisse-moi m'habiller, maintenant. Saluuut !

— Alors, ça y est, tu es à l'âge où tu as besoin d'intimité, c'est ça ? demande-t-elle en s'appuyant contre l'encadrement de la porte.

— Beurk ! Arrête, maman, t'es bizarre. » J'essaie de fermer délicatement la porte. « S'il te plaît. »

Elle tourne les talons, et une minuscule pointe de culpabilité me saisit. Est-ce que j'ai été méchante avec elle ? Non, je ne crois pas. C'est juste embarrassant de parler de changements physiques et d'intimité avec sa mère. Les mamans devraient savoir que c'est un sujet sensible pour leurs filles, qui doit être abordé en douceur. Mais la délicatesse n'est visiblement pas toujours leur fort.

Je jette un dernier coup d'œil dans le miroir, m'applique un peu de gloss à la fraise, et descends au rez-de-chaussée.

Je hurle à la cantonade : « Je pars chez Kaylan. À demain ! »

Personne ne répond.

« Bon, je m'en vais ! »

Gemma remonte enfin du sous-sol. « Attends, tu me laisses toute seule avec eux ? Encore ?

— Euh, je crois, oui.

— Ari, il se passe un truc bizarre. » Gemma m'adresse un regard troublé et renfrogné.

« Gem. » Je la serre fort dans mes bras. « Ce n'est rien, franchement. Juste des histoires d'adultes. On s'en fiche.

— Si tu le dis, Ari… » Elle tourne les talons et regagne le sous-sol.

J'ai à moitié franchi la porte, lorsque le téléphone fixe sonne. Personne ne semble disposé à répondre. C'est le numéro de Mamina, alors je pose mon sac pour décrocher.

« Bonjour, Mamina.

— Bonjour, ma chérie. Comment vas-tu ? »

Je m'adosse au garde-manger. « Bien. Je vais dormir chez Kaylan, ce soir. Et toi, ça va ?

— Oui, oui, mais tu me manques. Je regrette qu'on ne puisse pas venir vous voir à la fin des vacances comme d'habitude, Zeyda et moi. Mais avec ta bat-mitsva en novembre, ça aurait fait beaucoup de voyages. » Elle soupire. « Je suis une vieille dame. »

J'éclate de rire. « Tu n'es pas vieille du tout, Mamina. Ne dis pas ça.

— D'accord, je ne le dirai plus. » Elle marque une pause. « Et toi, dis à ton père de me rappeler.

— OK.

— Au revoir, ma chérie. »

Je raccroche et hurle : « Papaaaaaaa, tu dois rappeler Mamina ! »

Je sors enfin me rendre chez Kaylan. Tout en marchant, je me fais la réflexion que toute ma famille semble légèrement péter un câble, et que c'est une drôle de façon de reprendre ma vie à la maison.

C'est l'été, le moment où l'on devrait se sentir le plus en paix et au calme.

Je m'apprête à remonter l'allée menant à la porte d'entrée de chez Kaylan, quand mon portable émet un bip.

Un mail de Zoé !

Chère Arianna,

Mon père est partant pour rencontrer la mère de Kaylan. J'en reviens pas ! Peut-être qu'il a accepté juste pour me faire plaisir, mais en tout cas, il a dit oui. Ça tombe bien, parce qu'on a prévu de rendre visite à des cousins qui n'habitent pas très loin de chez vous, fin septembre. Vous serez là ? Réponds-moi, et on mettra au point un plan.

Tu me manques trooooooooop. Il me tarde l'été prochain !

JE T'ADORE POUR TOUJOURS !

Zoé

PS : Des nouvelles de Golfy ?

Je m'arrête une seconde avant d'entrer chez Kaylan, légèrement amère ; ça me rappelle que Golfy n'a toujours pas repris contact. Qu'est-ce qu'il fabrique ? Je ne comprends pas. Je n'ai pas la moindre idée de la façon dont les garçons occupent leur temps.

J'ouvre la porte d'entrée et monte comme une flèche dans la chambre de Kaylan, à l'étage.

Elle est allongée sur son lit, occupée à lire un numéro de *Seventeen*.

« *Oh my God*, regarde ça ! » Je lui fourre mon portable sous le nez.

« Oh, mon Dieuuuuuuuu ! » Kaylan m'adresse un sourire crispé. « Je n'ai encore rien dit à ma mère.

— Ah, d'accord. » Je fixe le mouvement circulaire incessant du ventilateur au plafond et m'efforce de réfléchir. « On va trouver une solution.

— Tu sais, c'est toujours un peu gênant. J'ai envie de le faire, et c'est sur la liste, mais c'est quand même l'alerte rouge niveau malaise. »

Je médite là-dessus un instant. « Bah, pas vraiment. C'est peut-être un peu embarrassant, d'un certain côté, mais pas tant que ça. Ils vont juste se rencontrer, pas partir en voyage romantique aux îles Caïmans ou un truc du genre. »

Kaylan explose de rire. « Beurk, beurk. Stop. Les parents et l'amour, c'est trop dégueu. »

Je m'allonge à côté d'elle sur son lit et lui rappelle : « On l'a quand même mis sur la liste, Kay.

— Je sais. Laisse-moi le temps. » Elle se tait pendant une minute et repousse son magazine. « Il faut que tes parents organisent un de leurs fameux barbecues. On pourrait le faire fin septembre. Ce serait l'occasion de fêter le fait qu'on aura survécu à un mois de cours. Ils n'auront qu'à inviter ma famille, et Zoé et son père, puisqu'ils passent dans le coin ou je ne sais quoi, et ensuite, on fera en sorte que ma mère et lui se parlent.

— Hum, tu as dit que tu avais besoin de temps, et tu viens de tout planifier. » J'éclate de rire. « Mais, d'accord. On va remettre cet item à plus tard. On en fait déjà deux ce soir, de toute façon, et puis, on a plein de choses à se raconter.

— Oui, c'est vrai. Alors, parlons de nos macaronis. » Elle se redresse et croise les mains sur ses genoux. « Ma mère m'a emmenée faire les courses, et j'ai pris tous les ingrédients qui, selon moi, figureraient dans la meilleure recette super secrète de macaronis au fromage du monde. Sans oublier le fromage français, évidemment.

— Évidemment.

— Je pense qu'on pourra cocher cet item ce soir. Non ? » Elle attend de ma part un signe d'approbation. « Je veux dire, j'ai déjà fait un peu de cuisine, alors je sens que ça va être facile.

— Oui. Enfin, moi, je n'ai jamais cuisiné de ma vie. Mais tu sembles optimiste, donc on va sûrement y arriver ! Et puis, on sait ce qu'on aime dans les macaronis au fromage ; ce n'est pas compliqué.

— J'admire ta confiance en toi, Ari. » Elle fait mine de m'envoyer un baiser. « J'adore. Oh ! Et puisqu'on sera bientôt des pros des macaronis au fromage, on pourra en préparer pour le barbecue !

— T'es un génie ! Alors, quand est-ce qu'on s'y met ?

— Quand ma mère sortira dîner avec son club de lecture, répond Kaylan avant de consulter son portable. Donc dans une demi-heure, environ. Je ne veux pas qu'elle nous casse les pieds. Mais elle est au courant qu'on a l'intention de passer une nuit blanche, et elle est d'accord. Je lui ai dit que je savais très bien me servir de la cuisinière, et elle n'a pas protesté.

— Cool. »

Je m'allonge sur ses oreillers, songeant à la dernière ligne du mail de Zoé. *« Des nouvelles de Golfy ? »* Ça m'obsède.

Les yeux rivés sur les étoiles phosphorescentes collées au plafond de la chambre de Kaylan, j'hésite à lui faire part de la disparition mystérieuse de Golfy, lorsqu'elle pousse un cri : « Oh mon Dieu ! Elles ont grave raison.

— Qui ? De quoi tu parles ?

— De tes seins ! Les filles ont raison. Je viens de les regarder attentivement, et ils sont énormes, Ari. »

Je resserre mon gilet à capuche sur ma poitrine. « Arrête, Kay. C'est bizarre.

— Non, c'est totalement normal, dit-elle en accentuant ses dires d'un signe de tête. Les tiens ont juste poussé très vite, c'est tout. Ça t'a fait mal ?

— Non. Ça va, d'accord ? » Je souris. « On peut parler d'autre chose que mes seins ?

— Tes ragnagnas ? demande Kaylan. Tu les as eues à nouveau ? »

Je secoue la tête. « Non. Et toi ?

— Nope. La plupart des filles de la cantine les ont déjà eues plus d'une fois, elles. Sauf Kira et June, qui ne les ont pas eues du tout. Elles flippent un peu, m'explique-t-elle.

— Mes copines du camp sont toutes super relax à ce sujet. Certaines ne les ont pas encore eues, mais aucune n'a l'air de s'en inquiéter. » Je marque une pause. « J'ai l'impression que les filles de la cantine font une légère fixette sur les règles et les seins. Tu te rappelles quand Cami s'est mise à en parler tous les jours, au printemps dernier ? Depuis, elles ne pensent qu'à ça.

— C'est pas vrai. » Kaylan recule brusquement. « C'est naturel de discuter de ces choses-là, Ari. »

Je réponds, sur la défensive : « Je sais bien, c'est juste qu'elles en parlent tout le temps. Tout le monde n'y accorde pas autant d'importance. »

Kaylan hésite une seconde, puis déclare : « Je sais que tu préfères Alice et tes copines du camp aux filles de la cantine. C'est tellement évident. Reconnais-le.

— N'importe quoi. » Je mens juste un chouïa. « Je t'adore, tu le sais très bien. Et Mary est une bonne amie. Et M.W. et Amirah sont cool.

— Ben, c'est clair que tu ne les aimes pas beaucoup en tant que groupe. »

Après ça, nous gardons le silence. Kaylan reprend la lecture de son magazine, et je sors mon portable pour répondre à Zoé, et envoyer un rapide texto à Alice pour lui demander comment se passe son retour à la maison.

> Ça va, chez toi ? Tu me manques, AlKal.

Elle ne me répond pas aussitôt, alors je retourne à la contemplation des étoiles phosphorescentes de Kaylan.

Lorsque nous avons mis au point la nouvelle liste, je ne pensais vraiment pas qu'il serait aussi difficile d'entretenir notre amitié. On avait déjà connu des remous l'année dernière, entre le fait de devoir s'adapter au collège, nos aspirations à trouver, et le cataclysme que j'avais provoqué en proposant à Mary de faire la liste avec nous.

Je croyais que le plus dur était derrière nous.

Mais peut-être qu'au fond, on doit encore y travailler. Peut-être que tous les amis font des efforts pour entretenir leur relation.

Ce n'est pas parce que je me suis fait des copines en colo, et que Kaylan semble s'être rapprochée des filles de la cantine pendant mon absence, qu'on n'est plus des BFF.

Le bip de mon portable me tire de mes réflexions.

> Chez moi, ça va bof. Je dois y aller, mais tu me manques trooooop !

« Qui te textote ? demande Kaylan en se penchant pour lire par-dessus mon épaule. Alice ! Encore ! Ari, sois franche. Est-ce que tu lui racontes plus de choses qu'à moi ?

— Quoi ? » Je hoquette. « Nooooon !

— Honnêtement ?

— Mais oui. Et puis, ce n'est pas une compétition. Détends-toi, Kay. Relax.

— La mauvaise habitude dont tu devrais te défaire, pour la liste, c'est de me répéter constamment de me détendre, déclare Kaylan. Parfois, c'est impossible.

— D'accord. » Je lâche un petit rire, même si je ne pense pas qu'elle essayait de plaisanter. « Mais je crois que c'est à moi de trouver ma mauvaise habitude, et toi la tienne.

— Très bien.

— Alors, tu l'as déjà trouvée ?

— Oui. C'est de flipper tout le temps. » Elle glousse. « J'essaie d'arrêter. »

Je ris à mon tour et pose la tête sur son épaule. « Bonne idée.

— Tu vois, c'est en se disant toutes ces choses-là qu'on entretient notre amitié, déclare doucement Kaylan. C'est ce qui nous a posé un problème l'année dernière. On ne se parlait pas assez. Cette fois, on ne fera pas la même erreur. C'est très important.

— Oui, c'est clair.

— Il y a une autre mauvaise habitude que tu pourrais envisager de corriger. Je sais que tu dois y réfléchir par toi-même, mais je ne suis pas sûre que tu t'en rendes compte... »

Je lève les yeux au ciel. « D'accord, et qu'est-ce que c'est ? Dis-moi.

— Pas la peine de prendre cet air agacé, Ari. » Elle marque une pause avant de continuer. « Je crois que tu ne dis pas ce que tu ressens vraiment. Tu es toujours cool et détendue quoi qu'il arrive, et rien n'est jamais un problème, mais tu ne dis pas ce que tu penses.

— Ouais.

— Tu vois ! Même là, tu ne dis rien.

— Ouais. » J'explose de rire et Kaylan se joint à moi, en me donnant un coup d'oreiller.

« Kaylan ! appelle sa mère depuis le rez-de-chaussée. Je sors. J'ai mon portable si tu as besoin de moi. Est-ce qu'Ari est déjà là ? »

Je hurle : « Oui, je suis là ! Bonsoir, madame Terrel !

— Bonsoir, Ari. Soyez sages, les filles. À plus tard.

— À tout à l'heure, maman, répond Kaylan, avant de me donner une tape sur le genou. Oh ! J'ai oublié de te dire.

— Quoi ?

— Mon père nous emmène faire un voyage surprise la semaine prochaine, Ryan et moi ! À ton avis, on ira où ? »

Après quelques secondes de réflexion, je suggère : « Euh... en Californie ? Je ne sais pas. » J'hésite, puis ajoute : « Ça te fait plaisir ? Tu ne parles pas beaucoup de ton père, ces derniers temps.

— Ben, il faut dire qu'on ne s'est pas beaucoup parlé tout court, toi et moi. Tu étais partie, et ce n'est pas trop le genre de choses dont on peut discuter par lettres ! » Elle sourit. « Je rigole. Hum, je crois que ça va, avec mon père. Je ne sais pas. Je pense qu'il fait des efforts. En plus, il a dit qu'on allait dormir dans un hôtel de luxe. Et tu me connais, moi et les hôtels... »

Je réponds avec un petit reniflement : « Tu kiffes les hôtels de luxe, c'est un fait. C'est super, en tout cas. J'ai hâte que tu me racontes. T'as intérêt à m'envoyer des nouvelles par textos quand tu y seras. »

J'ai un peu de mal à croire que Kaylan soit si relax à l'idée de partir en vacances avec son père, surtout une semaine avant la rentrée. Ça ne lui ressemble tellement pas.

Qu'est-ce que je vais bien pouvoir faire ici, quand elle sera partie ? Finir mes lectures de vacances, j'imagine.

Ou peut-être qu'Alice voudra venir dormir à la maison ! Je lui enverrais bien un texto maintenant pour l'inviter, mais je ne veux pas que Kaylan soit jalouse – j'attendrai qu'elle aille aux toilettes.

Depuis quand est-elle au courant pour ce voyage mystère ? Le sait-elle depuis longtemps ou vient-elle de l'apprendre ?

Ça m'a l'air d'être un événement.

Je pensais qu'on passerait un peu de temps ensemble avant la rentrée, mais on dirait que non. Bah, je survivrai sans elle, mais ça me fait un drôle d'effet d'être privée au dernier moment de quelque chose que j'attendais.

Je lui jette un coup d'œil. Dois-je lui dire ce que je ressens, après la discussion qu'on vient d'avoir sur le fait de partager nos sentiments ? Est-ce que c'est le moment d'être TF ou MS ? Plutôt MS, parce que je ne veux pas qu'elle culpabilise de partir.

Ce ne serait pas juste qu'elle se sente mal à cause d'une chose dont elle n'est pas responsable.

Chapitre 14

« Bon, voilà le programme, dit Kaylan en agitant les mains, une fois que nous sommes descendues dans la cuisine. J'ai pris suffisamment d'ingrédients pour deux fournées. On va faire chacune notre version, puis on comparera, et c'est ce qui nous permettra d'obtenir la recette parfaite. »

Je hoche la tête, les yeux rivés sur tous les ingrédients alignés sur le plan de travail. Kaylan semble avoir passé des heures à planifier ça, et je me sens un peu coupable de ne pas avoir participé.

« Mais, on ne suit pas de recette. » Elle me dévisage, attendant que je valide d'un signe de tête. « C'est la nôtre qu'on doit inventer.

— Compris. C'est bon, je vais assurer. »

Je ne suis pourtant pas très convaincue. Je suis encore assez perturbée à l'idée qu'elle parte une semaine juste avant la rentrée, et aussi par les choses bizarres qui se passent chez moi. Et où est Golfy, dans tout ça ? Je n'en ai pas la moindre idée. Bon, rien de tout ça n'est grave, mais chacun de ces soucis me chatouille les méninges comme un petit ver.

Je conclus : « Après avoir comparé nos versions, on gardera le meilleur de chacune pour les combiner.

— Voilà. Bon, tu vas t'installer là. » Elle me guide jusqu'à l'îlot, puis se poste devant le plan de travail près de la cuisinière. « Et moi, ici.

— D'accord.

— Et on doit essayer de ne pas regarder ce que fait l'autre, histoire de vraiment élaborer notre recette perso.

— Ça me va. »

Kaylan lance sa fameuse playlist « Sensations musicales de l'été ». Quand notre chanson préférée démarre, je change les paroles et entonne, une cuillère en bois dans la main en guise de micro : « *Hey, Macaroni.* » Je tourne sur moi-même et place la cuillère sous la bouche de Kaylan, comme si je lui passais le micro.

Elle chante : « *Dale a tu cuerpo alegria, Macaroni.* » Puis, nous reprenons en chœur : « *Hey, Macaroni.* »

Nous explosons de rire et nous égosillons sur le reste du morceau.

J'annonce : « Je vais mettre cette cuillère dans le lave-vaisselle et en prendre une autre. Elle est sûrement pleine de postillons. »

Kaylan rigole toujours, mais elle finit par reprendre son souffle. « D'accord, bonne idée. »

Nous continuons à chanter doucement et nous mettons au travail. Nous savons toutes les deux qu'il faut d'abord faire bouillir l'eau pour cuire les pâtes, mais après ça, je suis larguée. J'ai devant moi des sachets de fromage râpé, de la mozzarella, la moitié du fromage que Kaylan a fait venir de France, de la chapelure, du lait, un gros morceau de fromage à fondre, et des crackers.

Je suis tentée de me retourner pour voir ce que fait Kaylan, mais je sais que c'est interdit. Je me souviens alors que c'est de macaronis au fromage qu'il est question, un plat impossible à rater. Même les pires macaronis au fromage (ceux de la cantine du collège, de la colo, ou du centre de rééducation où est allé mon grand-père quand il s'est cassé la hanche) restent comestibles. C'est un plat à base de pâtes et de fromage : comment pourrait-on le rendre mauvais ?

Une fois que mes pâtes sont cuites, je les égoutte dans une passoire, puis les verse dans un saladier. J'y incorpore du lait, du fromage râpé, des morceaux de mozzarella et de fromage français, et des crackers, et je mélange. Je transvase la préparation, saupoudrée de chapelure, dans un plat en Pyrex que Kaylan a sorti pour moi et j'ajoute sur le dessus des mini-cubes de fromage à fondre, en dessinant un cœur, histoire que ce soit plus joli.

Je contemple mon œuvre pendant plusieurs minutes. Je trouve ça très beau.

« Fini ! Je peux regarder ?

— Déjà ? s'étonne Kaylan. Comment c'est possible ?

— Hum... » Je glousse. « Je suis une rapide en cuisine ? »

Quand je me retourne enfin, je constate que Kaylan verse habilement ses macaronis dans un autre plat en Pyrex, avant de vérifier la température du four.

Elle regarde mon plat, puis moi, puis de nouveau mon plat, et s'efforce de ne pas s'esclaffer. « Tu ne les as pas fait gratiner. »

Elle éclate alors de rire pour de bon, et je ne peux m'empêcher de l'imiter. Entre deux gloussements, je balbutie : « Ben, non. C'est obligé ? Tous les macaronis au fromage ne sont pas gratinés. » Je reprends mon souffle et hausse les épaules. « Tout le fromage est fondu par la chaleur des pâtes, de toute façon. »

Encore secouée de rire, Kaylan pose un doigt sur ses lèvres, plongée dans ses pensées. « J'imagine que non. Mais moi, je vais le faire. On goûte ton plat pendant que le mien est au four ?

— Oui, bien sûr. » J'attrape deux fourchettes dans le tiroir juste à côté de la cuisinière, et en tends une à Kaylan. « J'avais pensé à bien les disposer dans des assiettes, ou un truc du style, mais je crois que ce n'est pas la peine.

— Ouais, j'ai comme l'impression que tu n'es pas le genre de fille à faire de belles présentations, pas vrai ? » Elle plante sa fourchette dans le plat. « Ces macaronis au fromage sont tellement toi : tu mets tout dans le plat et tu croises les doigts ! »

Je prends d'abord ça pour un compliment, puis je n'en suis plus si sûre. Peut-être que certaines choses méritent d'être bien présentées. Qu'il faut y penser à l'avance, et pas seulement improviser en cours de route. Prendre les choses comme elles viennent n'est sans doute pas toujours la meilleure attitude à adopter.

On prend une bouchée en même temps, puis on se regarde.

« Waouh, lance Kaylan en baissant les yeux sur le plat, puis en revenant sur moi. Waouh, waouh. »

Après avoir avalé ma portion, je me demande si son « Waouh » est positif ou négatif. Chacun ses goûts, et ce n'est pas évident de savoir ce qu'elle pense.

Je prends une autre bouchée. Ce ne sont pas les pires macaronis au fromage que j'aie mangés.

Elle pose sa fourchette. « Alors, tu veux des commentaires ? » Elle s'installe sur le tabouret de l'îlot de cuisine et consulte le minuteur sur son portable.

Je hoche la tête et prends place à côté d'elle, la bouche encore pleine de macaronis. Honnêtement, je ne les trouve pas si mauvais. Je tombe parfois sur un cracker entier tout ramolli, ce qui est loin d'être parfait. Mais ça reste mangeable.

« Les crackers, c'était pour décorer, m'informe Kaylan. Et le fromage devrait être davantage fondu. Personne n'a envie de tomber sur un gros morceau. Et puis, bien sûr, je te conseille de les faire gratiner. Mais à part ça, c'est très bien, pour un premier essai.

— Merci. » Je me lève et fais la révérence. « J'en suis contente.

— Et aussi, peut-être moins de lait, la prochaine fois. C'est un peu détrempé.

— Compris. »

Kaylan regoûte mes macaronis. « Mais les fromages sont tous bien incorporés. Ça, c'est très réussi. »

Je salue à nouveau. « Merci, merci. »

La sonnerie du minuteur retentit, nous prévenant qu'il est temps de sortir les macaronis de Kaylan du four.

Elle pose son plat sur le plan de travail, et nous attendons qu'il refroidisse pour pouvoir le goûter. Le fromage semble fondu à la perfection. Avant même d'en prendre une bouchée, je sais que ses macaronis seront meilleurs que les miens.

« Au fait, tu gardes toutes tes histoires de camp pour notre nuit blanche, quand on attendra que le soleil se lève, d'accord ? Je sens que tu as encore plein de choses à me raconter, et je veux tout savoir dans les moindres détails.

— Je te dirai tout de A à Z. » Je me réinstalle plus confortablement sur le tabouret. En prononçant ces mots, je m'aperçois que c'est encore un mensonge, même tout petit, parce que je n'ai pas envie de lui parler de l'ambiance bizarre qui règne à la maison. De toute façon, il n'y a pas grand-chose à en dire, pour le moment. « Le camp, c'est mon sujet de conversation préféré.

— C'est bon, ça a assez refroidi. » Kaylan observe son magnifique plat. « Goûtons. »

Après qu'on en a pris chacune plusieurs bouchées, je déclare : « Je crois que tu peux faire le rituel de la victoire. Tu maîtrises carrément l'art des macaronis au fromage.

— Tu le penses ? Honnêtement ? » demande-t-elle, mais je sais qu'elle attend juste des compliments.

Ses macaronis sont excellents. Pareils à ceux qu'on sert au restaurant. Comme si elle était devenue chef cuisinière du jour au lendemain sans rien me dire.

« Honnêtement. En fait, tu as tout fait autrement que moi, et le résultat est mille fois mieux. » Je replonge ma fourchette dans le plat pour prendre une nouvelle bouchée.

Kaylan se rassied sur le tabouret et réfléchit un instant.

« C'est drôle que tu dises ça, parce que je crois que dans la vie, on est très différentes l'une de l'autre, et que c'est pour ça qu'on est meilleures amies. On s'équilibre, sans avoir les mêmes idées ni les mêmes méthodes. Et on est capables d'admettre que notre manière d'agir n'est pas toujours la plus appropriée. » Elle marque une pause. « Tu vois ce que je veux dire ?

— Ouais, carrément. Mais notre façon de faire les choses change constamment. Par exemple, à partir d'aujourd'hui, je ne jetterai sans doute plus des morceaux de fromage dans un saladier de pâtes chaudes en espérant que ça devienne des macaronis au fromage.

— C'est vrai. » Elle s'essuie la bouche avec une serviette en papier. « On doit apprendre de nos erreurs. C'est le seul moyen de progresser.

— Je suis d'accord. »

On mange tout ce qu'on est capables d'avaler, à tel point qu'on doit déboutonner nos jeans et aller s'étendre sur le canapé.

Les yeux fermés, je marmonne : « Je n'ai jamais eu le ventre aussi plein de toute ma vie.

— Pareil. Mais le plus bizarre, c'est que j'ai encore envie de macaronis au fromage.

— Pas moi. Je ne veux même plus penser à de la nourriture. » Je pousse un grognement. « Avant au moins une heure. Ou trois quarts d'heure, peut-être. »

Après ça, on sombre dans une profonde léthargie, et, sans s'en rendre compte, on finit par s'endormir.

« Ari ! Réveille-toi ! » Je sens que Kaylan me secoue. Je jette un coup d'œil à l'horloge au-dessus de la cheminée, et m'aperçois que près de deux heures se sont écoulées. « Allez ! Debout ! On va rater le coucher du soleil. »

Je me lève d'un bond du canapé. On enfile nos tongs et on se précipite dehors, sous le porche de Kaylan.

« Avoue que j'ai une super vue sur le soleil couchant. » On est installées côte à côte dans des fauteuils en bois, et on regarde le ciel virer au rose et au violet. « La meilleure, même. Pourquoi je ne fais pas ça tous les soirs ?

— Tu devrais, Kay. » Je souris et me laisse aller contre le dossier. « Mais tous les couchers de soleil ne sont pas aussi beaux. Je veux dire, celui-là est juste magique et parfait ! Regarde-moi ces couleurs !

— Grave. Quand le ciel devient rose, on dirait franchement un miracle. Comme si tout là-haut, Dieu était en train de peindre une toile pour nous. » Elle s'interrompt pour essayer d'immortaliser la scène avec son portable. « Les couchers de soleil ne sont jamais aussi beaux qu'en vrai. Nos yeux sont bien plus performants qu'un appareil photo.

— On avait des couchers de soleil magnifiques, au camp. On disait que c'était le moment de profiter du ciel. On arrêtait tout ce qu'on était en train de faire, et on se prenait par les épaules pour admirer le spectacle. »

Je m'avance au bord du fauteuil. Quand je parle du camp, mon cœur bat plus vite, et je deviens euphorique. Une vague de joie et de chaleur m'envahit, et j'ai le sentiment que les mots ne sortent pas assez vite de ma bouche.

« Et tu vas rire : Alice faisait une telle fixette sur le ciel et les couchers de soleil de Camp Silver qu'elle disait, pour plaisanter, que ce serait le prénom de son enfant.

— “Camp Silver” ? » Kaylan m’adresse un regard dubitatif.

« Non, un prénom en rapport avec les couchers de soleil. Genre, Silver Sky Machin-Bidule, selon le nom de son futur mari. Elle est amoureuse d’un garçon, là où elle habite, Danny Minkler, alors elle disait que son fils s’appellerait Silver Sky Minkler. On était toutes mortes de rire. » J’observe Kaylan, attendant sa réaction, mais elle a surtout l’air perplexe.

« C’est complètement délirant, comme nom. » Elle secoue la tête. « Elle n’a quand même pas l’intention d’appeler un enfant comme ça, si ?

— Non, c’était juste une blague. Je ne sais pas comment l’expliquer. » Je me replonge dans la contemplation du soleil couchant.

« J’ai l’impression qu’il y a plein de trucs de colo que tu ne peux pas expliquer, dit Kaylan en essayant une nouvelle fois de prendre une photo. On dirait que c’est un autre monde, que personne ne peut comprendre à part ceux qui y sont allés, ou un truc du genre.

— Sans doute. Mais tu es venue, toi, alors tu comprends un peu, non ?

— Juste un tout petit peu. »

Après ça, on ne dit plus rien pendant un moment, les yeux rivés sur le ciel. Les réactions de Kaylan à mes histoires de camp sont bizarres, ou je me fais des idées ? Peut-être qu’elle a raison. Que c’est vraiment incompréhensible pour ceux qui n’y sont pas allés.

Quand le soleil a presque entièrement disparu, Kaylan se tourne vers moi : « Ça y est, maintenant, je panique.

— À propos de quoi ?

— De mes vacances, toute seule avec mon père et Ryan dans une chambre d'hôtel. Il y a plein de détails auxquels je n'avais pas pensé. Comment je vais faire pour me changer ? Et si j'ai mes ragnagnas là-bas ? » Elle me dévisage, les yeux exorbités.

Je serre les dents et tente de réfléchir. « Ben, tu pourras te changer dans la salle de bains. Et emporte des protections. Comme ça, tu seras prête au cas où. » Je regarde le ciel, puis Kaylan. « Tout ira bien. Tu avais l'air détendue, jusqu'ici. Qu'est-ce qui s'est passé ?

— J'ai pensé aux ragnagnas, et maintenant, je flippe. Ari, il faut que tu m'aides. » Elle rapproche son fauteuil du mien et pose la tête sur mon épaule. « S'il te plaît.

— D'accord, d'accord, on va s'organiser. Respire profondément. » Je plonge mes yeux dans les siens. « Sérieux, on va trouver une solution. Tu sais que les choses ne sont jamais aussi terribles que tu les imagines.

— Oui, tu as raison. Mais quand je les imagine, je flippe quand même. »

Eh bien, on dirait que la Kaylan que je connais et que j'adore est de retour.

Je ne sais pas si c'est une bonne ou une mauvaise chose, mais nous avons une longue nuit devant nous, et c'est au moins quelque chose que je sais gérer.

Chapitre 15

Après le premier film de la nuit (*Grease*, choisi par Kaylan), on retourne sous le porche, enroulées dans des couvertures tricotées par sa grand-mère il y a des années. Sa mère est rentrée et monte se coucher, et on grignote un gros paquet de pop-corn qu'elle nous a rapporté du cinéma.

Il flotte encore dans l'air un parfum d'été, celui des bougies à la citronnelle et de la terre humide. Difficile de croire que la rentrée est si proche, qu'aux prochaines grandes vacances, ma bat-mitsva sera passée, et qu'on s'apprêtera à rentrer en quatrième.

« Alors, comme ça, les gens retournent à Camp Silver tous les étés ? demande Kaylan. Ça ne finit pas par devenir ennuyeux ?

— Non, c'est trop génial. Tout le monde aime se retrouver là-bas, et personne ne voudrait passer l'été ailleurs. Ils savourent chaque seconde. » Je me redresse, ramène mes jambes sous moi, et m'enveloppe dans la couverture. « Je suis dégoûtée de ne pas avoir commencé quand j'étais plus jeune, comme tous mes autres amis. J'ai raté tellement de choses. »

La mâchoire de Kaylan se décroche : « Ari ! C'est vraiment pas sympa. Tu es en train de dire que tous les étés qu'on a passés ensemble ne représentent rien à tes yeux ! »

J'hésite une seconde, et mon cœur s'accélère, comme si je devais me défendre. « Non, ce n'est pas du tout ce que je veux dire. J'adore être à Brookside avec toi. Tu le sais très bien. C'est juste que Camp Silver, c'est génial aussi, et je ne m'en étais pas aperçue jusqu'à présent.

— Mouais. » Kaylan lève les yeux au ciel. « Tu préférerais vivre là-bas ! Si tu avais le choix entre être ici avec moi ou en colo, qu'est-ce que tu choisirais ? »

Je secoue la tête : « C'est une mauvaise question.

— C'est une trop bonne question. Tu n'as pas envie d'y répondre, voilà tout. »

J'éclate de rire. « Kay. Détends-toi.

— Si on me donnait un dollar chaque fois que tu me dis ça, je serais assez riche pour m'acheter mon propre camp de vacances ! » Elle se lève et s'étire les jambes.

« Tu sais, ce n'est pas une si mauvaise idée. » On se bidonne pendant quelques minutes. « Rentrons regarder le film suivant. » Je me lève et lui agrippe la main. « J'ai besoin de me réchauffer. »

De retour dans la maison, on se fait du chocolat chaud, puis on se blottit sur le canapé, devant notre deuxième film de la soirée (*Wet Hot American Summer*, choisi par mes soins). J'ai opté pour celui-ci, car je pense (du moins, j'espère) qu'il aidera Kaylan à mieux comprendre l'ambiance des camps de vacances. Bon, il est vrai que ce film est censé se passer dans les années quatre-vingt, et que ça ne ressemble pas exactement à mon expérience à Camp Silver, mais pas loin. En plus, il est hilarant.

« Je ne pige pas pourquoi les gens payent pour vivre serrés comme des sardines dans des cabanes en bois crasseuses, manger de la nourriture infecte, et faire des activités obligatoires même s'ils n'en ont pas envie, déclare Kaylan à la fin du film. Qu'est-ce qu'on peut y trouver d'amusant ? »

Je me cale sur le canapé. « On est avec des gens géniaux, en pleine nature. On est presque exclusivement entre jeunes, sans parents. On a le droit de se coucher tard, on découvre des tas de trucs sur soi-même, et à Camp Silver, on participe aussi, genre, à des traditions juives. Sauf que là-bas, c'est vraiment marrant, et ça leur donne un coup de frais. »

Kaylan fronce les sourcils, comme si elle essayait de comprendre ce que je raconte. « J'entends bien, et je suis très contente que ça te plaise, mais je ne pige toujours pas. » Elle penche la tête sur le côté. « Qui a envie de faire la queue pour aller se doucher ? Et de racler son assiette pour jeter les restes dans une grosse poubelle ? C'est dégueu.

— C'est pas grave si tu ne comprends pas, Kay. » J'étire les bras au-dessus de ma tête et me frotte les yeux. Il est presque trois heures du matin, et il nous reste encore quatre heures à attendre avant le lever du soleil. « Franchement, ça ne me dérange pas. Ça me fait juste plaisir de t'en parler.

— Tu es sûre ? s'enquiert-elle. Je peux encore essayer de faire un effort.

— Pas de souci. Honnêtement. »

Notre amitié restera-t-elle aussi forte qu'avant si je ne partage pas tout ça avec elle ? Est-ce que ça ne risque pas de creuser un énorme fossé entre nous ? Comme si j'étais d'un côté d'une rivière et elle de l'autre ? Le torrent continuera-t-il de s'élargir, pour finalement nous séparer à jamais ?

Je n'en sais rien du tout.

Nous parvenons tant bien que mal à rester éveillées jusqu'au lever du jour, mais je dois admettre que c'est plus difficile que je ne le pensais. Les films et le grignotage nous ont aidées à ne pas nous endormir. Sans oublier nos sessions de danse intermittentes au son de la playlist de Kaylan.

« Je suis trop fatiguée, gémit-elle alors que nous sommes de nouveau dehors, mais de l'autre côté de la maison. Rappelle-moi pourquoi on a mis ça sur la liste ?

— Pour pouvoir parler de plein de trucs, et on l'a fait, non ? Et parce qu'on avait besoin de se rapprocher et de renouer le contact après une si longue séparation. Et puis, c'est carrément magique de voir le soleil se coucher et se lever. Tout ça, sans aucune intervention. Personne ne tire les ficelles. Pas d'ordinateur. Pas de minuteur. Personne n'a rien à faire, ça se produit tout seul. Le soleil se lève le matin et se couche le soir, point, et peu importe ce qui se passe dans le monde, ou dans nos vies, c'est immuable. » Je marque une pause et déglutis péniblement. J'ai une boule dans la gorge. Je ne m'attendais pas à ce que l'aube me fasse cet effet. « Tu ne te sens pas super calme de savoir que le soleil se lèvera et se couchera toujours ? Genre, quoi qu'il arrive.

— Hum. » Kaylan me dévisage et lâche un rire. « Pas vraiment. D'ailleurs, ne le prends pas mal, mais je crois que tu es devenue un peu gnangnan depuis ton retour du camp.

— OK. » Je me radosse à mon siège et me blottis sous la couverture. « Je vais essayer de ne pas le prendre mal, mais je ne vois pas trop comment faire autrement.

— C'est peut-être pour ça que tu es si calme, cela dit. Tu prends le temps de penser à l'aube et au crépuscule. » Nos yeux se croisent, puis elle détourne le regard. « Mais il faut dire aussi que tu n'as pas beaucoup de raisons de stresser. »

Sa dernière remarque me surprend : « Qu'est-ce que ça signifie ?

— Juste que tu as une vie plutôt tranquille. Donc, tu es tranquille.

— J'ai trop sommeil pour débattre de ça avec toi. » Je ferme les yeux. « On pourra aller dormir, quand le soleil sera levé ?

— Ben, oui. Bien sûr. »

On garde le silence quelque temps, après ça, et je repense à ce qu'elle a dit. C'est vrai que ma vie est plutôt calme. Mais Kaylan flippe aussi pour un rien, la plupart du temps. L'été dernier, elle devenait dingue quand les gens nous regardaient de trop près pendant la Freeze Dance, et puis toute cette histoire avec Tyler – elle faisait carrément une fixette. Et en CM2, elle a pété un câble à Halloween parce qu'elle avait filé ses collants noirs. Elle disait que son costume était fichu, alors qu'honnêtement, personne ne l'aurait remarqué.

Il doit bien y avoir un juste milieu.

On assiste enfin au lever du soleil. Le ciel prend une teinte rose orangé, et c'est comme si le monde se réveillait d'un coup. Tout était sombre et endormi une minute plus tôt, et subitement, l'univers se remplit de couleurs, de lumière et d'énergie.

Tandis qu'on monte péniblement l'escalier pour aller se jeter dans le lit de Kaylan, je lui dis : « Je trouve qu'on devrait faire ça plus souvent, Kay. C'est vraiment un miracle que ça se produise tous les jours.

— Ouais, répond-elle en tirant sur sa couverture. On dort, maintenant. Et dès qu'on ouvre les yeux, on fait le rituel de la victoire.

— D'accord. »

Je reste éveillée un petit moment, et je songe à Kaylan et sa façon de tout anticiper : tout préparer pour les macaronis au fromage, et puis cuisiner nos recettes, passer notre nuit blanche, et même le moment d'exécuter le rituel de la victoire.

Je crois qu'en planifiant trop de choses, on ne vit pas vraiment l'instant présent. Et on s'angoisse quand tout ne se déroule pas exactement comme prévu. Ce qui arrive toujours. Immanquablement.

Mais je suis trop fatiguée pour exprimer toutes ces pensées à voix haute. Et de toute façon, Kaylan dort déjà.

Je croyais que passer une nuit blanche avec elle juste après mon retour du camp nous rapprocherait, qu'on se retrouverait comme avant mon départ. Mais à présent, je n'en suis plus si sûre.

On ne s'est pas non plus vraiment éloignées davantage.

Mais on n'est pas tout à fait sur la même longueur d'onde.

Chapitre 16

Mon portable vibre à l'autre bout de la pièce, sur le bureau de Kaylan, où je l'ai laissé hier soir – enfin, non, c'était déjà ce matin.

J'aimerais pouvoir l'éteindre par la pensée, parce que je n'ai dormi que quelques heures et j'ai encore sommeil. Mes paupières sont lourdes et mon esprit est tout embrouillé, comme la fois où on est rentrés de Pennsylvanie dans le brouillard le plus épais que j'aie jamais vu. On aurait carrément dit qu'on traversait un nuage.

Mais mon téléphone continue de vibrer. Je finis par m'extirper du lit pour aller décrocher en traînant les pieds.

Je marmonne : « Allô ?

— Ari ! J'ai oublié de te rappeler qu'on a rendez-vous avec le traiteur ce matin ! Il a dû l'avancer de quelques jours. Papa et moi passons te prendre à dix heures et demie, d'accord ?

— Euh, attends. Tu peux répéter ?

— Sois prête à 10 h 30. »

Je retourne me glisser dans le lit de Kaylan. Elle dort profondément. Je consulte l'horloge. 9 h 03. Bon, si je programme une alarme sur mon portable, je peux dormir encore une heure.

« Qu'est-ce qui se passe ? marmonne Kaylan. Quelle heure il est ?

— Seulement neuf heures. Rendors-toi. »

Je me tourne sur le ventre, espérant en faire de même rapidement.

On se rendort toutes les deux, tellement profondément que lorsque l'alarme de mon portable se met à hurler une heure plus tard, on se réveille en sursaut, comme s'il y avait eu une explosion.

« Qu'est-ce qui se passe ? » redemande Kaylan.

Je ferme très fort les yeux, les ouvre, puis les referme aussitôt. Après une nuit blanche, on éprouve une douleur physique, comme si toutes les cellules de notre corps nous faisaient mal en même temps, et on n'est pas sûr de se sentir à nouveau normal un jour.

Tout le monde est un peu patraque après une nuit blanche. C'est un fait avéré.

Je lui explique : « Je dois rencontrer le traiteur qui s'occupe de ma bat-mitsva, avec mes parents. Je n'y pensais plus, et ma mère a oublié de me le rappeler hier. Bref, désolée de ce coup de speed après notre nuit blanche. »

Je me lève pour aller chercher mon sac au fond de la chambre.

« Attends ! Il faut qu'on fasse le rituel de la victoire ! » s'écrie Kaylan en bondissant de son lit. Elle se précipite vers moi et m'enlace par-derrière. « Et je pars demain avec mon père. Oh, mon Dieu ! Sérieux ! On ne peut pas se quitter comme ça !

— Kay. » Je rigole et enfile mon short en jean en me trémoussant. « Ce n'est pas la dernière fois qu'on se voit. Tu ne t'absentes qu'une semaine. On se verra au collège. Et de toute façon, on va se textoter, s'appeler, se parler sur Insta, ou je ne sais quoi pendant ton voyage. »

Elle se rassied sur son lit, la tête entre les mains. « Non. Pitié. Ça ne peut pas se terminer comme ça. »

J'explose de rire pour de bon. « Hé, ce n'est pas la fin du monde ! Je crois que tu es juste crevée. Retourne dormir. »

Elle se recouche et je file dans la salle de bains pour me laver la figure, me brosser les dents, et tâcher de me rendre présentable. Mais je me sens toujours mal fichue.

Lorsque je regagne la chambre de Kaylan, elle est tout habillée. Elle porte son short en jean préféré et un top rose aux épaules dénudées. Ses cheveux châtain clair sont rassemblés en une queue-de-cheval haute, et on dirait qu'elle a eu ses huit heures de sommeil, voire neuf ou dix.

Comment peut-elle paraître aussi fraîche après une nuit si courte ?

« Je t'accompagne au rendez-vous, déclare-t-elle. On a besoin de passer encore du temps ensemble ; et puis, je ne suis jamais allée chez un traiteur, et tout ce truc de batmitsva a l'air trop bien. » Elle marque une pause et joint les mains comme pour prier. « S'il te plaît, je peux venir ? S'il te plaît, s'il te plaît.

— Euh… » Je regarde autour de moi dans la chambre, ne sachant quoi dire.

Je ne sais pas vraiment ce qu'en penseront mes parents, mais je ne vois pas pourquoi ce serait un problème. Et je peux toujours plaider qu'elle part pour une semaine alors que je suis à peine rentrée.

Elle fait son lit, attrape son portable, et lance : « Viens, on va prendre un petit déjeuner. Oh, mais d'abord, le rituel de la victoire !

— Oui ! »

On pousse les trucs qui encombrent le sol de sa chambre pour se donner la place d'effectuer les mouvements, et puis, on saute en l'air, on se tape dans les mains, et on s'étreint.

« Génial. On est carrément au point, maintenant.

— Faut dire qu'on s'est bien entraînées, ajoute Kaylan tandis qu'on dévale les escaliers.

— Oh, tu aurais des muffins de ta mère aux noix et à la banane, pour le petit déjeuner ? J'adore ça !

— Je crois que oui ! »

Une fois dans la cuisine, on trouve un mot sur la table, disant que la mère de Kaylan est partie courir avec Ryan et qu'ils reviennent bientôt.

J'arrache un morceau de muffin et demande : « Ils font du footing, maintenant ?

— Oui, c'est, genre, leur nouveau truc. Ma mère fait partie d'un club de course à pied avec d'autres mamans du quartier, mais quelquefois, elle va courir toute seule avec Ryan. » Kaylan boit quelques gorgées de jus d'orange. « Ça leur plaît. C'est leur moment mère-fils, ou un truc du style.

— Ouais, c'est cool. » Je me verse un verre de jus d'orange, quand un Klaxon retentit. « Oh, mes parents sont là. Tu es prête ? »

Kaylan bondit de sa chaise et me prend la bouteille des mains pour la ranger dans le réfrigérateur.

« Oh, euh, bonjour, Kaylan, dit ma mère alors que nous montons dans la voiture.

— Bonjour. » Kaylan sourit et boucle sa ceinture. « Je suis trop contente de vous accompagner à ce rendez-vous. La préparation d'une bat-mitsva est tout simplement fascinante pour une catholique comme moi. J'ai envie de m'en imprégner. Vous voyez ?

— Eh bien, nous ne savions pas que tu venais avec nous. » Mon père lance un regard à ma mère, attendant qu'elle dise quelque chose. « Mais bon, d'accord. »

Depuis la banquette arrière, je sens ma mère se crisper. Elle n'aime pas les changements de programme de dernière minute et, pour une raison obscure, tout ce qui se rapporte à ma bat-mitsva semble faire ressortir – plus encore que d'habitude – son côté psychorigide.

« Mais ce n'est pas un jeu, les filles, ajoute-t-elle. C'est un rendez-vous très sérieux. »

Parfois, le simple fait de s'entendre dire que quelque chose n'est pas un jeu donne juste envie d'exploser de rire. Ça ne s'explique pas, c'est comme ça. Et c'est exactement ce qui nous arrive.

Ma mère répète au milieu de nos gloussements : « Je viens de dire que c'était sérieux.

— On sait, on a compris. » Je m'efforce de la calmer. « Maman, tout va bien se passer. Honnêtement. Détends-toi. »

Kaylan se penche vers moi et me glisse à l'oreille : « On dirait que c'est à moi que tu parles. » Le fou rire la reprend.

« Chut. » Je lui donne une tape sur le genou. « Arrête. Sérieusement. »

Le reste du trajet se déroule en silence, à l'exception des murmures qu'échangent mes parents à l'avant, pas assez fort pour qu'on entende ce qu'ils se disent.

« Est-ce que tu auras un bar à sushis ? me chuchote Kaylan. Tu te rappelles celui d'Ashley Feldman ? C'était génial. »

Je hoche la tête. « Aucune idée. On va bien voir.

— Oh ! Et tu te souviens qu'on avait bu, genre, sept mojitos sans alcool ? »

Je lâche un gloussement. « Oui. Qu'est-ce qui nous avait pris ?

— Ben, on n'avait que neuf ans, donc ce n'est pas si étonnant... Je ne sais même pas pourquoi on avait été invitées !

— Vous étiez invitées parce que Colleen et moi faisions partie du même club de lecture qu'Eleanor, à l'époque, nous informe ma mère depuis le siège avant.

— OK, maman. Merci pour l'explication. » Je me tourne vers Kaylan et lève les yeux au ciel.

Elle chuchote : « Bref, il faudra prévenir Gemma d'y aller mollo sur les cocktails à ta bat-mitsva. »

Nous arrivons au golf et nous garons sur le parking réservé aux adhérents, et lorsque nous entrons, je me fais la réflexion que c'est agréable de faire partie d'une communauté. Mes parents sont membres du club de golf, et nous sommes membres de la synagogue, mais je crois que nous le tenons pour acquis. Être membre de quelque chose, c'est faire vraiment partie d'une communauté à laquelle on est intégré.

Je souhaite à tout le monde, à un moment de sa vie, de pouvoir appartenir à un groupe, même si c'est quelque chose qu'ils ont créé eux-mêmes, un club imaginaire, ou un truc du genre.

« Bonjour à tous. » Le traiteur vient nous accueillir à la porte. Il serre la main à mes parents, puis me regarde et demande : « C'est donc toi qui fêtes ta bat-mitsva ? » Il hésite une seconde en voyant Kaylan.

« Oui, c'est moi. » Je souris. « Elle, c'est ma meilleure amie.

— Enchanté, meilleure amie. » Il lui serre la main.

« De même. Vous pouvez m'appeler Kaylan.

— Compris. Bon, si vous voulez bien me suivre dans mon bureau, nous allons pouvoir commencer à discuter des plans pour le grand jour ! » Il tape dans ses mains. « Nous allons t'organiser une soirée phénoménale. »

Kaylan et moi explosons de rire. Il a une drôle de façon de parler, comme si tout ce qu'il disait sortait tout droit d'un film.

« Ari. Ça suffit. » Ma mère secoue la tête, furieuse. « Immédiatement. »

Nous suivons « Traiteur-Man » – il ne s'est pas présenté.

On arrive dans son bureau, et tout le monde prend place autour d'une table ronde. Des bouteilles de San Pellegrino ont été disposées pour chacun de nous, ainsi qu'un plateau de crudités, avec une sauce à l'air sophistiqué.

« Oh. » Kaylan ouvre sa bouteille et boit une gorgée. « Super.

— Bien. » Traiteur-Man consulte ses notes, puis lève les yeux vers nous.

Avant qu'il ne commence, je lui demande : « Excusez-moi, mais je ne sais pas comment vous vous appelez. Peut-être que je n'ai pas entendu ?

— Ari ! » intervient de nouveau sèchement ma mère.

Je ne vois pas ce que j'ai fait de mal, cette fois. C'est quoi, son problème, franchement ?

« Oh, ça ne fait rien. Je m'appelle Ken. Ken Wainscott. »

Kaylan et moi répondons d'une même voix : « Enchantée, Ken. »

Quand nous nous écrions toutes les deux « Chips ! », ma mère nous fusille du regard.

« Monsieur Wainscott, rectifie-t-elle dans un sifflement.

— Comme je le disais, reprend l'intéressé, pour l'apéritif, nous pensons à un tartare de thon en amuse-gueule, une grande sélection de crudités, un stand de sushis, un bar à nouilles sautées, un buffet de grillades, et du caviar, comme nous en avions parlé. » Il marque une pause. « Est-ce que cela vous convient ? Manque-t-il quelque chose ? »

Mes parents échangent un regard, puis se tournent vers le traiteur, et enfin vers moi.

« Hum, oui ! s'écrie Kaylan. Des mini hot dogs, non ? » Elle éclate de rire, puis se rattrape un peu : « Enfin, si vous êtes tous d'accord. Mais tout le monde aime les mini... »

J'interviens : « Tu as totalement raison. C'est la première chose que les gens cherchent dans un cocktail. La première.

— Bon, revenons au menu de monsieur Wainscott, les filles, dit ma mère, toujours aussi furieuse. La baby-sitter de Gemma ne restera pas éternellement, nous devons nous décider. »

Elle regarde mon père, les mâchoires serrées.

Je déclare : « C'est non négociable. Pour moi, les mini hot dogs sont obligatoires. »

Mon père ferme les yeux, puis les rouvre.

« Ari, laisse-moi te dire que je n'aime pas ce ton. Rien ne nous force à organiser cette fête pour toi. Montre-toi plus respectueuse quand tu t'adresses à nous et à monsieur Wainscott.

— Pardon, monsieur Wainscott. » Je le regarde et croise les mains sur la table. « Mais n'êtes-vous pas d'accord que les mini hot dogs sont très appréciés des invités ? »

Il réfléchit à la question en hochant légèrement la tête. « Je crois que tu as raison. Je n'envisageais pas d'en servir à ta réception, mais nous pouvons certainement en inclure s'ils représentent pour toi une priorité. »

Kaylan se penche en avant. « Les hot dogs sont toujours une priorité pour nous. » Elle me donne un petit coup de coude. « Pas vrai, Ari ? »

Soudain, je ne peux plus me contenir. Un fou rire me prend et je m'affale sur la table, la tête sur les bras.

« Arianna, s'il te plaît, gronde ma mère. C'est n'importe quoi. Ton comportement est tout simplement inacceptable. Tu fais vraiment la bête. »

Cette expression me fait pouffer de plus belle.

Je chuchote bruyamment à l'intention de Kaylan : « Normal, on arrive à l'âge bête. »

On explose de rire à nouveau, et on n'arrive plus à s'arrêter.

« Les filles ! hurle ma mère. Je suis furieuse ! Ça suffit ! »

On pince les lèvres pour contenir nos gloussements et on baisse les yeux sur la table. J'ai très envie de prendre un morceau de concombre et de le tremper dans la sauce, mais je sens que ce n'est pas le moment.

Ma mère se tourne vers monsieur Wainscott. « Bien. Alors, que nous reste-t-il à décider ? Je suis profondément navrée que nous devions procéder dans la précipitation.

— Aucun problème, répond-il en consultant ses notes. Je crois que nous sommes au point concernant l'apéritif. Pour le plat principal, nous vous suggérons trois options : du saumon, du poulet au sésame sauce demi-glace... »

Sa façon de prononcer ces mots déclenche un autre fou rire chez Kaylan et moi, mais il fait comme si de rien n'était.

« Et un risotto aux légumes. » Il hausse les sourcils et s'efforce de rester calme. « Et pour les enfants, le menu habituel.

— Le menu habituel ? demande Kaylan en pianotant sur sa joue. En quoi consiste-t-il ? »

Je lui donne un coup de pied sous la table. Elle ne voit pas que mes parents sont furax ?

« Eh bien, je suis content que tu poses la question. » Il se radosse au fond de son siège en souriant. « Nous proposons des nuggets de poulet, des hamburgers, et un plat de pâtes en option.

— Ça me paraît bien. » Kaylan me regarde. « Arianna ? Tu approuves ? »

Je hoche la tête. « Yup. »

Mes parents vont me tuer quand on sera rentrés. Ils n'auront même plus besoin de traiteur, parce qu'il n'y aura plus de bat-mitsva à fêter.

Vu que je serai morte.

Mais tout bien considéré, ce n'est pas si grave. En fait, j'ai passé un super moment avec Kaylan, et je sens qu'on en rira encore pendant longtemps.

On avait vraiment besoin de faire les idiotes, toutes les deux, après notre nuit blanche méga-sérieuse.

Chapitre 17

Mes parents déposent Kaylan chez elle, et je la suis pour récupérer mon sac, que j'ai oublié dans la précipitation.

« Tu rentres à la maison tout de suite après, m'ordonne ma mère quand on sort de voiture. Immédiatement. Je me fiche que Kaylan parte en vacances, je t'interdis de traîner. Tu vas passer un mauvais quart d'heure, Arianna. »

Je hoche la tête. « D'accord. »

On se précipite à l'intérieur, puis à l'étage, et j'attrape mon sac. « Bon, ben, amuse-toi bien. J'ai hâte que tu me racontes tout.

— Je te tiendrai au courant. » Kaylan éclate de rire. « Et pendant mon absence, n'hésite pas à perfectionner ta recette de macaronis au fromage, et ton équilibre, et pense à te trouver une passion, à te défaire d'une mauvaise habitude... tout ça, quoi. Tu peux avancer sur la liste, même si je ne suis pas là.

— Kaylan. » Je plonge mes yeux dans les siens. « Je sais. Calme-toi. Je vais faire tout ça.

— Je suis en panique, Ari.

— Détends-toi, Kay. » Je souris. « Respire. Profondément. Concentre-toi sur ton souffle. »

Kaylan me tend un autre exemplaire de la liste : « Tiens. Au cas où tu aurais perdu le tien.

— Euh, d'accord. » Je prends la liste et la passe en revue.

1. Entretenir notre amitié. ☐
2. Boire assez d'eau (pour garder un teint éclatant). ☒
3. Marquer les esprits. ☐
4. Maîtriser l'art des macaronis au fromage (faits maison, pas ceux de la boîte !). ☐
5. Réussir l'équilibre parfaitement. ☐
6. Aider quelqu'un à briller. ☐
7. Passer une nuit blanche pour voir le coucher et le lever du soleil. ☒
8. Trouver l'homme idéal pour la mère de Kaylan. ☐
9. Faire un dessin par jour. ☒
10. Avouer nos sentiments à un garçon. ☐
11. Se consacrer corps et âme à une passion (première étape : se trouver une passion). ☐
12. Se défaire d'une mauvaise habitude. ☐

Je reviens à Kaylan : « Bref, éclate-toi. Essaie de vivre l'instant présent en pleine conscience. C'est ce qu'on a appris au camp...

— Le camp, encore le camp, toujours le camp… » Elle lève les yeux au ciel.

« Tu devrais essayer. C'est un bon conseil.

— D'accord. » Kaylan me prend dans ses bras. « Et toi, tu peux traîner avec les filles de la cantine, pendant mon absence, tu sais.

— Je sais. Salut, Kay. » Je descends l'escalier en trombe, mon sac sur l'épaule.

« J'espère vraiment que tu ne vas pas trop te faire gronder ! hurle-t-elle.

— Moi aussi !

— Oh, et tiens-moi au courant si tu as des nouvelles de Golfy ! »

Sur le chemin de la maison, j'ai un petit coup de vague à l'âme. Toujours aucun message ni aucun appel de Golfy. Et une semaine sans Kaylan juste avant la rentrée… Ce n'est pas tout à fait comme ça que j'imaginais la fin de l'été. Ma meilleure amie m'abandonne à un moment critique.

Finalement, je vais peut-être appeler les filles de la cantine.

Je cherche leurs numéros dans mon portable pour commencer une discussion de groupe, mais lorsque je franchis le seuil de la maison, ma mère me l'arrache des mains.

« Privée de téléphone. Arianna, ce que tu as fait est tout bonnement inadmissible. Viens avec moi. » Je la suis au salon et elle continue : « C'était dérangeant et malpoli envers le traiteur, et franchement, tu t'es comportée comme une enfant gâtée. Tu me déçois.

— Je suis désolée. » Je m'assieds du bout des fesses sur le canapé.

« Ce n'est pas convaincant, intervient mon père, installé dans un fauteuil. Cet événement est censé célébrer ton entrée dans l'âge adulte, et tu te conduis comme une gamine. Je ne sais pas ce qui te prend. Tu n'es plus la même depuis ton retour de colonie de vacances. »

Aussi respectueusement que possible, j'admets : « Eh bien, pour être honnête, je suis une nouvelle Ari. Contente que vous l'ayez enfin remarqué. »

Mes parents échangent un regard.

« D'accord... dit mon père avant d'hésiter une seconde. Pourrais-tu être cette "nouvelle Ari" tout en restant polie envers les adultes ? »

Je pousse un soupir. « Je ne sais pas ce qui m'a pris. On a passé une nuit blanche, Kaylan et moi, pour observer le soleil se coucher et se lever, une sorte de rite spirituel avant ma bat-mitsva, et je crois que le manque de sommeil nous est monté à la tête.

— Je vois, répond ma mère. Au moins, il y a une explication. Maintenant, va regarder le colis qui est arrivé pour toi pendant que tu étais au camp, s'il te plaît. Ça concerne les cours des classes avancées. Assure-toi de savoir ce qui t'attend cette année. Et ce serait le moment idéal pour réviser tes prières et ta section de la Torah.

— C'est bon, maman. » Je renverse la tête en arrière contre le dossier du canapé. « Tu ne me crois pas, mais je sais ce que je fais.

— J'aimerais qu'on puisse en dire autant... marmonne ma mère en direction de mon père.

— Quoi ?

— Ça ne te regarde pas, Arianna. » Mon père ferme les yeux, exaspéré. « Va t'occuper de tes affaires. »

Je monte lentement dans ma chambre, dans l'intention de textoter les filles du camp pour prendre de leurs nouvelles, mais je me rappelle très vite que mon portable est toujours entre les mains de ma mère.

J'allume donc mon ordinateur et me connecte à ma messagerie.

Dès que je le vois, je bondis de ma chaise : un mail de Golfy !

Arianna Nodberg !
J'ai perdu ton numéro de téléphone et on ne nous a pas encore communiqué les coordonnées de tout le monde ! Mais j'ai fini par me rappeler que tu m'avais donné ton e-mail, et que je pouvais donc t'envoyer un message ! J'espère que tu le recevras. Comment va la vie, de retour chez toi ? Quoi de neuf ? Ici, tout va bien. On va passer quelques jours dans le Maine, sans écran pour personne (règle édictée par ma mère). Alors, si je ne te donne pas de nouvelles, ne crois pas que je t'ai oubliée !
Tchao !
Golfy

Je relis son mail trois fois, avant de décider d'y répondre plus tard. Il l'a envoyé hier, et il a dit qu'il partait en vacances, de toute façon.

Je transfère le message aux filles de la colo :

OH, MON DIEU, les filles ! Golfy m'a envoyé un mail ! Je suis trooooop contente ! Chez moi, c'est un peu le délire. Kaylan part en vacances avec son père et son frangin, cette

semaine. Mes parents sont furieux parce qu'on a été malpolies à un RDV avec le traiteur de ma bat-mitsva. Et je ne suis pas trop à l'aise avec mes copines d'ici. Vous me manquez graaaaave. Oh ! Je viens d'avoir une idée ! Et si vous veniez toutes dormir chez moi cette semaine ? Dites-moi ce que vous en pensez. J'aimerais mieux vous envoyer des textos, mais je suis privée de téléphone jusqu'à nouvel ordre.
Gros bisous, JVM fort !
Ari

Je reste quelques minutes devant l'écran pour voir si quelqu'un me répond, mais, pour le moment, rien. En ce qui concerne les filles de la cantine, je n'ai même pas toutes leurs adresses e-mail ; mais finalement, ça peut sûrement attendre que j'aie récupéré mon portable.

Si je veux que ma mère me le rende vite, je crois que j'ai intérêt à bien me comporter : ranger ma chambre, réviser pour ma bat-mitsva, peut-être mettre la table.

Inutile de supplier mes parents. Si je fais tout ce qu'il faut, ils verront bien que je suis vraiment désolée, et ils me rendront mon téléphone. Et après, je pourrai leur demander la permission d'inviter les filles du camp à dormir à la maison.

Les doigts dans le nez, comme disait Jamie, ma maîtresse de maternelle.

Je crois que je vais profiter de cette semaine à la maison sans Kaylan pour me concentrer sérieusement sur la liste, en particulier sur les items « Se consacrer corps et âme à une passion » et « Marquer les esprits ». Je dois d'abord réfléchir à ce que ça signifie, et à la manière dont je compte m'y prendre.

Pendant que je révise les prières pour ma bat-mitsva et ma section de la Torah, je pense à tous ceux qui m'ont précédée, qui ont chanté ces mêmes prières, et je me dis qu'on est tous liés. Connectés. On fait partie de quelque chose.

Je commence à noter des idées pour mon discours, mais finis par faire mon dessin du jour à la place.

J'ai quand même une mini-révélation ! Ma section de la Torah. La vie de Sarah. Je ne m'y suis pas vraiment intéressée plus que ça. Je veux dire, qui était-elle ? La femme d'Abraham et la mère d'Isaac, ça, je le sais, ainsi que l'une des matriarches du peuple juif.

Je trouverai peut-être dans sa vie des réponses à mes questions, des solutions à mes problèmes.

En faisant des recherches, je découvre que l'existence de Sarah était en fait très tourmentée. Elle a dû partir de chez elle, avec Abraham. Elle n'a pas pu avoir d'enfant pendant très, très longtemps. Et quand elle a enfin eu un fils, son mari a failli le sacrifier à Dieu. Des trucs de dingue, quoi.

En comparaison, ma vie a l'air d'une promenade de santé. Mais ce qui m'intrigue le plus, c'est comment elle a fait pour surmonter tout ça. Quel était son secret ? Et en quoi la vie de Sarah s'applique-t-elle à moi, et à ma bat-mitsva ?

Je n'en ai pas la moindre idée.

Je n'ai pas encore les réponses à mes questions. J'espère que je finirai par les trouver, mais ça prendra sans doute du temps. Je crois que j'ai de la chance que la section de la Torah correspondant à la date de ma bat-mitsva soit si profonde et invite à la réflexion.

L'une des plus belles choses que j'ai apprises au camp cet été, c'est qu'on a le droit d'être dans l'ignorance et de s'interroger.

Chapitre 18

Ça fait trois jours que Kaylan est partie, il reste moins d'une semaine avant la rentrée, et je n'ai toujours vu personne.

J'ai échangé des mails avec les filles de Camp Silver, mais visiblement, la soirée pyjama de nos retrouvailles ne sera pas au programme. Tout le monde est pris par des petits voyages et des sorties en famille. Je pourrais toujours demander à Kaylan les e-mails des filles de la cantine, mais je n'en ai pas vraiment envie.

« C'est super que tu sois tout le temps à la maison, me dit Gemma en beurrant son bagel sur la table de la cuisine. On s'amuse bien.

— C'est vrai. » Je me sers un verre de jus d'orange et suggère : « Tu veux qu'on refasse un Twister, plus tard ?

— Oh, oui ! » Elle sourit. « Et il me tarde trop que tu montres à Kaylan comme tu fais bien l'équilibre, maintenant.

Tu as énormément progressé. Je suis contente que tu aies enfin compris que tout est dans les abdos. »

J'éclate de rire. Je ne crois pas que beaucoup d'enfants de neuf ans parlent comme ça.

« Merci, Gem. »

Elle me claque un *high five*.

J'ai coché cet item hier soir, après trois équilibres parfaits sous les acclamations de ma sœur.

Et j'ai prévu de refaire des macaronis au fromage pour le dîner, ce soir.

« Les filles. » Ma mère, encore en chemise de nuit, entre dans la cuisine en se frottant les yeux. « Papa et moi avons quelque chose à vous dire. »

Gemma et moi échangeons un regard et attendons qu'elle poursuive.

Une minute plus tard, mon père arrive à son tour, vêtu de son pantalon de pyjama écossais et de son peignoir de bain bleu. On l'appelle son « peignoir d'hôpital », puisqu'il le porte uniquement quand il est malade.

Mince. Est-ce qu'il a un cancer ? C'est de ça qu'ils parlent tout le temps tout bas ?

« Qu'est-ce qu'il y a ? demande Gemma. Vous êtes trop bizarres, tous les deux. Allez, dites-nous !

— Détends-toi, Gem. » Je pose une main sur la sienne. « Tout va bien. »

Ils s'asseyent à table avec nous, puis échangent un regard, comme si chacun attendait que l'autre prenne la parole en premier. L'horloge au-dessus de l'évier fait plus de bruit que d'habitude. *Tic. Tac. Tic. Tac.* Qui a eu l'idée de fabriquer des horloges qui font tic-tac ? Et aussi fort, en plus !

Personne n'a envie d'entendre s'écouler chaque seconde de sa vie.

Mon père se racle la gorge et arrange les serviettes en papier dans leur support. « Hum, ce n'est pas facile à dire, et je ne veux pas vous inquiéter. » Il regarde le plafond. « Mais j'ai perdu mon emploi hier. »

On le dévisage, puis on jette un coup d'œil à ma mère, qui se tient la tête dans les mains. Quelle ironie ! Il nous demande de ne pas nous inquiéter, alors qu'elle est carrément l'incarnation humaine de l'inquiétude, en cet instant plus que jamais.

« Je suis désolée, papa. » Je baisse les yeux sur mon bagel. « Qu'est-ce qui s'est passé ? »

Il hésite, puis répond : « Eh bien, l'entreprise devait réduire les effectifs. Et j'étais le dernier à avoir été engagé. Ce n'est la faute de personne. Je trouverai autre chose. Je voulais juste que vous le sachiez, pour que vous ne vous étonniez pas de me voir tout le temps à la maison, subitement. »

On hoche la tête, puis Gemma croque dans son bagel. Je me creuse la cervelle pour trouver quelque chose à dire qui détende un peu l'atmosphère.

« Ben, on va pouvoir passer plus de temps ensemble, en attendant que tu retrouves un travail ! » Je souris, histoire d'ajouter une note positive. « C'est bien, non ? »

Un coin des lèvres de mon père se relève, mais ce n'est pas un vrai sourire.

Je demande : « Est-ce que Mamina est au courant ? »

Mes parents se regardent et parlent avec leurs yeux, comme ils le font souvent. Puis, ma mère répond : « Pas encore. Et s'il te plaît, ne lui dis rien. On ne veut pas les inquiéter, elle et Zeyda. »

J'acquiesce. Il suffit qu'on me demande de ne pas répéter quelque chose à quelqu'un pour que j'aie l'impression que je ne pourrai pas m'en empêcher, sans le faire exprès.

« Gem, va manger ton bagel au salon, tu veux bien ? suggère doucement ma mère d'un ton las.

— Je croyais que tu ne voulais pas qu'on mange au salon, s'étonne-t-elle.

— Vas-y. Tu seras gentille.

— Pourquoi on me vire à chaque fois ? » La chaise de Gemma grince sur le sol et elle quitte la pièce en soufflant. « Quelle injustice ! »

Je trouve toujours ça bizarre qu'ils excluent Gemma de ces conversations « d'adultes », alors que moi, j'ai le droit de rester. Après tout, je n'ai que trois ans de plus qu'elle.

Ma mère renifle. « Ari, je le regrette beaucoup, mais je crois qu'on va devoir faire quelques ajustements pour ta bat-mitsva.

— Quel genre d'ajustements ? » Je me retiens de rire quand le souvenir du rendez-vous avec monsieur Wainscott me revient en mémoire.

Mes parents échangent encore un regard, puis baissent les yeux sur la table.

Au bout de ce qui me semble durer une éternité, je demande : « Alors ?

— On ne pourra pas donner une grande fête au club de golf, dit mon père. Ce ne serait pas raisonnable. On va devoir faire des économies jusqu'à ce que je retrouve un emploi.

— D'accord... » Ma voix s'éteint.

Je détourne le regard une seconde. Ils ont l'air si tristes que je sens presque des larmes se former aux coins de mes yeux.

C'est comme si je m'étais trouvée dehors, dans un froid polaire, blottie sous l'une de ces couvertures thermiques de camping super chaudes, bien à l'abri, mais qu'on me l'avait soudain arrachée, et que j'étais maintenant gelée.

« Moi aussi, je suis déçue, dit ma mère. Nous avions tout prévu, j'avais commencé les préparatifs. Ce devait être une fête magnifique. » Elle se met à pleurer et enfouit la tête dans ses bras.

Je m'oblige à répondre : « Euh... ça va aller, maman. »

Ce ne serait pas plutôt à elle de me consoler ? Je veux dire, on est tous déçus. Mais j'essaie de ne pas le montrer, pour que mon père ne se sente pas encore plus mal.

Elle se redresse enfin et hoche frénétiquement la tête. « Oui, ça va aller. Ça va aller. Nous donnerons quand même un déjeuner en petit comité à la synagogue. »

Je m'aperçois alors qu'ils ne m'ont jamais vraiment demandé comment je voulais célébrer ma bat-mitsva. Si ça avait été le cas, j'aurais opté pour un thème plage, et des serviettes de bain turquoise extra-moelleuses personnalisées en cadeau pour les invités. On aurait servi des mini hot dogs, bien sûr, ainsi que tous mes autres plats préférés : des frites gratinées à la mozzarella, des makis au thon épicés, des omelettes à composer soi-même, et des glaces au brownie en dessert.

J'aurais aimé qu'ils me demandent mon avis, et il ne m'est jamais venu à l'idée de réclamer quoi que ce soit. Sauf les mini hot dogs, bien sûr, mais pas le choix.

Je reste à table avec eux encore quelques minutes, mais les images de ma bat-mitsva idéale qui défilent dans ma tête m'obligent bientôt à quitter la pièce. Je monte dans ma chambre, où je trouve mon téléphone sur mon lit.

Bon, au moins, je l'ai récupéré.

Qui dois-je textoter en premier ? Kaylan, pour lui annoncer la nouvelle ? Non, elle est en vacances avec son père et elle a son propre stress à gérer. Les filles du camp ? On s'est envoyé des mails et elles sont toutes occupées cette semaine, alors non. Mais il faut quand même que je le dise à Alice. Elle sera de bon conseil. Et je crois qu'on est assez proches pour se permettre d'interrompre des activités familiales.

AlKal, t'es libre ? J'ai besoin de te parler.

Elle met moins d'une minute à me répondre.

Suis de sortie en famille. On s'appelle ce soir ? Ça va ? JTM.

OK pour ce soir. JTM aussi.

J'ai envie d'envoyer un message à Golfy, mais je sais qu'il est en vacances et qu'il n'a pas droit aux écrans cette semaine, alors c'est inutile.

Je décide d'adresser un texto groupé aux filles de la cantine, puisqu'elles sont toutes chez elles. Je voudrais sortir et m'éloigner un moment de mes problèmes.

Salut. Quelqu'un est libre pour se voir aujourd'hui ?

J'attends une réponse.

M.W. :

Saluuuut, Ari. Je retourne faire des courses pour la rentrée avec ma mère, aujourd'hui. Peut-être demain, ou + tard ?

June :

Je suis chez mes grands-parents dans le Massachusetts. Je rentre ce soir.

Cami :

Suis peut-être libre ce soir aussi.

Mary :

Pareil. Je vais au nouveau parc aquatique, aujourd'hui, avec mes cousins.

Amirah :

Je vois aussi mes cousins, aujourd'hui.

Kyra :

Désolée de répondre si tard.
Je peux pas sortir aujourd'hui.

Sydney :

Moi non plus. ☹

Même si elles ont toutes de bonnes raisons, je suis un peu vexée qu'aucune d'elles ne soit libre. Je mets mon téléphone à charger à l'autre bout de la pièce, et m'allonge sur mon lit.

J'essaie de me rendormir, mais mon cerveau carbure à cent à l'heure. Je m'efforce d'appliquer les techniques de méditation de pleine conscience apprises au camp, en vain. Je reprends mes révisions de bat-mitsva, mais je suis trop distraite pour parvenir à quoi que ce soit. Je me décide enfin à jeter un coup d'œil au colis des classes avancées qui est arrivé cet été, mais dès la première page du prospectus, mon cœur s'accélère.

Le stress de la rentrée, le stress de ma bat-mitsva, le stress de la maison ; et Kaylan qui n'est pas là, mes copines qui sont occupées : ça fait trop.

Mon cœur tambourine dans ma poitrine, et je devine la sueur qui perle à mon front. Allongée sur mon lit, je sens l'angoisse m'envahir.

Je décide d'appeler la seule personne capable de me remonter le moral quoi qu'il arrive.

Dès qu'elle décroche, je m'empresse de dire : « Bonjour, Mamina. »

Dans ma tête, je me répète inlassablement : *« Ne dis rien pour papa. Ne dis rien pour papa. »*

« Bonjour, ma petite chérie ! » Elle m'accueille toujours comme si j'étais la reine d'Angleterre. « Comment ça va, ma grande ?

— Bien. Enfin, je m'ennuie un peu. Kaylan est partie en vacances, cette semaine.

— Oh, avec qui ?

— Son père et son frère.

— C'est bien qu'elle se soit réconciliée avec son père, répond Mamina.

— Oui, c'est vrai.

— Tout va bien, Ari ? demande-t-elle d'une voix plus douce. Tu te prépares pour le grand jour ? »

Je pousse un soupir. « Oui, j'essaie. C'est beaucoup de travail.

— Je crois en toi. »

Elle me dit toujours ça quand je doute de moi, quelle qu'en soit la raison. Et chaque fois, j'ai envie de la croire, je me sens capable d'accomplir n'importe quoi.

« Merci, Mamina. » Je marque une pause. Les larmes me montent aux yeux. Je ferais mieux de raccrocher avant que quelque chose ne m'échappe. « Gem veut qu'on joue à Twister, je ne voudrais pas la faire attendre.

— D'accord. Quelle gentille grande sœur tu fais !

— Merci, Mamina. Je t'aime.

— Je t'aime encore plus. » Elle éclate de rire.

Je raccroche et vais regarder par la fenêtre si Jason est dehors. Non. Alors, je me plante devant mon placard et passe mes vêtements en revue, à la recherche d'unc tenue pour la rentrée. Je ne trouve rien qui me plaise, et je ne peux même pas demander à ma mère de m'emmener faire les boutiques.

Je me concentre sur ma respiration. Inspiration. Expiration. Inspiration. Expiration.

Tout va bien. Je maîtrise.

J'ai l'impression que tout est compliqué en ce moment, mais ce n'est pas une raison pour paniquer.

Je peux rester calme.

C'est tout à fait faisable.

Chapitre 19

Mon père n'est pas là pour le dîner, alors je décide de reporter les macaronis au fromage au lendemain. Il nous dit qu'il va voir son ami Bruce, qui pourrait l'aider à retrouver du travail. Donc, maman, Gemma et moi nous retrouvons toutes seules à table, et personne ne dit mot.

Ma mère a préparé des spaghettis aux boulettes de viande, mais ils ne sont pas aussi bons que d'habitude. Les boulettes sont sèches, et la sauce est trop liquide. Je crois qu'elle a oublié l'ail. Rien n'est comme il faut.

Gemma lit un livre à table, tandis que ma mère feuillette un dossier de relevés de compte.

Super ambiance.

Quand je n'en peux plus de les regarder, je sors mon téléphone pour consulter mes mails et mes textos. Ne constatant rien de nouveau de ce côté-là, je vais sur Instagram, voir si Kaylan a posté d'autres photos de son voyage.

Une liste de « personnes que vous connaissez peut-être » apparaît, et je m'aperçois que Cami et June se sont toutes les deux créé des comptes pendant que j'étais en colo. Amirah aussi.

Je clique sur le profil de Cami, et j'ai instantanément l'impression qu'on vient de m'ébouillanter.

Juste sous mes yeux se trouve une photo de Cami, June, Sydney, Amirah, M.W., Kira et Mary, postée il y a onze minutes.

Elles sont toutes à l'Ice Cream Shop, en train de manger des super-méga-cônes : ceux qui sont recouverts de barres de Crunch, de vermicelles multicolores et de miettes d'Oreo.

Je leur ai envoyé un message, tout à l'heure ! Elles ont dit qu'elles se retrouveraient peut-être ce soir. Et après ça, plus de nouvelles. Elles auraient au moins pu me textoter pour me prévenir, ou m'inviter à les rejoindre.

Je pose mon portable sur la table, écran vers le bas, et reporte mon attention sur mon assiette.

Je tente de me raisonner.

N'y pense plus.

C'est vraiment si grave que ça ?

Tu ne les aimes pas, de toute façon.

Qu'est-ce que ça peut te faire ?

Mais ça ne marche pas, parce que ça me fait quelque chose. C'est grave. Elles forment clairement une bande, et je n'en fais pas partie. Peut-être qu'elles ne veulent même plus que je traîne avec elles.

Je n'aurais jamais cru qu'une photo d'un groupe de copines en train de manger des glaces pourrait me faire me sentir aussi isolée et exclue. Savoir qu'on ne fait pas partie de quelque chose, c'est déjà très vexant. Mais en avoir la preuve sous les yeux, c'est pire que tout. Comme si un truc clochait vraiment chez moi, et je ne saurai peut-être jamais quoi.

Après le dîner, Gemma et moi nous installons dans le salon pour regarder la télé, mais je ne prête pas la moindre attention à ce qui se passe à l'écran. Mon esprit est ailleurs, à mille endroits différents. Est-ce que je devrais envoyer un texto aux filles de la cantine pour leur demander pourquoi elles ne m'ont pas invitée ? Est-ce que je devrais le leur reprocher ?

Non, j'aurais seulement l'air encore plus pitoyable.

Je ne peux pas.

Heureusement, quelques minutes plus tard, mon portable vibre sur la table basse.

Voyant que c'est un appel d'Alice, je décroche aussitôt et monte en courant dans ma chambre.

« Salut, dis-je d'un ton morose.

— Hum, tu as la voix de quelqu'un dont le chiot s'est sauvé. Mais je sais que tu n'en as pas. » Elle marque une pause. « Qu'est-ce qui ne va pas ? »

Je renifle et retiens mes larmes.

« Ben... par quoi commencer ? Mon père a perdu son emploi. Ma fête de bat-mitsva est pour ainsi dire annulée, et toutes les filles avec qui je traîne plus ou moins au collège se sont donné rendez-vous sans moi ce soir !

— Ari, ma chérie ! s'exclame Alice. C'est carrément l'horreur. Tout ça le même jour ? »

Je pousse un soupir.

« Ben, oui.

— Il faut que tu appelles aussi Hana et Zoé dès que tu peux. Raconte-leur tout. D'accord ?

— Euh… C'était mon intention, mais pourquoi tout de suite ? »

Je me vautre sur mes oreillers, réconfortée d'entendre la voix d'Alice au bout du fil.

« Ça peut paraître idiot, mais c'est à ça que servent les amies. C'est évident. On a besoin des autres dans les moments difficiles, Ari. » Alice soupire. « On est là pour toi.

— Merci, AlKal. Je t'adore.

— Moi aussi, Noddie. »

Je me mets en pyjama et me couche tôt. Je parcours la documentation de mes nouveaux cours et tente de mettre au point une stratégie. Au bout d'un moment, j'essaie de dormir, mais je n'y arrive pas.

Je repense à ce qu'a dit Alice, qu'on a besoin des autres, et je décide d'envoyer un mail groupé aux filles du camp, puisqu'elles n'ont plus droit aux textos après dix heures du soir.

Salut, les filles,
Il se passe des trucs complètement oufs, ici. Mon père a perdu son boulot, et on doit faire des « ajustements » pour ma bat-mitsva. Je ne sais même pas vraiment ce que ça veut dire. En plus, mes copines de l'an dernier sont allées manger une glace ce soir sans me prévenir, puis elles ont posté une photo sur Instagram ! Non, mais, vous vous rendez compte ? Quand on ne veut pas inviter quelqu'un à une sortie, on fait au moins l'effort de ne pas s'afficher sur les réseaux sociaux, non ?
Pfff. Vous me manquez trop. Vous êtes les seules à me comprendre.

Ma mère est totalement stressée. Et ces filles n'arrêtent pas de me dire que mes seins sont tout à coup devenus énormes.
☹ *Est-ce que j'avais des gros seins tout l'été sans le savoir ?*
Je voudrais être encore au camp !
Je vous adore toutes.
Ari

Même après avoir envoyé le message, je ne trouve pas le sommeil. Je sais qu'on dit qu'il ne faut pas utiliser d'écrans au lit, que ça provoque des insomnies, mais j'en ai trop gros sur le cœur, je dois vider mon sac.

J'écris, puis efface, puis réécris au moins dix fois un texto à Kaylan, avant de me décider à l'envoyer.

Elle aura peut-être une explication au comportement des filles de la cantine.

Yo. Tu dors ?

Non, mon frère et mon père ronflent tous les deux. Grrrr.

Tu t'amuses quand même ?

Oui, ça va. Je sais pas trop. C'est bizarre.

Et toi, ça va ?

Les filles de la cantine ont posté une photo sur Insta, ce soir. Elles m'ont pas invitée, alors que je leur avais envoyé un message + tôt.

Hum…

?

Elles n'y ont sûrement pas pensé, tu es partie si longtemps…

Je sais pas trop. C'est chelou.

Tu veux que je leur envoie un texto ?

Noooooooooonnnn !

OK. À part ça, quoi de neuf ?

J'hésite à lui parler de mon père, mais c'est trop long à expliquer dans un message.

Pas grand-chose. Suis crevée.

OK. Bonne nuit.

Oh ! On est allés voir un spectacle comique, ici ! C'était génial ! C'est ça, ma passion. Sûr de chez sûr. Je vais m'y consacrer.

On s'en doutait déjà.

Oui, mais c'est confirmé.

OK. À+.

Ce soir-là, je m'endors en pleurant. Je ne sais pas vraiment pourquoi. Je ne suis même pas triste. J'ai juste le sentiment que les choses sont en train de changer, très lentement. Que je m'éloigne un peu plus chaque jour de la personne que j'étais avant. Je ne sais plus qui je suis – si ce n'est une fille dépassée par les événements, comme si tout lui échappait. Une fille qui se retrouve tout à coup avec des gros seins, apparemment.

Je n'ai rien voulu de tout ça.

Dès le retour de Kaylan, je lui dirai que ça ne sert à rien de tout planifier. Ça ne change rien du tout.

Les choses arrivent, on ne sait ni quand ni comment, ni même pourquoi.

Elles arrivent, c'est tout.

Chapitre 20

Ari,
On t'adore tellement. On sera toujours là pour toi. On ne t'exclurait jamais d'une sortie, et on ne posterait jamais une photo sur Insta sans toi. Pour nous, tu es la meilleure. Bien sûr qu'on te comprend. On est des âmes sœurs, toutes les quatre. Ne t'en fais pas pour ta bat-mitsva. On s'éclatera quoi qu'il arrive, et ce sera super.
On t'aime !
Alice

Chère Ari,
Je viens de demander à mon père si je pouvais prendre le train toute seule pour venir te voir et te faire un câlin. Il a dit non, mais on sera près de chez toi d'ici quelques semaines, et on se verra à ce moment-là. Obligé. Tu es géniale. Ne l'oublie jamais !
Bisous,
Zoé

Ari,
Zoé et Alice ont déjà tout dit. Alors j'ajouterai simplement que ces filles sont nulles. Tu n'as pas besoin des copines de ta ville quand tu as des super copines de camp comme nous. Tu déchires !
SMACK !
Hana

Toute la semaine, on s'échange des mails et on se parle par FaceTime, et c'est presque comme si on était de nouveau réunies. Presque.

Je passe le reste du temps à m'entraîner pour ma bat-mitsva, à chercher ce que pourrait être ma passion, histoire de m'y consacrer, et, surtout, à essayer de calmer ma mère.

J'écris un brouillon de mon discours, mais finis par tout effacer, parce que ce n'est pas ce que je veux dire. En fait, je n'ai aucune idée de ce que je veux dire. Je ne sais pas ce que le judaïsme et ma bat-mitsva représentent pour moi, ni comment rapprocher ça de la vie de Sarah.

Parfois, je sens vaguement monter l'inspiration, mais ce n'est pas vraiment ça, et elle finit par disparaître.

Chapitre 21

Kaylan rentre enfin chez elle la veille de la rentrée ; on se retrouve sur FaceTime, et on se montre les tenues qu'on a choisies pour notre premier jour de cours.

« J'adore cette robe écossaise, commente Kaylan. Tu as trop de chance qu'ils annoncent du froid pour demain. »

Je hoche la tête.

« Oui, j'en suis contente.

— Qu'est-ce que tu penses de ma salopette ? Ça fait trop pour le premier jour, ou plutôt mignon et *funky* ? »

Je réfléchis un instant.

« Mignon et *funky*, je dirais. Surtout avec les rayures.

— Sûre ?

— Sûre !

— Bon, alors on est prêtes. » Kaylan se rassied sur son lit. « Cami et June aimaient bien la salopette, elles aussi, mais Amirah et M.W. n'étaient pas convaincues, alors merci d'avoir confirmé.

— Tu les as toutes appelées pour discuter de vos tenues de rentrée ? »

Je me sens de nouveau mise à l'écart, comme quand j'ai vu la photo des glaces.

« Oui, elles adorent les conversations de groupe avec FaceTime, m'explique Kaylan. Elles n'ont pas essayé avec toi ? »

Je secoue la tête.

« Non, mais j'étais occupée cette semaine, je révisais pour ma bat-mitsva et tout.

— D'accord. Ben, c'est cool. » Elle détourne les yeux un instant, puis revient vers l'écran. « Comment ça se fait que vous n'êtes plus aussi proches, Mary et toi ? »

Je hausse les épaules.

« Je sais pas trop. On n'est pas restées en contact pendant que j'étais partie, et à mon retour, elle était devenue BFF avec toutes les autres filles.

— Bah, ça s'arrangera au collège, dit Kaylan. J'ai tellement de trucs à te raconter sur mon voyage avec mon père ! Je n'arrive pas à croire que je sois rentrée aujourd'hui ! C'est dingue, non ?

— Oui, carrément. Bon, je dois aller préparer les macaronis au fromage pour mes parents. Je crois que je suis vraiment au point ! Émietter les crackers, ça fait toute la différence. On se voit à l'arrêt de bus. Oh ! Fais-moi penser à te parler de ma mauvaise habitude, demain !

— Ooh ! D'accord ! »

Je descends dans la cuisine et trouve ma mère assise à table, consultant une pile de papiers.

« Tu es sûre de vouloir préparer le repas, Ari ? La veille de la rentrée ?

— Oh, oui ! Il le faut !

— Ah bon ? Pourquoi ?

— Oh, je ne sais pas. Enfin, ce n'est pas obligé, mais j'en ai envie. » Je lâche un rire. J'avais oublié que ma mère n'était pas au courant pour la liste. « Et puis, vous êtes tous tellement stressés. Je me suis dit que ça vous ferait plaisir.

— Merci. »

Elle retourne à ses papiers.

Je remplis une casserole d'eau pour faire cuire les pâtes, puis mélange tous les fromages. Il me manque le fromage français de Kaylan, mais pour être honnête, je ne crois pas qu'il soit nécessaire. Ma recette parfaite des macaronis au fromage n'a pas besoin d'être la même que la sienne. On peut la maîtriser toutes les deux, chacune à sa façon.

Tout le monde ne fait pas les macaronis au fromage exactement pareil ! Ce serait trop ennuyeux.

Mais je les fais quand même gratiner au four, cette fois. Et j'émiette les crackers sur le dessus, au lieu de les mélanger entiers aux pâtes.

Une fois le plat au four, ma mère se lève et m'aide à mettre le couvert. On dispose les assiettes et les fourchettes, des serviettes en papier et des verres d'eau glacée.

J'appelle : « À table, tout le monde ! »

Gemma déboule dans la cuisine, visiblement affamée, et mon père la suit de près. Je pousse un soupir de soulagement en constatant qu'il a troqué son peignoir d'hôpital contre un jean et un T-shirt.

« Ça sent bon », dit-il.

Mais sa voix est plate, sans émotion. On dirait un papa robot, programmé pour dire ce qu'on attend de lui.

« Je vais vous servir. »

Je dépose des portions parfaites de pâtes dans les assiettes, en faisant attention à ne pas déranger la garniture.

« Waouh, c'est trop bon, Ari ! s'écrie Gemma. C'est le meilleur truc que j'aie jamais mangé !

— Vraiment ? »

Je goûte.

« C'est vrai que c'est bon, ajoute mon père. Et je ne dis pas ça par obligation. »

Tout le monde éclate de rire.

Même ma mère mange, alors qu'elle chipote à tous les repas depuis mon retour du camp.

« C'est délicieux, me complimente-t-elle en posant une main sur la mienne. Qui aurait cru que nous avions un cordon-bleu dans la famille ?

— Pas moi, en tout cas, dit mon père en souriant.

— Moi non plus ! » s'exclame Gemma.

On rigole tous et on mange nos macaronis, et j'ai bien l'impression qu'on est enfin en train de passer un moment heureux en famille. Je préfère ne pas trop y penser, parce que j'ai peur que ça nous porte malheur, mais tout le monde sourit. Tout le monde mange. Personne n'est en train de pleurer.

Tout va bien.

J'aide mes parents à débarrasser la table, puis je monte dans ma chambre pour cocher l'item des macaronis au fromage. Je maîtrise la recette, c'est sûr. Mais j'ai réussi en prime à détendre l'atmosphère, même si ce n'est que pour un petit moment. Et c'est très important.

Ce soir-là, en allant me coucher, je passe la liste en revue.

1. Entretenir notre amitié. ☐
2. Boire assez d'eau (pour garder un teint éclatant). ☒
3. Marquer les esprits. ☐
4. Maîtriser l'art des macaronis au fromage (faits maison, pas ceux de la boîte !). ☒
5. Réussir l'équilibre parfaitement. ☒
6. Aider quelqu'un à briller. ☐
7. Passer une nuit blanche pour voir le coucher et le lever du soleil. ☒
8. Trouver l'homme idéal pour la mère de Kaylan. ☐
9. Faire un dessin par jour. ☒
10. Avouer nos sentiments à un garçon. ☐
11. Se consacrer corps et âme à une passion (première étape : se trouver une passion). ☐
12. Se défaire d'une mauvaise habitude. ☐

Il me reste beaucoup à faire, mais j'avance.

Peut-être que ma passion sera de redonner le sourire aux autres et de les aider à se détendre quand ils sont stressés.

Ça me rappelle l'exercice qu'on faisait au camp, quand j'avais été désignée pour donner ma définition d'un bon leader. Remonter le moral des troupes fait totalement partie des compétences qu'il faut avoir et, pour être honnête, je crois que je suis douée pour ça. Peut-être même très douée. Voire talentueuse.

Il se pourrait d'ailleurs que ce soit ma plus grande qualité.

Ou alors, c'est comme ça que je marquerai les esprits.

J'ai encore le temps d'y réfléchir.

Chapitre 22

Mamina et Zeyda nous appellent, Gemma et moi, pour nous souhaiter bonne chance pour la rentrée.

On allume le haut-parleur, et tout le monde peut se parler ; je n'arrête pas de rire, parce que c'est le chaos total et personne n'arrive vraiment à entendre les autres.

« On croise les doigts, mes chéries, nous dit Mamina. Nous espérons que ce sera pour vous une année merveilleuse.

— Nous aussi », répond Gemma en gloussant.

On discute encore quelques instants, on s'échange nos « Je t'aime », et Zeyda conclut par son « À la prochaine » habituel.

J'arrive à l'arrêt de bus cinq minutes avant Kaylan, prête à lui narrer en détail ma semaine d'introspection. Oui, des choses terribles sont arrivées (mon père qui a perdu son travail, l'incident de la photo chez le glacier), mais j'ai aussi eu beaucoup de temps pour méditer. Et puis, j'ai coché les items de l'équilibre et des macaronis au fromage. Ce n'est pas rien.

« Saluuuuut, dit-elle en se précipitant vers moi. Est-ce que j'ai de la nourriture coincée entre les dents ? »

Elle ouvre la bouche pour que je puisse l'inspecter.

« Non. Rien à signaler.

— OK, merci. » Elle m'observe de la tête aux pieds. « Tu es magnifique, AGL !

— AGL ? »

Je lâche un rire.

Elle me chuchote à l'oreille : « "Ari les Gros Lolos".

— Chut. Arrête. » Je lève les yeux au ciel. « Toi aussi, tu es très belle. » Je lui souris, mais elle regarde tout autour de nous. « Qu'est-ce qu'il y a ?

— Oh, Cami et les filles avaient dit qu'elles se feraient peut-être déposer ici pour prendre le bus avec nous, mais je ne les vois pas. » Elle sort son portable de son sac. « Ah, elle m'a envoyé un texto. Finalement, elles nous retrouveront à l'entrée du collège.

— Euh, d'accord.

— Je me doutais qu'elles ne seraient pas prêtes, mais c'était leur idée, alors... »

Je hoche la tête.

« Je vois. »

Le trajet commence en silence, puis Kaylan se tourne vers moi et lance : « Oh ! Tu voulais me parler de ta mauvaise habitude et de ce que tu as coché sur la liste, et tout ça. Discutons-en maintenant, avant de retrouver les filles, parce que ce n'est pas vraiment leur truc, et c'est un peu bizarre, tu vois. »

Je n'ai plus très envie d'en parler, j'ai l'impression que c'est une obligation, mais je me force.

« Je suis crevée, alors je vais te donner la version courte, et je te raconterai tout dans le détail une autre fois, d'accord ? »

Elle hausse les épaules.

« Comme tu veux.

— Ma mauvaise habitude : toujours laisser mon esprit vagabonder. Ça m'empêche d'être efficace et de vivre pleinement le moment présent. Tu sais, tu me dis constamment que je décroche ? »

Elle hoche la tête.

« Oui, continue.

— Ben, j'aimerais réussir à être totalement là, concentrée.

— D'accord. » Kaylan médite là-dessus. « Ça me va. Et ta passion ? »

Je respire un grand coup.

« Alors, ma passion, c'est compliqué. Je crois que j'en ai plusieurs. »

Elle hausse les sourcils et attend que je poursuive.

« Bon, d'abord, remonter le moral des gens. J'aime vraiment ça. Genre, rien ne me rend plus heureuse, et je crois que c'est aussi une qualité pour être un bon leader. » Je marque une pause. « Autrement, en répétant mes trucs de bat-mitsva, je me suis découvert une passion pour la religion et le judaïsme. Il y a tant de choses à apprendre.

— Intéressant. On dirait que tu as bien cogité en mon absence. »

J'éclate de rire.

« Oui, c'est vrai. Oh, et j'ai coché l'item de l'équilibre. Demande à Gemma quand tu la verras : je le réussis parfaitement, maintenant. Et j'ai refait les macaronis au fromage pour ma famille, ils ont adoré. Donc, j'ai aussi coché ça. »

Elle applaudit sans bruit.

« Pas mal. Tu veux savoir où j'en suis ?

— Bien sûr ! »

Elle glousse.

« Alors. Ma mauvaise habitude : paniquer sans arrêt, évidemment. Ma passion : la comédie. J'ai envie de fonder un *comedy club* au collège, pour voir qui d'autre s'y intéresse. Hum, pour marquer les esprits, toujours aucune idée. Pas plus pour aider quelqu'un à briller. » Elle se laisse aller contre son dossier et ferme les yeux. « Ça y est, ma mauvaise habitude reprend le dessus. Je vais péter un plomb. Je me sens trop stressée. »

Elle arrête de parler et sort son portable pour envoyer un message à Cami.

Je fais comme si je ne l'avais pas vue, parce que je n'ai pas besoin d'une nouvelle contrariété aujourd'hui.

Je prends moi aussi mon téléphone, pour textoter les filles du camp : je leur souhaite bonne chance pour leur rentrée.

J'envoie également un message à Golfy.

Puis, je consulte rapidement mes mails.

De : Madame Simon
À : Arianna Nodberg
Objet : Sujet de réflexion

Bonjour, Arianna,
Avant notre prochaine leçon, je voudrais que tu réfléchisses à ce que signifie « devenir une adulte aux yeux des siens ». C'est quelque chose que nous avons évoqué la semaine dernière, mais nous ne sommes pas entrées dans les détails. Penses-y. Et j'aimerais savoir où tu en es avec ton discours.
Merci, et à bientôt,
Madame Simon

Kaylan lit par-dessus mon épaule.

« Qu'est-ce que ça veut dire ? s'enquiert-elle. "Devenir une adulte aux yeux des siens" ? Et comment ça se fait que le judaïsme en demande autant à des gens qui n'ont que treize ans ? C'est pareil dans les autres religions ? »

Je lâche un rire.

« Je ne crois pas.

— Ça n'a pas l'air facile. » Elle hausse les épaules. « J'imagine que c'est pour ça que tu as droit à une grande fête. Tu l'auras vraiment méritée. »

Je ne sais pas quoi répondre. Est-ce que je devrais lui dire que mon père a perdu son travail, et que ma grande fête n'est plus vraiment au programme ? Mais nous sommes presque arrivées au collège, et je ne crois pas que ce soit le bon moment.

« Tu as encore l'esprit ailleurs ! La Terre appelle Ari ! Alerte mauvaise habitude ! »

Kaylan se bidonne, tandis que le bus entre sur le parking.

Je ne peux m'empêcher de l'imiter.

« Ouais, bon, tu vois, j'ai encore du travail. »

Lorsque le bus s'arrête devant l'entrée principale, près du gymnase, je sens de minuscules papillons battre des ailes dans mon ventre, mais, à part ça, je suis plutôt calme et confiante pour aborder l'année à venir. J'attrape la main de Kaylan alors que nous descendons du bus.

« Allez, viens, à nous la cinquième ! »

Elle sourit.

« On va tout déchirer ! »

Chapitre 23

Mes premiers cours de la journée se déroulent tous dans les classes avancées, et je ne connais pratiquement personne. Heureusement qu'il y a le cours de maths, dans lequel Kaylan a également été admise.

Je ne comprends pas pourquoi je suis la seule de notre groupe à avoir été acceptée dans ces cours avancés. Les filles de la cantine sont toutes intelligentes. J'ai presque l'impression que c'est une erreur, et je me demande si je peux encore changer de groupe. Je ne suis peut-être même pas censée être là.

J'ai une heure de permanence après mon troisième cours, et le surveillant m'autorise à me servir de l'ordinateur pour consulter mes mails, puisqu'on n'a pas encore de devoirs.

Et il n'est peut-être que dix heures et demie, mais j'ai déjà droit à mon rayon de soleil : un message de Golfy !

Ari Nodberg !
Désolé de ne pas t'avoir répondu plus tôt. On vient de rentrer du Maine, et je retourne au collège demain.
BONNE RENTRÉE EN CINQUIÈME ! Tu vas tout déchirer. Envoie-moi un texto, un mail, appelle-moi, avec un téléphone ou une boîte de conserve reliée à un fil, tout ce que tu voudras ! Raconte-moi ta première journée ! Je veux tout savoir. Passe le bonjour à Kaylan.
Tchao !
Golfy

J'ai un sourire jusqu'aux oreilles pour le reste de la matinée. Je n'écoute qu'à moitié, parce que je pense à Golfy. Pas terrible pour me défaire de ma mauvaise habitude, mais je m'en fiche complètement.

C'est amusant de songer à Golfy et de l'imaginer au collège, dans sa salle de classe, en train de prendre des notes. Est-ce qu'il a les cheveux hérissés dans tous les sens, comme au camp ? Ou bien parfaitement coiffés avec du gel pour la rentrée ? Est-ce qu'il porte son short de jogging et un T-shirt délavé ? Ou est-ce qu'il a fait un effort de présentation – un polo, par exemple, ou un beau jean ?

Lorsque j'arrive à la cantine, les filles sont déjà installées à notre table habituelle, et je suis contente qu'on puisse manger ensemble malgré nos emplois du temps différents.

Je demande : « Où est Mary ? »

Maintenant que les cours ont repris, je me dis – un peu tard – que j'aurais pu faire un effort pour entretenir notre amitié pendant les vacances. Peut-être lui écrire, ou lui proposer de la voir à mon retour… J'ai bien l'intention de me rattraper.

« Elle a son cours de japonais à l'heure du déjeuner, m'informe Kaylan. Je te l'ai dit, tu as oublié ?

— Ah, oui, c'est vrai. »

Je ne m'en souviens absolument pas, mais hors de question de l'admettre.

Je m'assieds à leur table et sors mon sandwich poulet-crudités de ma boîte à lunch. J'ai aussi des rondelles de concombre, un paquet de chips et un mini-sachet de fruits séchés.

« Argh, c'est le premier jour et j'ai déjà des tonnes de devoirs, se lamente June en sirotant son thé glacé. C'est abusé, non ?

— Bah, au moins, on n'a pas cours lundi et mardi prochains, répond Sydney. Donc, pas de semaine complète avant un moment. »

M.W. intervient : « Ouais, mais on devra aller à la synagogue. »

Elle se tourne vers moi et lève les yeux au ciel.

« Oh, trop nul, dit Kira en fronçant les sourcils. Je croyais qu'on devait toutes aller à la nouvelle salle d'arcade qui a ouvert près de la plage. Non ? »

Tout le monde hoche la tête.

Cami se joint à la conversation : « Non, pas toutes. Moi aussi, je suis juive. Enfin, à moitié. Mais je dois quand même aller à la synagogue. » Elle marque une pause. « Ne vous amusez pas trop sans moi. »

Elles éclatent toutes de rire.

June s'apprête à ajouter un commentaire, mais Cami l'interrompt : « Hé, Kaylan, tu n'as jamais fini de nous raconter ce qui t'est arrivé. À ta place, j'aurais été morte de honte. »

Je fronce les sourcils et regarde Kaylan. De quoi parle-t-elle donc ?

« Ce n'était pas si terrible. J'ai simplement changé de short et fourré celui qui était taché au fond de mon sac, et je suis allée acheter des serviettes hygiéniques et tout ce qu'il faut à la petite boutique de l'hôtel, explique-t-elle. J'avais juste peur que Ryan ou mon père voient ça. Beurk !

— La vache, dit Amirah.

— C'est pour ça que c'est trop cool d'avoir des grandes sœurs, déclare Cami. Ça m'a sauvé la vie plus d'une fois.

— Ça t'a pas fait bizarre de les avoir en colo ? » me demande June en déballant son sandwich.

Ça ne les dégoûte pas de parler de ça en mangeant ? Ça me dépasse.

Je réponds : « Euh, je ne les ai pas eues au camp, en fait. Mais je me serais débrouillée. Ma mère m'avait mis tout ce qu'il faut dans ma valise. » Je marque une pause. « On ne peut pas parler de ça à un autre moment ? Quand on ne sera pas à table ?

— C'est un truc totalement normal, réplique Cami. Pas besoin d'être gênée, Ari. On est entre copines.

— Je ne suis pas gênée. »

J'ai l'impression d'avoir le cerveau en ébullition. Visiblement, Kaylan a raconté aux autres ses vacances avec son père et son frère, mais pas à moi.

« D'ailleurs, si on est entre copines, pourquoi vous ne m'avez pas invitée à aller chez le glacier, la semaine dernière ? »

Elles se figent, puis se dévisagent les unes les autres, et Kaylan me donne un petit coup de genou.

« Quoi ? C'est juste une question.

— Ari, souffle-t-elle sur un ton d'avertissement.

— Tu n'as jamais répondu à nos textos, explique M.W. On a toutes dit qu'on était libres ce soir-là, mais pas pendant la journée.

— Et alors ? Je pensais que c'était clair, et que vous me préviendriez si vous décidiez de sortir. C'est moi qui avais lancé l'idée de se retrouver pour faire un truc. »

Cami pousse un soupir carrément excédé.

« Désolée, Arianna. Pas la peine d'en faire une montagne. Je ne t'ai jamais vue comme ça.

— Je vais très bien ! »

Je remballe mon déjeuner et me lève. Je crois que je vais aller manger sur le banc près du bureau de la vie scolaire, en espérant que personne ne me verra. Si on me demande ce que je fais là, je dirai que mes parents viennent me chercher plus tôt parce que j'ai rendez-vous chez le médecin.

« Bon, j'ai un prof à voir. À plus tard, les filles. »

Je sors de la cafétéria plus lentement que d'habitude, parce que je m'attends à ce que Kaylan me coure après.

Mais non.

Tandis que je déambule dans les couloirs, l'item « Entretenir notre amitié » ne cesse de clignoter dans ma tête, telle une enseigne lumineuse au-dessus d'une pizzeria.

Je pensais que ce serait la tâche la plus facile de notre liste, cette fois.

Mais j'ai comme l'impression que plus on approche de la date butoir, plus ça devient difficile.

Chapitre 24

À cause de mon emploi du temps rempli de ces fichus cours avancés, je ne revois aucune des filles de la cantine de toute la journée. Cela dit, ça m'arrange un peu, parce que je n'ai pas envie d'affronter les conséquences de ce qui s'est passé tout à l'heure à la cafétéria.

Cami, c'est le genre de fille qui fait des histoires en toute circonstance, et ça déteint sur le reste du groupe. Y compris Kaylan. Et Kaylan Terrel n'a besoin de l'aide de personne pour se prendre la tête, elle fait ça bien toute seule.

Je prévois d'en discuter avec elle pendant le trajet du retour, mais elle n'est pas dans le bus. Je sors mon téléphone de mon sac à dos pour voir si elle m'a envoyé un texto, mais rien.

Bon, j'ai compris le message.

Très bien.

On réglera ça plus tard.

Je descends du bus et marche jusque chez moi. Une fois à la maison, je trouve un mot sur la table de la cuisine.

Ari,
Papa et moi avons un rendez-vous cet après-midi.
Grand-mère passera récupérer Gemma à l'école et elles rentreront à la maison ensuite. Prends ton goûter et commence tes devoirs, puis révise pour ta bat-mitsva.
Je t'aime,
Maman

Je secoue la tête. C'est dingue qu'elle trouve le moyen de me stresser et d'être sur mon dos jusque dans un mot sur la table de la cuisine ! Les mères deviennent-elles toutes comme ça à la minute où elles accouchent ? Ou est-ce que c'est là depuis toujours, un « don » latent, qui attend le bon moment pour s'exprimer ?

Ma grand-mère maternelle n'est pas vraiment comme ça, du moins, pas avec moi. Et Mamina non plus. Peut-être que ça touche seulement les nouvelles mères, et que ça disparaît quand on devient grand-mère.

J'ouvre le réfrigérateur pour sortir une pomme du bac à légumes, mais il est coincé. Je force, jusqu'à ce que le tiroir entier se décroche, et tous les fruits et légumes se répandent sur le sol.

Même si personne n'est là pour m'entendre, je m'écrie : « Oh mon Dieu ! »

Je ramasse une pomme, que je pose sur le comptoir, puis passe les vingt minutes suivantes à essayer de remettre le tiroir en place. Je finis par abandonner et laisse tout en plan sur la table de la cuisine.

Quelqu'un s'en occupera plus tard.

Je lave la pomme et monte dans ma chambre pour commencer mes devoirs, mais je décide d'envoyer d'abord un texto à Alice.

AlKal ! Alors, cette première journée ? Pour moi, zéro pointé. Je me suis pris la tête avec les filles de la cantine, et j'ai cassé le bac à légumes du frigo. Ma mère va péter un plomb. En +, j'ai trop de devoirs. Pfffffffff. Bisous, Noddie.

Elle me répond aussitôt.

Je pensais justement à toi ! Tu me manques grave trop. Journée OK pour moi. Mais ma grand-mère est tombée, elle est à l'hosto. Je suis inquiète. ☹ Je t'adore !

Oh noooon, désolée pour ta grand-mère. Donne-moi des nouvelles. JTM !

J'ai fait la moitié de mon TP de sciences, lorsque le téléphone fixe sonne. Je ne réponds pas, parce que ces appels ne sont jamais pour moi.

Mais il sonne à nouveau.

Puis, c'est mon portable qui vibre.

Ma mère.

« Allô ?

— Ari ! J'ai complètement oublié de te dire que le chantre a appelé tout à l'heure. Elle a dû décaler ton rendez-vous de préparation. C'est aujourd'hui, à dix-sept heures. Sois prête, s'il te plaît, je passerai te chercher.

— Euh, d'accord. »

Est-ce qu'elle se rend compte qu'elle oublie constamment de me dire des trucs ?

« Révise avant d'y aller. »

Je lève les yeux au ciel. Heureusement qu'elle ne peut pas me voir.

« Oui, maman. »

Je repose le portable sur mon bureau et j'inspire profondément. Je suppose que je devrai faire cette montagne de devoirs après ma leçon, et même encore plus tard, parce que je vais avoir droit à un sermon de ma mère pour avoir cassé le bac à légumes.

Vers 16 h 45, le Klaxon de sa voiture retentit, j'attrape mon dossier de bat-mitsva et quitte la maison.

« Bonne préparation, Ari, lance mon père en descendant de voiture pour me laisser la place sur le siège passager.

— Vite. Attache ta ceinture. On va être en retard », me presse ma mère.

Je lui rappelle : « Il nous reste encore quinze minutes.

— Mais il y a toujours un ralentissement au feu entre Sullivan Road et East Fields Road, à cette heure-ci. »

Ses mains sont tellement serrées sur le volant que je serais prête à parier qu'elle pourrait le briser en deux si elle le voulait.

Je lui annonce : « Le bac à légumes du frigo est cassé. J'ai essayé de le remettre en place, mais je n'ai pas réussi.

— Encore ? s'écrie-t-elle. Combien de fois je vous ai dit, à toi et à Gemma, de ne pas forcer dessus ? »

Je lâche un rire.

« Maman, c'est juste un tiroir, pas une assiette en porcelaine de grand-mère.

— Il n'y a rien de drôle.

— D'accord. Pardon. »

Je fixe la route, droit devant moi, et prie pour qu'il n'y ait pas d'embouteillage, parce que je ne sais pas combien de temps je vais pouvoir supporter d'être dans la voiture avec ma mère.

« Comment s'est passée ta journée ? » me demande-t-elle cinq minutes plus tard.

J'hésite à lui parler de l'incident de la cantine, mais ça ne ferait probablement que la stresser encore davantage.

« Bien. Les cours sont durs. Mais je me débrouille.

— Évidemment qu'ils sont durs ! répond-elle, criant à moitié. Tu es dans la section avancée, ce qui est fantastique, mais ça va te demander plus de travail.

— Je sais, maman. » Je soupire. « Je gère. »

Ma mère se gare sur le parking de la synagogue, puis m'annonce : « Je vais rester dans la voiture, j'ai des coups de fil à passer. Sors dès que tu as fini. »

J'acquiesce, entre dans le bâtiment, et trouve madame Simon occupée à écrire sur son ordinateur portable. Je frappe doucement à la porte de son bureau.

« Entre, Arianna, je t'en prie. Assieds-toi. » Elle sourit. « Excuse-moi d'avoir décalé ta leçon à la dernière minute. Je suis contente que tu aies pu venir.

— Pas de souci.

— Alors, dis-moi. Ça progresse ?

— Oui. » Je hausse les épaules. « Je travaille tout. Mais mon discours est encore loin d'être au point.

— Ce n'est pas grave. Commençons par répéter l'office tel qu'il se déroulera le jour J, puis on parlera de ton discours. »

On récite les prières d'ouverture. La plupart sont en hébreu. Je dois prononcer une phrase, et l'assemblée lit la réponse à voix haute. Madame Simon corrige mes quelques erreurs, mais je suis fière de pouvoir dire que j'en fais très peu.

« Je trouve que tu te débrouilles très bien, dit-elle. Un peu moins de deux mois avant le grand jour. Tu te rends compte ? »

Je secoue la tête.

« Oh, non. Pour répondre à votre mail, je n'arrive pas à m'imaginer comme une adulte aux yeux des miens. Pas du tout. »

Elle lâche un petit rire.

« Ne t'inquiète pas. On ne se croit jamais capable de faire les choses, jusqu'à ce que cela se produise. »

Je tripote les franges de la déchirure de mon jean.

« Oui, je suppose. »

Elle hoche la tête.

« Mais qu'est-ce que ça veut dire, pour toi ? Être une adulte aux yeux des tiens ? »

Je réfléchis une seconde.

« Je crois que ça signifie qu'on est assez mature pour pouvoir mettre ses besoins de côté, quelquefois, pour se concentrer sur ceux des autres. »

L'exercice qu'on a fait au camp sur les qualités d'un bon leader me revient à l'esprit. Ça avait l'air d'un truc banal, et je suis surprise d'y penser si souvent.

« Et aussi, appliquer davantage les commandements, participer plus activement aux offices, tout ça.

— Oui, excellent. » Madame Simon sourit. « Je constate que tu y réfléchis très sérieusement, et j'en suis ravie. C'est un parcours initiatique. Il ne faut pas s'attendre à tout comprendre d'un coup.

— Oui. »

Je lui rends son sourire.

Elle garde le silence pendant quelques secondes, puis demande : « Y a-t-il autre chose qui te préoccupe, et dont tu souhaiterais me faire part aujourd'hui ? »

J'envisage de lui parler de la situation de mon père, mais c'est trop personnel. Et je ne peux certainement pas évoquer l'incident de la cantine, même si j'en ai envie. Ses yeux verts doux et bienveillants me donnent l'impression qu'elle peut tout comprendre et me conseiller.

« Eh bien, il y a une chose... »

Je me laisse aller contre le dossier de mon fauteuil.

Elle m'encourage à continuer d'un hochement de tête.

« En fait, c'est plus ou moins en rapport avec mon discours. Comment vous faites pour rester concentrée ? J'ai l'impression d'avoir toujours l'esprit ailleurs. Genre, depuis que je suis toute petite. Mes professeurs disaient sans arrêt à mes parents que je rêvassais en classe. J'ai de bonnes notes au collège, mais... »

Elle se racle la gorge, puis déclare : « Je ne suis pas toujours concentrée. Moi aussi, j'ai parfois l'esprit qui vagabonde. Je crois que c'est sain, de rêvasser de temps en temps. Toute une section de la Torah est consacrée au songe de Jacob. C'est celle de la semaine prochaine, d'ailleurs. » Elle lâche un rire. « Alors, accepte ces vagabondages, autorise-toi à rêver un peu, puis essaie de te recentrer. Personne n'est parfait, Ari.

— Oui, c'est logique. »

Je range toutes mes pages de prières dans mon dossier de bat-mitsva.

« Veux-tu qu'on parle de ton discours, et de ce que tu aimerais dire ? » Elle se cale au fond de son siège et boit une gorgée de son thé. « Tiens, voilà un fait qui pourrait t'intéresser... *Haye Sarah* est la seule section de la Torah qui porte le nom d'une matriarche. Cool, non ?

— Si, super cool. Le truc, c'est que j'ai du mal à faire le lien entre tout ça. Et je suppose que j'ai encore besoin d'y réfléchir... » Ma voix se perd, tout comme mes pensées. « Genre, la vie de Sarah était mille fois plus difficile que la mienne, et... hum, je ne sais pas. »

J'éclate de rire, parce que je m'aperçois que ce que je dis n'a aucun sens.

Madame Simon sourit.

« Je vois. Eh bien, pense à ce que l'histoire de Sarah tente de nous enseigner. Il n'y a pas de bonne ou de mauvaise réponse. » Elle marque une pause. « Et je trouve qu'elle coïncide très bien avec ce que tu m'as dit au sujet de la communauté et des responsabilités. Tout ce que tu as à faire, c'est tirer les fils. »

Toujours perplexe, j'acquiesce.

« Tu comprends ce que je veux dire ? » demande-t-elle.

Elle rit doucement.

« Je crois, mais ça fait beaucoup à assimiler. J'ai un peu la tête qui tourne quand j'essaie de vraiment formuler mes pensées, alors j'écris des trucs, puis je cale, et je recommence, sans arrêt... » Je regarde l'horloge et me rends compte que la séance est presque terminée. Je ferais sans doute mieux de cesser de jacasser. « Même heure la semaine prochaine ? Ou je reviens à l'heure habituelle ?

— Bonne question. » Elle consulte son calendrier. « L'heure habituelle. Passe une excellente semaine, Ari.

— Merci. Au revoir. »

En regagnant la voiture, je distingue ma mère en larmes sur le siège conducteur ; mais quand j'ouvre la portière, elle s'essuie les yeux et fait comme si de rien n'était.

« Ça ne va pas ?

— Ce sont mes allergies. C'est la saison, dit-elle en reniflant.

— Hum, pas vraiment. On est en septembre. D'habitude, c'est en mai ou en juin qu'elles se réveillent. »

Elle démarre la voiture.

« Ça change tous les ans. Ça a été, ta leçon ?

— Oui. J'avance bien.

— Tant mieux, dit-elle. Je n'arrive toujours pas à croire que tu aies déjà l'âge de faire ta bat-mitsva. Dans ma tête, tu es encore un petit bébé qui marche à quatre pattes. »

Je lève les yeux au ciel : « Maman.

— Un jour, tu comprendras. Quand tu auras des enfants.

— On en reparlera à ce moment-là, alors, d'accord ? »

J'éclate de rire, m'efforçant de briser la tension.

Mais elle se contente de secouer la tête et de fixer la route.

Après le dîner, je retourne à mon bureau faire mes devoirs, quand je reçois un texto de Kaylan.

Tu me parles plus ?

Euh, je pourrais te poser la même question.

Je t'appelle sur FaceTime.

Une seconde plus tard, son nom s'affiche sur mon téléphone, et je touche l'écran pour décrocher.

« Bon, c'est quoi le problème ? demande Kaylan en se grattant au-dessus du sourcil.

— Je ne sais pas. À toi de me le dire.

— Arrête. »

Elle me dévisage à travers l'écran.

Je rétorque, sur la défensive : « Je n'ai rien fait. »

Elle pose son portable, si bien que je ne vois plus que le plafond. Lorsqu'elle revient, ses cheveux sont relevés en chignon.

« Pourquoi tu es partie brusquement, au déjeuner ? s'enquiert-elle.

— Je ne me sentais pas très à l'aise, c'est tout. Pas de quoi en faire toute une histoire.

— Tu as quitté la cafète !

— Et alors ? » Je lâche un rire. « On n'a pas le droit de vouloir changer d'air ?

— Ari.

— Kaylan. Ces filles sont juste bizarres. Je ne comprends pas pourquoi elles ne m'ont pas invitée à les rejoindre l'autre soir, quand tu étais en vacances. Ni pourquoi tu ne m'as pas dit que tu avais eu tes ragnagnas pendant ton voyage avec ton père. » Je hausse les épaules. « C'est pas grave, mais c'est juste super glauque. Alors, j'ai pensé qu'il valait mieux que je me sorte de ces embrouilles. »

Kaylan baisse les yeux.

« T'es sérieuse, Ari ? Tu détestes parler des ragnagnas ! Évidemment que je ne t'ai rien dit.

— Je ne déteste pas en parler. Seulement, je n'aime pas trop qu'on en discute à table, avec tout le monde. Mais tu es ma meilleure amie. C'est totalement différent.

— D'accord. Bon, ben, je suis désolée. Mais s'il te plaît, ne pique plus ta crise comme ça.

— Je n'ai pas piqué ma crise ! Je suis juste partie ! » Je secoue la tête. « Je croyais que tu voulais absolument qu'on soit des amies Totalement Franches, ou je ne sais quoi. Alors, je suis TF avec toi, et je te dis que je n'aime pas parler de trucs intimes à la cantine. » Je marque une pause. « Mais, ne pas me raconter ce qui est arrivé pendant ton voyage, ce n'était pas TF du tout !

— D'accord. Ça devient compliqué. »

Elle lève les yeux au ciel, comme si je ne pouvais pas la voir sur l'écran.

On garde le silence une seconde, et ma mère se met à crier : « Ari ! Raccroche immédiatement ! Tu as des tonnes de devoirs à faire ! »

Je chuchote en gloussant : « Tu l'as entendue. Je dois y aller, Kay.

— Tâche d'être normale, demain, d'accord ? me demande-t-elle. Comme avant la colo !

— Hé ! Ça ne se fait pas, Kay. Je suis normale. Enfin, je suis toujours la même, en tout cas. Ce sont elles qui sont bizarres. Je suis comme je suis, et je ne changerai rien. Merci, mais non merci.

— J'essaie juste d'être une amie TF. » Elle secoue la tête. « Comme tu voudras, Ari. »

Je réplique en l'imitant : « Comme tu voudras, Kay. »

Je m'efforce de me remettre à mes devoirs après ça, mais je n'arrête pas de me repasser notre conversation. *« Tâche d'être normale, demain, d'accord ? »*

Ça ne ressemble même pas à Kaylan. Je pourrais lui servir exactement le même discours.

Chapitre 25

Au bout de quelques jours, je prends l'habitude de commencer mes devoirs pendant le trajet en bus du soir, parce que j'ai des tonnes de travail et peu de temps pour le faire.

« Il faut qu'on se décide pour le barbecue, dit Kaylan en interrompant mon problème de maths. Il faudrait le faire sans tarder, tant qu'il fait encore beau. Est-ce que Zoé a confirmé que son père serait là ?

— Oh ! Oui, et ils viennent.

— Alors, il faut qu'on s'organise. » Kaylan sourit. « On pourrait faire nos macaronis au fromage.

— Bonne idée ! »

Je retourne à mes maths, écartant le barbecue de mon esprit l'espace d'une seconde.

« Parles-en à tes parents ce soir, et assure-toi qu'ils sont d'accord », m'enjoint Kaylan.

Je ferme mes cahiers.

« Tu es sûre d'être partante pour cette rencontre arrangée ?

— Je crois. » Son visage s'illumine. « On peut aussi inviter les filles de la cantine ? »

Je hausse les sourcils. « Oui. Pourquoi pas.

— Je veux dire, toi, tu auras Zoé et les autres filles du camp, ça me paraît juste… »

Je hoche la tête. « C'est vrai. » J'hésite une seconde, puis me tourne vers Kaylan et me lance : « Kay, il faut que je te dise un truc. En fait, il est arrivé quelque chose pendant que tu étais en vacances, et je n'ai pas vraiment trouvé l'occasion de t'en parler.

— C'est en rapport avec tes ragnagnas ?

— Non. Tout n'est pas en rapport avec ça. » Je lève les yeux au ciel. « Tu veux venir chez moi ?

— OK. Mais j'ai dit à Cami que je passerais chez elle plus tard. On se fait une soirée pizzas-révisions avant notre contrôle d'histoire. » Elle secoue la tête. « Je ne t'ai pas invitée, puisque tu es dans les cours *avancés*, déclare-t-elle d'une voix chantante.

— Arrête.

— T'as qu'à me le dire maintenant, suggère Kaylan tandis qu'on descend du bus. Tu sais que je ne supporte pas d'attendre.

— D'accord. Je vais te le dire. »

On s'assied sur un banc, à côté de la petite aire de jeux de notre quartier.

« Alors ? Ça me met dans tous mes états ! »

Je lâche un rire.

« Je croyais que tu devais te défaire de cette mauvaise habitude ?

— Tu peux m'aider ! Crache le morceau ! »

J'hésite, puis je déballe tout : « Mon père a perdu son emploi. Je ne sais pas exactement ce qui se passe, mais ma super bat-mitsva méga-classe est annulée. Le rendez-vous au club de golf avec le traiteur n'aura servi à rien. » Je pousse un soupir. « Donc, le truc du barbecue risque d'être un peu bizarre. Genre, mes parents ne seront peut-être pas d'une humeur très festive. Il faut que j'en parle à ma mère.

— Oh. Hum, waouh. » Kaylan fronce les sourcils. « Je ne m'attendais pas à ça.

— À quoi tu t'attendais ? »

Je lâche un gloussement et elle m'imite.

« Je ne sais pas trop, en fait. »

Après une minute de silence, elle déclare : « Je n'arrive pas à croire que tu aies attendu si longtemps pour me le dire. Tu en as parlé à Alice et aux autres ? »

Je hoche la tête.

« Oui. Mais tu étais partie, et je ne voulais pas te stresser, et ensuite les cours ont repris, et il y a eu ce truc à la cantine...

— Ça ne devrait pas t'empêcher de te confier à moi. » Elle me regarde. « Enfin, quoi...

— Je sais.

— On doit entretenir notre amitié, Ari.

— Mais oui, c'est ce qu'on fait.

— Ton père n'a pas envie de travailler dans un cabinet d'allergologues, par hasard ? » Elle hausse les épaules. « Ma mère pourrait peut-être lui trouver un poste là-bas.

— Hum... Je ne crois pas qu'il soit qualifié pour ça. Mais merci quand même ! »

J'attends que Kaylan ajoute quelque chose, qu'elle me donne des conseils, mais on garde le silence jusqu'à ce que je dise : « Il faut que je rentre faire mes devoirs. Et j'ai sûrement une leçon de bat-mitsva. J'ai l'impression d'en avoir tous les jours.

— C'est du boulot, de devenir une femme, lâche Kaylan en explosant de rire.

— Beurk. Ne dis pas ça comme ça ! »

Alors qu'on se sépare pour rentrer chez nous, Kaylan lance : « Appelle-moi plus tard, Ari.

— D'accord. »

Je répète mentalement ce que je vais dire à mes parents pour le barbecue. Si tout se passe comme prévu, j'inviterai tout le monde.

Un truc sympa en perspective.

Chapitre 26

Mes parents semblent de mauvais poil tout le reste de la semaine. Je n'arrive pas à trouver le bon moment pour leur parler du barbecue. Alors, je décide d'attendre que Roch Hachana soit passé, en espérant que le nouvel an leur remonte le moral.

Pendant l'office, à la synagogue, je repense à tout ce qui est arrivé au cours de l'année écoulée et à ce que me réserve celle à venir. C'est le nouvel an juif, mais ce n'est pas la grosse fête avec robes à paillettes et cotillons.

C'est l'occasion de faire son introspection et de se remettre en question. On réfléchit aux erreurs qu'on a commises au cours de l'année passée et au moyen d'arranger les choses, de renouer avec des gens, ou de s'excuser quand on s'est mal conduit. Et on cherche comment s'améliorer. Quel genre de personne on veut être.

En fait, ça me rappelle un peu nos items à accomplir avant nos treize ans.

On a trop bien fait d'établir nos listes durant l'été. Comme ça, chaque rentrée est une sorte de nouvel an. On essaie de donner le meilleur de nous-mêmes.

Et cette année, j'ai passé tant de temps à me préparer pour ma bat-mitsva, et à réfléchir au rôle du judaïsme dans ma vie, que Roch Hachana me semble encore plus important. J'ai toujours été plus ou moins obligée d'aller à la synagogue pour prier en silence et écouter les sermons.

Mais aujourd'hui, pour la première fois, je ne le ressens pas comme une contrainte. Enfin, je n'ai pas vraiment le choix, mais j'ai sincèrement envie d'être là.

Et au prochain Roch Hachana, je serai de l'autre côté : je ne serai plus une enfant, mais une adulte aux yeux des miens. Une femme à cent pour cent.

Je devrais peut-être inclure tout ça dans mon discours. Mon Dieu, pourquoi c'est si dur de le rédiger ? Je pensais que le plus difficile serait d'apprendre les textes en hébreu, mais en fait, c'est pour écrire dans ma langue maternelle que je coince.

Je quitte l'office pendant une minute pour aller aux toilettes, et j'y trouve Julie, Cami et M.W., assises sur les meubles des lavabos, occupées à fabriquer des petites fleurs en papier toilette.

Un peu surprise de les voir ici, je lance : « Oh, salut.

— Salut, marmonnent-elles sans vraiment me prêter attention.

— C'est trop ennuyeux, l'office, dit M.W. en me regardant. Je ne tiens jamais jusqu'au bout.

— C'est clair. Moi non plus », renchérit Julie en levant les yeux au ciel sans véritable raison.

Je hausse les épaules.

« Oh. Hum. Ouais.

— Tu y es depuis le début ? me demande Julie. Tu as vu Noah ? »

Je prends un mouchoir dans une boîte.

« Oui, j'y étais, mais je ne l'ai pas vu.

— J'espère que ça ne te dérange pas, genre, qu'on sorte ensemble, maintenant. Je veux dire, je sais que Noah et toi, vous étiez plus ou moins amoureux. »

J'éclate de rire.

« Non, pas vraiment. Ça ne me dérange pas du tout. »

Cami intervient : « Oui, et de toute façon, Ari a un petit ami, désormais. Qu'elle a rencontré en coloooooo.

— Arrête. » Je souris et me dirige vers une cabine. « Il n'y a aucun problème, Julie, sérieusement. »

Tandis que je suis dans la cabine, je tends l'oreille, presque sûre qu'elles sont en train de parler de moi. Mais je n'arrive pas à bien entendre.

« Tu y retournes déjà ? » me demande M.W. après que je me suis lavé les mains, et alors que je m'apprête à quitter les toilettes.

Je me sens un peu flattée qu'elle veuille que je reste.

« Oui, j'aime bien l'office. C'est calme et silencieux, et on peut réfléchir. » Je lâche un rire. « Oui, je sais, je suis bizarre.

— Euh, ouais. »

Elles s'esclaffent, mais pas de façon méchante. Enfin, pas totalement.

« Éclate-toi bien à prier, lance Cami en gloussant. On pourrait te surnommer Rabbi, qu'est-ce que tu en penses ? Ça t'irait bien, je trouve. »

Je ris avec elle – ça vaut toujours mieux que de montrer à quel point je me sens gênée.

« Si ça t'amuse, Cami. On verra si ça reste. »

Je sors des toilettes la tête haute, parce que c'est la seule chose à faire. Si je fais semblant de me moquer de ce qu'elles pensent, je finirai par m'en moquer réellement. Même si je suis presque sûre qu'elles sont déjà en train de cancaner dans mon dos.

Mais ce n'est pas le moment de gamberger là-dessus ; pas aujourd'hui. Je dois me demander comment m'améliorer. Qu'est-ce qu'il faut que je change pour la nouvelle année.

Je passe le reste de l'office à chercher des idées pour mon discours. Je prendrais bien des notes, mais ça ne se fait pas.

Au retour de la synagogue, je ne suis pas certaine d'avoir beaucoup avancé.

J'envoie un texto à Kaylan.

C'était bien, la salle d'arcade ?

Trooooooop bieeeen ! Je suis chez June, là. On s'éclate !

Cool. ☺

J'ai appris que tu avais vu Cami et M.W. à la synagogue.

Ouais.

Sinon, quoi de neuf ?

Pas grand-chose, mais je dois y aller, bisous.

Bisous.

Il paraît que certaines personnes font abstinence de téléphone portable pour Roch Hachana et Yom Kippour[10], et je me dis que ce n'est peut-être pas une mauvaise idée.

Je n'ai pas envie de penser à cet échange de textos bizarre avec Kaylan.

J'aurais mieux fait de rester dans l'atmosphère feutrée et chaleureuse de Roch Hachana, à me poser des questions et me demander ce que le judaïsme signifie pour moi.

Et comment devenir la meilleure Arianna Simone Nodberg possible.

10. Aussi appelée « le jour du Grand Pardon », cette journée de jeûne se déroule peu après Roch Hachana.

Chapitre 27

« Alors, commence ma mère tandis que nous sommes tous assis à la table de la cuisine, quelques jours plus tard. Ce n'est pas ce que nous avions prévu à l'origine, mais ce sera quand même sympathique. Après la cérémonie, on servira des bagels et du fromage à tartiner, des cookies, et d'autres petites choses dans la salle de réception de la synagogue, qu'on pourra décorer avec des ballons. Et Jerry, l'ami de papa, a proposé de jouer de la guitare. »

J'avale ma bouchée de poulet et réponds : « Maman, je peux juste créer une playlist sur mon iPhone et le brancher aux enceintes de la synagogue.

— Jerry est très talentueux, intervient mon père. Il fait partie d'un groupe de reprise des chansons de Billy Joel.

— C'est cool, mais non merci. » Je souris. « On mettra juste une playlist. »

Ma mère balade son poulet et ses asperges dans son assiette du bout de sa fourchette.

« Je sais qu'on voyait les choses autrement, mais...

— Tu veux dire que *tu* les voyais autrement. C'est toi qui voulais donner une grande fête. Enfin, moi aussi. Mais c'est toi qui faisais une fixette là-dessus. »

Elle me regarde d'un air abasourdi.

« Quoi ? C'est vrai. » J'attends du soutien de la part de Gemma et mon père, mais ils gardent le silence. « Tu ne m'as jamais demandé ce que je voulais, d'ailleurs.

— Je pensais que nous étions tous sur la même longueur d'onde. » Ma mère boit une petite gorgée de son eau de Seltz. « Je suis très déçue, maintenant, voilà tout.

— Moi aussi. Enfin, on l'est tous. C'est sûr. Tiens, je vais te dire quelque chose qui va te "dé-décevoir". » J'explose de rire. « Je sais que ce mot n'existe pas. Est-ce qu'on pourrait organiser un barbecue ici, le week-end prochain ? Ma copine Zoé sera en ville avec son père, et on voudrait arranger une rencontre entre lui et la mère de Kaylan.

— Quoi ? s'étrangle mon père. Est-ce qu'ils sont au courant ? »

Je réplique, sur la défensive : « Oui, figure-toi.

— Une rencontre arrangée par des enfants ! »

Gemma tape sur la table en riant aux éclats.

« Stop, Gem. » Je regarde autour de moi. « En plus, je suis presque une femme "aux yeux des miens" ! Je ne serai plus une enfant pour longtemps...

— Ouais, c'est ça. »

Gemma secoue la tête, toujours hilare.

« Eh bien, je ne suis pas vraiment sûre qu'arranger un rendez-vous entre les parents de ses amies soit la première étape pour devenir une adulte juive, dit ma mère. En plus, nous ne sommes pas franchement d'humeur à donner un barbecue. Surtout qu'on est fin septembre. Il risque de faire froid. »

Je pose ma fourchette.

« J'ai déjà regardé les prévisions météo. Il fera dans les vingt degrés. Et puis, un barbecue, ça nous remontera le moral. Je sais que papa n'a plus de travail, mais on ne peut pas se morfondre éternellement. En plus, si on aide trois couples à se former, on va directement au paradis, vous le saviez ? C'est ce que dit Mamina. »

Mes parents échangent un regard.

« Je vous jure ! Alors, ce barbecue ? C'est oui ?

— D'accord, mais rien d'exorbitant, répond mon père.

— Promis. » Je prends une bouchée de purée. « On achètera toute la nourriture chez Costco[11]. Et chacun apportera une salade ou un dessert. Ça ne coûtera pas cher.

— Je vois qu'elle a déjà pensé à tout, fait remarquer mon père à la cantonade.

— Ouh là là, j'ai trop hâte de voir les tourtereaux ensemble ! »

Gemma fait des bruits de baisers avec sa bouche.

« Gem », pesté-je en lui faisant les gros yeux.

Après le dîner, je monte dans ma chambre pour envoyer un mail d'invitation aux filles du camp.

11. Chaîne de magasins américaine qui propose des produits de bonne qualité à prix de gros.

De : Ari
À : Zoé, Alice, Hana
Objet : BBQ !

Ça marche pour le barbecue chez moi samedi prochain ! Zoé et son père seront là. AlKal et Hana, vous venez aussi ? S'il vous plaaaaît ?
J'invite Golfy ou non ?
Répondez-moi !
Bisouuuuus,
Ari

PS : AlKal, comment va ta grand-mère ?

Hum, oui pour Golfy. Je vais demander à ma mère si je peux venir.
Bisous,
Hana

Ma grand-mère va bien. Elle est en maison de convalescence, là. Trop loin pour moi pour une seule soirée, je pense. Mais oui pour Golfy. Et appelez-moi sur FaceTime quand vous serez tous ensemble.
JVM,
AlKal

YOUPIIIIIIIIIIIIIIIII ! Tu vas nous manquer, Al.
JE VOUS ADORE TOUTES,
Zoé

Golfy tarde toujours à lire ses mails, alors je décide de lui envoyer un texto.

Hello, je donne un bbq chez moi samedi prochain. Zoé et Hana seront là, et il y aura des gens de mon collège. Ça te dit de venir ?

Après ça, je reste éveillée des heures, dans l'attente d'une réponse de sa part, qui n'arrive pas.

Les garçons sont vraiment nuls avec les portables.

Toute la nuit, je ne cesse de me tourner et de me retourner dans mon lit en imaginant Golfy chez moi. Il entrera dans ma chambre. Il va me découvrir dans ma famille, après m'avoir connue au camp.

Je me le représente en train de discuter avec mes parents, de se montrer drôle et gentil avec Gemma, de rigoler avec Kaylan, et elle qui lui raconte de vieilles anecdotes sur nous.

Cette fois ça y est, je me sens vraiment comme une adolescente, qui invite un garçon à une fête familiale. Un garçon qui est plus qu'un ami, beaucoup plus.

Même si c'est tout nouveau, et un peu intimidant, je trouve ça cool.

Finalement, peut-être que la clé pour me sentir bien chez moi, et même super bien, c'est de faire fusionner ma vie au camp et ma vie ici. De les mélanger comme une bonne soupe bien épaisse.

Une soupe parfaite, du type brocolis et fromage.

Chapitre 28

Golfy me répond quelques jours plus tard. Mon cœur bat la chamade sous mon pull ras du cou lorsque je vois son texto.

> Désolé. J'avais perdu mon tel. Je viens de le retrouver ! Je serai à ton bbq.

Franchement, je ne comprendrai jamais comment les garçons peuvent être aussi peu soigneux avec leurs affaires. J'aurais complètement pété un plomb si j'avais perdu mon portable, alors que lui semble tout à fait calme, comme si ça n'avait aucune importance.

Est-ce qu'il se rend compte combien c'est dur de rester zen lorsque quelqu'un qu'on aime fait le mort, alors qu'on ne sait même pas avec certitude si on le reverra un jour ?

Dans le bus qui nous conduit au collège, je donne un petit coup de coude à Kaylan : « Golfy va venir au barbecue !

— Tu ne m'avais même pas dit que tu l'avais invité !

— Oui, je sais, mais imagine qu'il n'ait pas pu venir ? Il ne me répondait pas, jusqu'à maintenant, et je pensais que je ne l'intéressais plus, et...

— Cachottière !

— Toi-même !

— Au fait, j'ai invité les filles de la cantine, m'informe Kaylan en appuyant ses genoux contre le dossier du siège devant nous. C'était ce qu'on avait prévu, non ? »

Je hoche la tête.

« Bien sûr. Mais on arrive bientôt au collège et il faut que je te demande un truc, alors... changeons de sujet une seconde. » Je me penche vers elle pour parler moins fort. « Tu ne trouves pas que monsieur Gavinder est bizarre ? »

— Tous les profs sont bizarres, répond Kaylan d'un air détaché.

— Non, mais je veux dire, il n'interroge jamais les filles. Tu as remarqué ? »

Kaylan secoue la tête.

« Non, mais c'est parce que je suis complètement paumée dans ce cours. Je n'y comprends strictement rien. Ma mère va appeler le collège et demander si je peux changer pour le cours de maths normal.

— Oh, s'il te plaît, ne change pas. Et dis-moi si tu remarques quoi que ce soit en classe ce matin. »

À la moitié du cours de maths, Kaylan chuchote : « Tu as raison. Il n'a pas interrogé une seule fille ! Alors qu'Isabela lève la main à chaque question. »

Je chuchote à mon tour : « C'est un génie, cette fille.

— Arianna et Kaylan, cessez vos bavardages, nous ordonne monsieur Gavinder, qui nous tourne pourtant le dos, face au tableau.

— Au moins, il sait qu'on est là, dit Kaylan en gloussant.

— Si je vous entends encore discuter, je vous envoie directement au bureau de la vie scolaire. »

On se redresse sur nos sièges et on se plaque une main sur la bouche pour contenir nos rires.

À l'heure du déjeuner, tout le monde ne parle que du barbecue.

« C'est un peu tard pour un barbecue, cela dit, fait remarquer Cami en déballant son wrap dinde-avocat. Vous avez de la chance qu'on annonce des températures anormalement élevées pour la saison.

— C'est le réchauffement climatique, explique Amirah.

— À tous les coups, opine June.

— Est-ce que ton chéri de colo sera là ? s'enquiert M.W.

— Je crois. »

Je souris. Mon « chéri de colo ». Ça me plaît bien. Ça m'évoque le bonheur. Et l'été. Je vois des tongs, des batailles d'eau dans la piscine, des temps de repos assis dans l'herbe et un moniteur qui joue de la guitare…

« Hé oh ! La Terre appelle Ari ! » Attablée face à moi, Cami me donne une petite tape. « Oh, mon Dieu, j'ai trop hâte de le rencontrer.

— Ouais, super. »

Je replonge dans mes pensées.

Cami se tourne vers Kaylan : « Et toi, alors ? Tu en es où avec Jason ? »

Kaylan prend un morceau de son fromage à effilocher. Je ne me rappelle même plus à quand remonte notre dernière conversation à propos de Jason, ni la dernière fois que je l'ai vu – alors qu'il habite en face de chez moi !

« Je n'en sais rien, répond-elle en roulant les yeux. Ah, les garçons ! On s'en passe très bien. »

Toute la tablée éclate de rire.

« Franchement, c'est la fille la plus rigolote du monde, déclare Cami. Où tu en es de ton *comedy club*, Kay ?

— Je proposerai d'en monter un quand on nous demandera des idées de clubs, annonce-t-elle. C'est bientôt, non ?

— Je crois que oui, dis-je. Madame Maxwell en parlait l'autre jour, en vie de classe. »

Un blanc s'installe dans la conversation, alors j'en profite pour me tourner vers Kaylan et l'informer que je ne prendrai pas le bus ce soir à cause de ma leçon de bat-mitsva.

« Oh, d'accord. »

Cami s'incruste à nouveau dans la discussion : « Ta bat-mitsva arrive bientôt, non ?

— Ouais. C'est le 3 novembre.

— C'est dingue. » Cami fourre tous les restes de son déjeuner dans son sachet en papier. « Tu as hâte ? »

Je hoche la tête.

« Oui. J'aime vraiment la phase de préparation, en fait. C'est super bizarre à dire, mais plus j'y pense, plus j'ai le sentiment que ma section de la Torah s'applique à ma vie. Il faut juste que je trouve comment, exactement.

— Je n'ai jamais entendu quelqu'un dire ça, relève M.W. Les prières, ce n'est pas du tout mon truc.

— Bah, il te reste encore du temps, non ?

— Ouais, c'est vrai. Ma bat-mitsva est en mai, donc je n'ai pas vraiment commencé à me préparer, mais je ne crois pas que ça m'intéressera... Je trouve ça déjà super ennuyeux. »

Après ça, elles me regardent toutes, comme si elles attendaient que je défende mon opinion.

« Chacun son truc, on est tous différents. »

Je lâche un rire.

« Tu ne donnes plus de grande fête, pas vrai ? me demande M.W., sans mauvaise intention, mais on dirait quand même qu'elle vient de déverser une sorte de produit toxique sur toute la table.

— Euh, disons...

— Ma mère a croisé la tienne au supermarché, m'interrompt-elle.

— Hein ? Qu'est-ce qui se passe ? » lance Cami.

M.W. commence à lui expliquer, mais la sonnerie retentit, annonçant la reprise des cours.

Sauvée par le gong.

J'ai l'impression que je viens de disputer un match de tennis professionnel, sauf que j'étais la balle.

Je me trompe ou M.W. ouvrait à peine la bouche, l'année dernière ? Maintenant, c'est carrément une apprentie Cami.

Quant à Kaylan, elle s'est contentée d'effilocher son fromage en silence. En même temps, je ne vois pas comment elle aurait pu intervenir.

Je ne suis pas sûre de pouvoir supporter ces discussions ultra-personnelles tous les midis.

Je vais peut-être devoir prendre l'option japonais de Mary si je ne veux pas devenir folle.

Chapitre 29

Je parviens à survivre à quelques jours de folie de plus au collège. Entre mes cours avancés et nos conversations stressantes à la cantine, la cinquième est beaucoup plus éprouvante que la sixième.

Mais les textos que j'envoie quotidiennement à Alice, et la perspective de voir Golfy ce week-end, m'aident à garder la tête froide.

Le jour du barbecue arrive et je suis impatiente que la mère de Kaylan rencontre le père de Zoé. Ce sera très cool de pouvoir cocher un nouvel item de la liste.

Mais en toute honnêteté, j'ai plutôt hâte que cette soirée soit derrière nous.

Tous ces gens, qui traversent tous des choses différentes, tous réunis au même endroit... J'ai peur que ça crée une situation chaotique.

Je me sentirais peut-être plus sereine si Kaylan et moi étions soudées comme avant. On fait de notre mieux pour entretenir notre amitié, mais je ne suis même pas sûre de savoir encore ce que ça signifie.

C'est comme si on évoluait dans des équipes de football adverses. De temps en temps, on se retrouve au milieu du terrain pour se serrer la main, mais on ne joue pas vraiment ensemble.

« Saluuuut, gazouille Kaylan en déboulant dans le jardin, me tirant de mes réflexions sur l'amitié. Le jour du barbecue est arrivé ! » Elle cogne son poing contre le mien. « Ma mère viendra plus tard, mais je voulais être là tôt pour t'aider à tout préparer.

— C'est gentil. »

Je souris, vérifiant du coin de l'œil que mes parents ne sont pas en train de se disputer dans la cuisine.

Lorsque mon père débarque, chargé d'un plateau de steaks crus, Kaylan le rejoint et déclare, mains sur les hanches : « On peut gérer la cuisson, monsieur Nodberg. Je l'ai déjà fait.

— Bon, Kaylan. » Il se tourne vers elle, les sourcils arqués. « Primo, on dirait que tu as oublié que monsieur Nodberg, c'est mon père. Moi, c'est Marc. »

Il s'interrompt.

C'est un jeu entre eux. Ça paraît idiot que ma BFF et mon père partagent ce genre de blague, mais c'est aussi réconfortant, quelque part.

Il poursuit : « Secundo, allez donc vous amuser, je m'occupe du gril.

— Est-ce que je peux au moins jeter un coup d'œil à la nourriture ? demande Kaylan.

— Fais-toi plaisir », répond-il avec un soupir.

Mon père s'essuie le front avec la manche de son T-shirt, et je détourne les yeux, comme si je n'avais pas remarqué.

Son ton badin habituel s'est envolé. Il ne paraît pas fâché, ni rien, mais simplement tendu, pas d'humeur disponible. Même sa blague avec Kaylan semble être une obligation. On dirait qu'il ne trouve pas ça drôle, on dirait juste qu'il se force.

« Ça m'a l'air bien », commente Kaylan en haussant les épaules.

Elle désigne la table des boissons d'un geste de la tête, m'incitant à la suivre.

Je chuchote : « Tu ne trouves pas qu'il est super stressé ?

— Un peu, si, pour être honnête. Il ne fait pas papa cool comme d'habitude.

— C'est ce qui m'inquiète.

— Je m'en doute. » Elle me pose une main sur l'épaule. « Tu ne peux pas être la seule de ta famille à être zen. Mais on en reparlera plus tard. Il faut qu'on mette au point une stratégie pour que ma mère rencontre le père de Zoé. »

Je hoche la tête.

« Hum, alors, quand ils arrivent, toi, ta mère et moi, on va s'asseoir avec eux, et nous, on commence à discuter avec Zoé, en espérant que les adultes entament eux aussi la conversation.

— Tu crois qu'ils comprendront ? me demande Kaylan.

— Mais oui. Enfin, ils sont grands, ils savent comment se comporter en société, non ? » Je me sers un verre de Sprite. « Tu en veux ?

— Oui, merci. »

On va s'installer dans le hamac avec nos boissons et on continue de réfléchir à notre stratégie. Pour la première fois depuis quelque temps, l'atmosphère est détendue. Il fait encore bon, malgré la brise. Et il flotte dans l'air un léger parfum d'été. Lorsque nous ne sommes que toutes les deux, Kaylan et moi, sans les filles de la cantine, j'ai le sentiment que tout s'arrange. Qu'on retrouve notre amitié, qu'on est de nouveau nous, comme avant la colo.

Les amies du club de lecture de ma mère commencent à arriver, et je trouve ça bien qu'elle ait invité des gens, elle aussi. Leurs maris les suivent en traînant les pieds, les bras chargés de salades de fruits et d'autres plats.

Je suis en train de finir mon verre de Sprite, lorsque je vois Golfy franchir le portail qui mène à mon jardin.

« Bonjour, madame Nodberg. Je suis Jonah. On s'est rencontrés le jour des visites », dit-il en tendant maladroitement la main pour serrer celle de ma mère.

Non, mais, sérieux, qui est cette personne ? Ce *Jonah* ? Et puis, quel genre de garçon serre la main à tout le monde à la minute où il débarque quelque part, comme un politicien en campagne ?

« Golfy ! »

J'ai crié suffisamment fort pour qu'il m'entende, mais pas assez pour me faire remarquer par mes parents ou les quelques autres invités qui sont déjà arrivés.

« Oh, salut ! »

Il m'adresse un signe de la main, puis marmonne quelque chose à l'intention de ma mère, la tête légèrement baissée, avant de me rejoindre.

« Salut ! répète-t-il d'un air joyeux en me prenant dans ses bras. Ton jardin est super cool.

— Tu trouves ? »

Je me libère de son étreinte et jette un regard autour de moi. On a une vieille balançoire en bois, une terrasse avec des meubles de jardin ordinaires, et un barbecue.

« Oui, il a quelque chose de paisible, explique-t-il. Ça me plaît.

— Merci. »

Kaylan me lance un regard en biais, mais je me contente de hausser les épaules et je propose à boire à Golfy.

« Je veux bien un verre de soda à la cerise, dit-il. J'adore ça. »

Kaylan et moi éclatons de rire en même temps.

« Chacun ses goûts », lance-t-il.

On reste là, à parler de tout et de rien – l'endroit où ses parents sont allés dîner pendant qu'il est ici (Gari Sushi), le nombre d'étés qu'il a passés au camp (six), la fac dans laquelle va sa grande sœur (Vassar).

Une partie de moi aimerait que tout le monde s'en aille, pour me retrouver en tête à tête avec Golfy et qu'on puisse se raconter tout ce qui s'est passé depuis le camp. J'ai l'intuition qu'il m'apporterait une perspective intéressante, des trucs auxquels je n'ai jamais pensé.

« Ah, voilà Zoé ! » s'exclame Golfy en plongeant une tortilla dans le houmous.

Je m'empresse de lui dire : « On doit y aller. On revient tout de suite.

— Euh, OK.

— Ce n'est pas ce qui était prévu. On n'était pas censées leur sauter dessus, me chuchote Kaylan tandis qu'on les rejoint. On en a parlé.

— Oh, c'est vrai. J'étais complètement ailleurs.

— Alerte mauvaise habitude ! » Kaylan me donne un petit coup sur le front. « Continue d'y travailler. Bon, tant pis, maintenant qu'on y est, allons leur dire bonjour, puis on ira s'asseoir et on essaiera de faire venir ma mère », se résout Kaylan en jetant un regard alentour, sans doute à la recherche de celle-ci.

Je franchis les derniers mètres qui me séparent de Zoé en courant, et me pends à son cou, puis l'enlace de toutes mes forces.

« Zoé, l'amour de ma vie !

— Hé, merci bien, lâche Kaylan en prenant un air faussement vexé.

— Toi aussi, tu es l'amour de ma vie. »

Je tends le bras par-dessus son épaule et l'attire dans notre étreinte. On se retrouve en plein câlin collectif, alors que Zoé et Kaylan ne se connaissent pas vraiment.

Parfois, la vie est bizarre. On se retrouve dans des câlins collectifs inattendus. On organise un barbecue pour arranger un rendez-vous entre la mère de sa BFF et le père de sa nouvelle amie, pour cocher un item sur une liste qu'on a inventée avec sa BFF et qui est devenue une tradition, parce qu'on est le genre de personne à faire ça.

Je ne vois pas le père de Zoé. Subitement paniquée à l'idée qu'il l'ait déposée et soit parti ailleurs, je demande : « Où est ton père ?

— Tu ne vas pas le croire », commence-t-elle.

Oh, non.

« Il est déjà en train de parler à la mère de Kaylan. Elle prenait quelque chose dans sa voiture, devant la maison, et il essayait de se garer derrière elle, mais il est nul pour faire les créneaux, alors il a fini par me demander de sortir du véhicule pour le guider ; et ensuite, la mère de Kaylan s'en est mêlée, mais d'une façon totalement spontanée et drôle, et ils ont continué à discuter.

— Oh mon Dieu, c'est dingue ! » Kaylan éclate de rire. « Ma mère fait toujours ça. Elle parle aux gens qu'elle ne connaît pas. Je ne sais même pas pourquoi.

— Ce n'était pas dingue du tout, réplique Zoé en riant elle aussi. On dirait, dit comme ça, mais c'était plutôt naturel.

— C'est normal que ça ne me paraisse pas si dingue que ça, à moi ? » Je gonfle les joues. « C'est le genre de truc qui arrive lorsque les gens se garent. » Je me tourne vers Zoé. « Désolée. Il n'y avait plus de place dans l'allée.

— Ça ne fait rien, répond-elle. C'est nous qui sommes en retard. »

Elle me regarde, les yeux écarquillés.

« Alors, Golfy est là...

— Oh mon Dieu ! Il est totalement fou d'Ari », dit Kaylan.

Zoé hoche la tête.

« Depuis que je le connais – et ça fait des années –, je ne l'ai jamais vu comme ça. Il est, genre, complètement *in loooove.*

— Les filles, stop. Il est tout près. » Je lève les yeux au ciel. « On peut aller demander à mon père quand est-ce qu'il a l'intention de griller la viande, s'il vous plaît ? Parti comme c'est, les gens vont devoir dormir ici. »

Tandis que mon père et moi décidons quelles viandes cuire en premier, je vois arriver les filles de la cantine.

Évidemment, elles sont venues en bande. Elles s'installent à la petite table près de la balançoire, laissant tomber leurs sacs dans l'herbe.

Kaylan va aussitôt les retrouver.

« Retourne donc t'amuser avec tes amis, m'enjoint mon père. C'était ton idée, ce barbecue, non ? Autant en profiter.

— Tu as le droit d'en profiter aussi, tu sais. Ça ne coûte pas plus cher. »

J'attends un rire de sa part, en vain. Ce n'est peut-être pas le moment de plaisanter sur l'argent.

Je retourne auprès de Zoé, Golfy et Hana, qui est arrivée entre-temps.

« C'est trop dommage qu'AlKal n'ait pas pu venir, dit Hana. J'ai apporté une photo d'elle pour qu'on ait l'impression qu'elle est là. Et on l'appellera sur FaceTime plus tard.

— Oui, super. »

Je m'assieds sur les genoux de Zoé, puisqu'il n'y a plus de chaise libre.

« Ce sont tes amies du collège ? demande-t-elle en regardant dans leur direction.

— Bah, je ne suis pas sûre qu'"amies" soit le mot qui convienne. » Je hausse les sourcils. « On mange à la même table à la cantine. Et je m'entendais bien avec une partie du groupe, l'année dernière ; mais on dirait qu'elles se sont toutes vachement rapprochées pendant que j'étais au camp. Et maintenant, je ne sais pas trop. »

Hana hoche lentement la tête. « Je vois très bien ce que tu veux dire. »

Golfy entonne une chanson traditionnelle.

« *Make new friends, but keep the old, one is silver...* » Il s'interrompt et on hurle tous les quatre en même temps : « Camp Silver ! » comme on le faisait au camp. « ... *and the other is gold.* »

Tout le monde se tourne pour nous regarder comme si on était fous, mais je m'en fiche. On rit tous aux éclats et on entonne en chœur d'autres chansons du camp. Pendant quelques minutes, j'oublie même complètement la présence des autres invités. C'est comme si Hana, Zoé, Golfy et moi (plus la photo d'Alice) étions seuls au monde.

Du coin de l'œil, je vois les filles de la cantine se diriger vers nous.

« On est venues faire la connaissance de tes amis du camp, annonce Cami en alpaguant en route un cookie sur un plateau. Bonjour, tout le moooonde. Moi, c'est Cami. »

Je fais les présentations et, à ma grande surprise, toute la bande s'assied dans l'herbe autour de nous.

Je suggère alors : « Hé, qui veut jouer à deux vérités et un mensonge ? »

C'est la première chose qui m'est venue à l'esprit. J'ai l'impression que c'est le genre de jeu parfait pour briser la glace, qui pourrait plaire à la fois aux filles de la cantine et à mes amis de Camp Silver. Ce sera sûrement un bon moyen de les rassembler, d'alléger l'atmosphère, et de faire fusionner mes deux mondes.

— Sérieux, j'ai adoré, ajoute M.W. Bisous, tout le monde. Et vive Camp Silver ! »

On explose de rire et on regarde les filles de la cantine quitter le jardin, en leur faisant au revoir de la main.

« Je vais me chercher du soda, annonce Zoé. Quelqu'un en veut ? »

On secoue tous la tête.

J'aperçois la mère de Kaylan et le père de Zoé à l'autre bout du jardin, et me penche pour chuchoter à l'oreille de Kaylan : « Hum, il y a de l'amour dans l'air. » Soudain, j'ai le sentiment que je n'aurais peut-être pas dû dire ça. « Ça te fait bizarre ? »

Elle regarde dans le vide, comme si elle réfléchissait à la question.

« Un peu, mais en même temps, pas trop. » Elle hausse les épaules. « Tu vois ce que je veux dire ?

— Oui, je crois. » Je passe un bras autour d'elle. « En tout cas, ils n'ont pas arrêté de parler de toute la soirée !

— Ils ont l'air de s'entendre, genre, super bien ! » dit Zoé lorsqu'elle revient avec un verre de soda. Elle me claque un *high five*, puis fait de même avec Kaylan. « Vous ne trouvez pas ? »

On répond en chœur : « Si, carrément. »

Les autres invités ne commencent à partir qu'une heure plus tard, petit à petit. Mes amis et moi grignotons ce qu'il reste de nos macaronis au fromage.

« Vous vous êtes vraiment surpassées, nous félicite Zoé. On dirait des macaronis de pros.

— Ce sont des pros, confirme Golfy. Aucun doute là-dessus.

— Je plussoie », renchérit Hana.

Tout le monde éclate de rire.

J'ajoute : « On est des génies culinaires. Pas vrai, Kaylan ?

— Oh, si, carrément !

— Est-ce que vous allez faire votre rituel de la victoire ? demande Zoé. C'est un saut en l'air et un *high five* ? Ou une étreinte ? Je ne sais plus.

— Tu lui as parlé du rituel de la victoire ! glapit Kaylan.

— Ce n'est pas un secret. Mais, de toute façon, on a déjà coché cet item toutes les deux... »

Robert Irwin Krieger finit par décréter qu'il est temps de partir, ce qui devait bien arriver à un moment, puisque Zoé et lui sont les derniers, à l'exception de Kaylan et sa mère, et de Golfy et ses parents, qui sont rentrés du restaurant.

Je chuchote à Zoé : « Cette journée est trop bizarre. Je n'aurais jamais imaginé voir mes parents assis dans mon jardin avec ceux de Golfy, en train de manger du gâteau glacé ensemble.

— C'était une bonne idée, ce dessert, commente-t-elle.

— On sert toujours du gâteau glacé à nos barbecues. C'est, genre, une tradition. Va savoir pourquoi.

— C'est bien.

— Ça te fait quoi, pour ton père et la mère de Kaylan ?

— Hum, c'est bizarre, mais il a l'air vraiment heureux. C'est la première fois que je le vois discuter avec quelqu'un aussi longtemps.

— Ah bon ? »

Je jette un nouveau regard dans leur direction.

« Oui, il finit généralement par s'ennuyer au bout d'un moment. »

J'éclate de rire. « C'est bon à savoir.

— Et toi et Golfy, alors ? » me demande-t-elle tandis qu'on l'observe. Il discute avec mes voisins.

« C'est le garçon le plus cool, le plus mignon et le plus chouette du monde entier. »

J'ai affirmé ça comme si c'était un fait avéré.

Elle lève les yeux au ciel.

« Si tu le dis.

— Je peux savoir ce que ça signifie, Zoé Krieger ?

— Il est marrant, mais c'est Golfy. Je te l'ai déjà dit. » Elle hausse les sourcils. « Mais c'est un gentil garçon. Ça ne fait aucun doute. »

Une fois tout le monde parti, après une centaine d'étreintes, Kaylan et moi aidons à ranger dans le jardin. Une profonde tristesse m'envahit lorsque je m'aperçois que je ne sais pas quand je reverrai mes amis du camp. Avoir des projets ensemble aide toujours à se sentir mieux, à apaiser le manque.

Je jette un coup d'œil à mes parents, occupés à récurer le gril et nettoyer la table de jardin, et je remarque qu'ils sourient. Le barbecue leur a changé les idées. Ils ont oublié leurs problèmes, ne serait-ce que pour quelques heures.

« Rituel de la victoire ! s'écrie Kaylan en nouant un sac-poubelle. Pour le père de Zoé et ma mère. Et les macaronis au fromage à nouveau, puisqu'on ne l'a pas fait ensemble, celui-là.

— C'est vrai. Je suis d'accord. »

Saut en l'air. *High five*. Étreinte.

« On est des pros, maintenant, déclare Kaylan. Genre, encore plus que l'été dernier.

— Je confirme. »

Et après cette soirée, je suis convaincue de m'être trouvé une passion : rassembler les gens. Être un leader, c'est quelque chose qui me parle vraiment. Et remonter le moral des autres en fait partie aussi.

Ça, j'en suis sûre.

Chapitre 30

Le lundi matin, je suis réveillée par une dispute.

C'est sûrement la pire des façons d'être tirée du lit.

« Il faut qu'on prévienne les gens, dit ma mère, suffisamment fort pour que je l'entende depuis ma chambre. La date approche à grands pas. Les invitations sont imprimées. Nous devons en faire de nouvelles et les envoyer. Enfin, c'est de la folie, Marc.

— Je fais de mon mieux, d'accord ? »

Il se tait, puis la porte de leur chambre se referme en claquant. Super. Maintenant, il faudrait que je me lève et que je colle une oreille contre le mur pour entendre ce qu'ils disent, et je ne suis pas sûre d'en avoir très envie.

Mais il ne me parvient plus de leur conversation que des bribes étouffées ; alors, je me lève pour de bon et plaque l'oreille contre le fond de mon placard.

« Je sais que tu fais tout ce que tu peux, et je t'en suis reconnaissante. Mais nous devons mettre les choses en perspective, penser à notre avenir. Tu dis toujours “advienne que pourra”, mais ça ne peut pas marcher, cette fois.

— Je n'ai pas le temps de parler de ça maintenant. Je dois me préparer pour mon entretien. Je vais être en retard, dit mon père d'une voix tendue. S'il te plaît, essaie de décompresser. »

La porte s'ouvre, et mon père descend l'escalier. Je ne sais pas ce que fait ma mère, mais apparemment, elle est restée dans sa chambre.

J'entends une chaise crisser sur le sol de la cuisine et Gemma hurler : « Papa ! Tu peux me conduire à l'école, ce matin ? S'te plaît, s'te plaît.

— J'ai un rendez-vous, Gem. Désolé.

— Papa ! » pleurniche-t-elle de plus belle.

Sur ce, la porte d'entrée se referme.

Après m'être habillée, je descends prendre mon petit déjeuner, et trouve Gemma en train de bouder, assise à la table de la cuisine.

« Papa n'a pas voulu me conduire à l'école, aujourd'hui.

— Gem, il avait un rendez-vous. Maman va t'emmener. Relax, OK ? »

Ma mère entre dans la cuisine, et me tend un œuf dur et une tranche de pain grillé.

« File, Ari, ou tu vas rater le car. »

Je suis presque à l'arrêt de bus lorsque je reçois un texto de Kaylan.

Je pars en voiture avec Cami, ce matin. On se voit au collège.

Cami n'habite même pas dans notre quartier…

Décidément, cette journée commence très mal : réveillée par une dispute, ma petite sœur qui chouine, un œuf dur en guise de petit déjeuner, et le trajet en bus toute seule.

Super, comme lundi.

Je suis pleine de pensées négatives et moroses. Comme si un nuage d'orage flottait au-dessus de ma tête. Alors, j'essaie de songer au camp, à Président et à l'atelier de pleine conscience.

Je m'efforce de me concentrer sur chaque pas, de sentir le sol sous mes baskets. Je hume l'air frais et légèrement humide.

J'éprouve la douceur du coton de mon épais sweat rouge contre ma peau.

Je ne suis pas cent pour cent sûre que ça fonctionne, mais en tout cas, ce n'est pas pire.

J'arrive au collège et je me dirige vers mon casier, quand madame Maxwell passe une annonce au micro : ils souhaitent ouvrir de nouveaux clubs cette année, et les élèves sont appelés à proposer des idées.

« N'hésitez pas à soumettre vos suggestions. Le corps enseignant choisira ensuite celles qui leur paraîtront les plus intéressantes. Nous sommes limités à cinq à sept nouveaux clubs, cette année, mais nous procéderons à une réévaluation en janvier, afin de déterminer lesquels auront reçu le plus d'inscriptions. Nous comptons sur vos bonnes idées ! »

Je m'assieds par terre devant mon casier et m'attaque à mon dessin du jour. Kaylan et Cami arrivent ensemble, mais je fais semblant de ne pas les voir. Je ne suis pas fâchée, ni rien, j'ai juste envie qu'elles me disent bonjour les premières.

Je continue à dessiner, puis, subitement, des centaines de petites ampoules s'allument en même temps dans mon cerveau.

Je me sens tellement éblouie que je dois cligner les yeux plusieurs fois pour que tout revienne à la normale dans ma tête.

Ça y est. J'ai trouvé comment marquer les esprits.

Je pourrais monter un club de pleine conscience pour aider ceux dont l'esprit vagabonde, comme le mien. J'ai le sentiment que tout le monde n'attend que ça, et je dois absolument saisir cette chance.

Je pourrais même faire d'une pierre deux coups : me défaire d'une mauvaise habitude et marquer les esprits.

Je suppose que je ne peux pas encore savoir si je vais marquer les esprits, pour le moment. Je ne sais même pas si mon idée de club sera retenue, ni s'il y aura des inscriptions.

C'est encore trop tôt pour cocher cet item.

Kaylan s'assied à côté de moi et me dévisage, comme si elle savait que je viens d'avoir une illumination et qu'elle attendait que je lui en parle. Mais je ne lui dis rien. Je ne peux pas, pas encore, en tout cas. Je dois garder mon idée bien à l'abri dans mon esprit, jusqu'à ce que je trouve exactement de quelle façon je veux l'aborder. Et puis, imaginons que je lui en parle et que ça ne mène à rien. Ce serait un échec embarrassant.

« *Oh my God !* Un *comedy club* ! lance Kaylan. Ça va être génial. On pourra donner des spectacles lors des événements organisés par le collège, et peut-être même dans les maisons de retraite ou autres pour faire rire les gens. J'y pense depuis le début de l'été.

— C'est super, Kay ! » Je me lève et réajuste les bretelles de mon sac à dos, prête à me diriger vers la salle de mon premier cours. « Mais tu es peut-être la seule fille drôle de tout le collège. Tu crois que d'autres élèves sont doués pour les blagues ?

— Bien sûr qu'il y en a d'autres, intervient June, qui nous a rejointes. Comment appelle-t-on un chat qui fait le clown ? »

Je hausse les épaules.

« Aucune idée.

— Un chat-pitre ! » Elle se bidonne en se tapant sur la cuisse. « Tu vois ! C'est drôle ! »

Je me force à sourire.

« Elle est bonne. »

Kaylan et les autres attendent Amirah pour rejoindre le bâtiment B.

De mon côté, je commence à me diriger vers le bâtiment A, quand soudain, je les entends chuchoter dans mon dos. Mais lorsque je me retourne pour voir ce qui se passe, elles se taisent.

Ce n'est sans doute rien, mais j'ai le sentiment qu'il y a une raison. Comme si ma robe était à moitié coincée dans mon collant et que je ne m'étais aperçue de rien.

Sauf que je ne porte pas de robe.

Je me sens à présent un peu coupable de ne pas avoir parlé de mon idée à Kaylan. Mais je viens tout juste de l'avoir, et elle a encore besoin de mûrir dans mon cerveau. Alors que Kaylan pense à son *comedy club* depuis très longtemps.

Lorsque je croise madame Maxwell à l'heure du déjeuner, je la prends à part pour lui dire que j'ai une super idée de club.

« D'accord. C'est formidable, Arianna. Remplis un formulaire au bureau de la vie scolaire, s'il te plaît. Je les examinerai tous et je te contacterai si ton projet me semble intéressant. »

Elle hoche la tête, comme s'il n'y avait plus rien à dire et qu'elle devait partir.

« D'accord, mais je pense *vraiment* que c'est une bonne idée de club, qui serait *vraiment* très utile au collège, et j'espère *vraiment* que vous la choisirez ! »

Je contracte tous mes muscles, comme pour donner plus de poids à mes arguments. Je n'aurais pas dû répéter autant de fois « vraiment ».

« C'est fantastique. Merci, Arianna. »

Elle tourne les talons, un manuel de maths sous le bras droit et ses lunettes perchées au sommet du crâne.

En toute honnêteté, j'espérais une réponse plus enthousiaste de sa part.

Lorsque j'arrive à la cafétéria, toutes les filles de la table discutent de leurs idées. Je ne sais pas pourquoi, je pensais que Kaylan et moi serions les seules à être suffisamment passionnées pour créer un club.

« Oh, c'est décidé, je vais lancer un club de coloriage, déclare M.W. Je suis devenue accro, cet été. J'ai acheté tous les livres de coloriage de la librairie. J'ai même suggéré au

— Je déteste mon deuxième prénom ! Tu le sais très bien ! »

Elle me donne un coup de coude à son tour.

« Pourquoi ? C'est le nom de jeune fille de ta mère, et c'est très mignon. Tu devrais en être fière.

— Qui est fier de son deuxième prénom ? dit-elle en me faisant les gros yeux. Tu es trop bizarre, Arianna Nodberg. »

J'éclate de rire.

« Moi, c'est Simone, mon deuxième prénom, si tu veux le savoir. Et j'en suis fière !

— C'est noté. »

Nous marchons un moment bras dessus bras dessous, en plaisantant sur les deuxièmes prénoms et tout un tas de choses.

Lorsqu'on passe devant le gymnase, je lui dis qu'il faut que j'aille aux toilettes. Mais c'est un mensonge. En vérité, je me rends au bureau de la vie scolaire, et remplis un formulaire de suggestion de club.

Nom : Arianna Nodberg

Classe : 5e

Idée : Club de méditation de pleine conscience

But : Aider les élèves du collège de Brookside à prêter attention à toute la magie qui se trouve juste sous nos yeux. Les encourager à vivre ici et maintenant, dans notre monde en perpétuelle évolution.

Après ça, je me sens plus légère, plus sûre de moi.

C'est vrai, ce qu'on dit : prendre des initiatives pour réaliser un projet ou changer les choses, pour s'améliorer soi-même ou améliorer une situation, ça apporte vraiment plus de satisfaction que ne rien faire et attendre que les choses se passent.

Je suppose que Kaylan et moi l'avions déjà compris lorsqu'on a eu l'idée des listes, mais ça ne fait pas de mal de se le rappeler.

Chapitre 31

Le vendredi, Kaylan et moi arrivons en maths avec un peu d'avance, alors on consulte la liste avant le début du cours. La semaine est passée à toute vitesse, sans qu'on s'en aperçoive, et on n'a guère eu le temps d'en parler. En plus, il nous reste à peine plus d'un mois pour la finir. Le moment est méga-critique.

1. Entretenir notre amitié. ☐
2. Boire assez d'eau (pour garder un teint éclatant). ☒
3. Marquer les esprits. ☐
4. Maîtriser l'art des macaronis au fromage (faits maison, pas ceux de la boîte !). ☒
5. Réussir l'équilibre parfaitement. ☒
6. Aider quelqu'un à briller. ☐

7. Passer une nuit blanche pour voir le coucher et le lever du soleil. ☒
8. Trouver l'homme idéal pour la mère de Kaylan. ☒
9. Faire un dessin par jour. ☒
10. Avouer nos sentiments à un garçon. ☐
11. Se consacrer corps et âme à une passion (première étape : se trouver une passion). ☐
12. Se défaire d'une mauvaise habitude. ☒

« On devrait se prévoir un moment pour comparer nos dessins. On ne l'a pas fait depuis quelque temps, et certains des miens sont vraiment bons.

— Carrément, répond Kaylan. Tu dessines toujours à 21 h 04 ? Moi, oui.

— Même quand tu dors chez Cami ? »

Je lui tire la langue.

« Eh bien, non. Ces jours-là, je le fais plus tôt. » Elle me lance un regard noir. « Mais je ne dors pas chez Cami si souvent que ça, tu sais.

— Oui, je sais, je plaisante. » Je dessine un minuscule cœur sur le coin de ma feuille. « Oh mon Dieu ! » Je fixe Kaylan, les yeux écarquillés, en espérant qu'elle pourra lire dans mes pensées.

« Quoi ? demande-t-elle.

— Mes ragnagnas. Je viens de les avoir.

— Là, tout de suite ? » Elle serre les dents. « Sérieusement ? Comment tu le sais ? »

Je hoche la tête. « Je le sais, c'est tout. » Je ramasse mon sac à dos sur le sol et me lève pour me rendre aux toilettes. « Viens avec moi. S'il te plaît. »

Elle secoue légèrement la tête.

« Monsieur Gavinder va arriver d'une minute à l'autre ! Et je suis déjà super nulle dans cette matière.

— Kay. S'il te plaît. C'est la première fois que j'ai mes ragnagnas au collège. » Je la prends par la main. « Allez. »

Enfin, elle consent à me suivre, et on file vers les toilettes situées près de l'entrée principale.

Je lui demande de garder la porte, au cas où quelqu'un essaierait d'entrer.

« Compte sur moi. »

J'ai une petite trousse avec le nécessaire dans la poche intérieure de mon sac à dos. J'en sors une serviette hygiénique. Heureusement, j'ai réagi à temps et je n'ai pas besoin de changer de culotte.

Les filles n'ont vraiment pas de chance d'être obligées de subir ça, en plus de tout le reste. Saigner n'importe quand et n'importe où, c'est franchement abusé.

Si on devait expliquer ça à des extraterrestres, ils flipperaient grave.

Je me lave les mains et sors des toilettes. Je suis tellement contente de voir Kaylan qui m'attend dehors que je la serre très fort dans mes bras.

Je chuchote : « Merci, merci, merci.

— De rien, mais il faut qu'on se bouge. » Elle se dégage de mon étreinte. « Allez, on peut arriver à l'heure si on court. »

Tandis qu'on se précipite vers notre salle de classe, je lui demande : « Tu fais quoi, ce week-end ? Tu veux venir dormir chez moi ? »

Kaylan hésite une seconde, avant de répondre.

« Hum, qu'est-ce que j'ai de prévu ce week-end ? Ah, c'est vrai, je ne peux pas. Ma mère insiste pour qu'on passe du temps en famille.

— Ah bon ?

— Oui. Je ne sais pas ce qui lui prend. »

On arrive en classe juste à l'heure et on s'installe à nos places. Je n'ai même pas le temps de m'attarder sur mes règles ou sur le programme de Kaylan, puisque monsieur Gavinder commence aussitôt son cours.

« Un volontaire pour venir au tableau nous montrer comment il a trouvé la solution aux devoirs d'hier ? » demande le professeur.

Keisha Brown, Isabela Gomez-Wright, Owen Tefli et Kenny Youn lèvent la main.

Il interroge Owen.

Même question pour l'exercice de géométrie.

Isabela lève la main, suivie par Kenny, Owen, et ce garçon qui vient d'emménager dans le coin, Rafa Agedob.

Il interroge Rafa.

Isabela est assise juste à côté de moi, et on dirait que monsieur Gavinder ne la voit même pas.

Elle a l'air complètement découragée, comme si les maths étaient sa grande passion dans la vie et qu'on l'empêchait d'exploiter son potentiel. Il faut dire qu'elle aime vraiment cette matière. Et elle est très forte. C'est elle qui a monté un club de maths organisant des compétitions entre élèves, l'année dernière.

Quand on sort de classe, je chuchote à Kaylan : « Isabela Gomez-Wright est carrément un génie des maths. Quelquefois, je la regarde faire ses exercices, tellement elle est douée. Tu trouves ça bizarre ?

— Hum, je ne sais pas. Je passe tout le cours à essayer désespérément de noter ce que monsieur Gavinder écrit au tableau. J'en ai des sueurs froides.

— Bon, peu importe. On pourrait peut-être demander à Isabela Gomez-Wright de nous donner des cours particuliers. »

Kaylan réfléchit une seconde, puis explose de rire.

« Pourquoi tu l'appelles par son nom complet ? »

Je ris aussi.

« Je ne sais pas, c'est le genre de nom qu'on se sent obligé de prononcer en entier.

— Ouais, si tu le dis. »

À midi, une fois qu'on est toutes assises à notre table, à mordre dans nos sandwichs, je demande si quelqu'un d'autre a monsieur Gavinder en maths. Je sais qu'il donne aussi des cours non avancés. C'est louche, cette façon qu'il a de ne prêter attention qu'aux garçons. Je veux en avoir le cœur net.

« Je l'avais l'année dernière, répond Amirah.

— Est-ce qu'il interrogeait parfois des filles ?

— Hum. » Amirah croque dans sa pomme. « Aucune idée, pour être honnête. Je ne me souviens pas.

— J'étais dans le même cours, dit Kira. Et pour répondre à ta question, pas vraiment, non. Genre, une fois de temps en temps, mais il interrogeait généralement les garçons.

— Je ne suis pas folle, alors ! »

Je me laisse aller contre le dossier de ma chaise, légèrement rassurée. Je ne sais toujours pas ce que je peux y faire, mais au moins, Kaylan et moi ne sommes pas les seules à l'avoir remarqué.

« Quand est-ce qu'on connaîtra les clubs qui ont été sélectionnés ? s'enquiert Sydney. Je vous ai dit que j'avais rempli un formulaire ? Pour un club de pom-pom girls ! On pourrait monter des numéros pour les matchs de foot. »

Un silence s'abat soudain sur la tablée.

« *Oh my God !* C'est une idée de génie, déclare Cami. Je veux m'inscrire ! »

J'ai un brusque mouvement de recul.

« C'est vrai ?

— Ouais. Pourquoi ? demande-t-elle en épluchant sa clémentine.

— Ça paraît juste… tellement antiféministe.

— Pourquoi ? » insiste Cami.

Je bois une gorgée d'eau avant de lui répondre : « Ben, est-ce que les garçons enfilent des tenues assorties pour encourager les filles qui jouent au volley ?

— Hum, non », dit Cami. Tout le monde éclate de rire. « Mais, sérieux, depuis quand es-tu devenue féministe ?

— Je ne sais pas. Je crois que je ne m'étais même pas aperçue que je l'étais. »

Je lâche un rire, mais personne ne m'accompagne, pas même Kaylan, occupée à tartiner un bagel de fromage frais à l'aide d'un couteau en plastique.

J'ai l'impression que tous les bruits de la cafétéria résonnent de plus en plus fort dans ma tête, au point que cela devienne insupportable. Comme si tout s'effondrait sur moi et que j'allais me retrouver ensevelie.

Après ça, je garde le silence. Je finis mon déjeuner en m'imaginant en train de nager, en pensant au soleil et à l'odeur de Camp Silver juste après la pluie. Je me rappelle nos glissades dans la boue, les soupes instantanées qu'on préparait avec l'eau du robinet de la salle de bains, et Alice qui parvenait à se faufiler dans les combles qui reliaient les dortoirs 19 et 20, par un espace minuscule.

« La Terre appelle Ari ! lance Kaylan. La pause déjeuner est finie.

— Oh, oui, c'est vrai. »

Je glousse. Je me suis encore laissé emporter par ma mauvaise habitude. Mais, au fond, est-ce vraiment une si mauvaise habitude ? C'est agréable de rêvasser. J'aime me remémorer de bons souvenirs, quand je ne me sens pas cent pour cent heureuse là où je suis.

Une mauvaise habitude ne peut-elle pas avoir un minuscule bon côté, aussi ?

Chapitre 32

On est samedi soir, et je suis dans le salon avec Gemma, occupée à regarder une vieille série sur la chaîne Nick at Nite, quand je vois mes parents, sur leur trente et un, descendre l'escalier et prendre leurs manteaux.

« Vous sortez ?

— Oui, répond ma mère. Une piste d'emploi pour papa. On est invités à dîner au Vintage 25. »

Le Vintage 25 est un restaurant super classe du centre-ville, près de la bibliothèque. Il est réputé pour ses steaks, mais ils servent aussi du poisson, du homard, et des pâtes sophistiquées. Mais la star de son menu, ce sont ses fameuses pommes de terre rôties deux fois, fondantes à l'intérieur et croustillantes à l'extérieur. Certaines personnes n'y vont sérieusement que pour ça.

Qui a inventé cette recette ? Est-ce que quelqu'un s'est juste dit un jour qu'une seule cuisson ne suffisait pas ?

En regardant mes parents enfiler leurs manteaux, je me sens soudain requinquée, comme ça ne m'était pas arrivé depuis longtemps. Tout mon corps me semble allégé – comme si mes soucis s'étaient envolés.

« C'est trop génial ! Et vous êtes super élégants. Pas vrai, Gem ?

— Oui, vous êtes beaux », dit-elle machinalement, sans même lâcher la télé des yeux.

Elle ne comprend donc pas à quel point c'est important ? Ils ne sont pas sortis depuis des mois.

Par le passé, j'ai pu être agacée qu'ils comptent sur moi pour jouer les baby-sitters, sans même me demander mon avis. Enfin, ce n'est pas comme si je gardais Gemma depuis vraiment longtemps ; seulement depuis l'année dernière. Mais cette fois, ce n'est même pas un problème, parce qu'ils sortent ! Ensemble ! Dans un restaurant chic !

Et mon père pourrait retrouver un emploi !

J'ai l'impression d'avoir gagné au loto.

Dommage que Kaylan ne soit pas libre pour venir dormir à la maison ; c'était une occasion parfaite. Cent pour cent garantie sans dispute parentale.

« Soyez sages, les filles, nous dit ma mère.

— Appelez-nous si vous avez besoin de quelque chose », ajoute mon père.

Dès que j'entends la porte se fermer, je me tourne vers Gemma : « C'est une super soirée, non ? »

Elle ne répond pas.

« Gemma ! Maman et papa avaient l'air heureux, non ? Et ils sortent ensemble un samedi soir. » Je tape dans mes mains. « Pour dîner au Vintage 25 ! »

J'agite mes orteils sur la table basse.

« C'est trop bizarre que tu sois tout excitée pour ça. Qu'est-ce qui te prend ? » me demande Gemma.

Je réponds dans un grommellement : « Tu ne comprends pas. Laisse tomber. Je vais commander une pizza. »

J'imagine que les enfants de neuf ans n'ont pas vraiment conscience de ce que signifie perdre son travail. Mais elle a des oreilles ! Elle les a forcément entendus se disputer.

Bah, tant pis. Elle vit dans sa petite bulle d'élève de CM1, et je ferais mieux de la laisser rester au pays des Bisounours encore un peu, avant que la réalité du collège ne s'abatte sur elle.

Je vais dans la cuisine chercher le numéro de Chez Mario – il est inscrit sur le magnet que maman laisse sur le réfrigérateur. Ils ont un nouveau système qui permet de passer commande en envoyant simplement un texto. C'est génial.

1 double pizza avec supplément fromage
1 portion de bâtonnets de mozzarella
2 bouteilles de limonade aux fruits rouges

Je sais qu'on doit faire des économies, mais maman et papa sont sortis dîner, et je vois soudain la vie en rose avec des étoiles ; alors, je fais des folies en ajoutant les bâtonnets de mozzarella et la limonade. Ça fait du bien, une fois de temps en temps.

Ma commande envoyée, je m'assieds à la table de la cuisine, puis consulte mes mails et jette un coup d'œil à Instagram.

Et soudain, je la vois.

Ma joie s'évapore pour former un épais nuage de fumée.

J'ai l'impression qu'on m'a jetée tout entière dans l'immense four à pizza de Chez Mario. Mes oreilles sont brûlantes et l'écho de ce que Gemma regarde à la télé résonne dans ma tête.

Là, sur mon téléphone, se trouve une photo de Cami. Avec June. Et Lizzie. Et Amirah. Et M.W. Et Sydney. Et Kira. Et Mary.

Et Kaylan.

Bras dessus bras dessous à la bat-mitsva de Lizzie.

Elles y sont toutes.

Toutes.

Ensemble.

Lizzie porte une robe turquoise à fines bretelles, avec des sequins sur le buste. Kaylan a une espèce de micro gonflable à la main, et June et Cami sont coiffées de chapeaux hauts de forme rose vif identiques.

Elles s'éclatent toutes ensemble.

Sans moi.

Cinq minutes plus tard, Kaylan poste à son tour une photo d'elle et du groupe. Cette fois, Jason se trouve derrière elles, les bras écartés au-dessus de leurs têtes.

Je regarde le haut de l'écran et vois toutes leurs stories Instagram.

Kaylan en a publié plein : la bande en train de danser, de boire des mojitos sans alcool, Lizzie portée haut sur la chaise.

Comment a-t-elle pu me faire ça ?

Elles étaient toutes invitées. Kaylan ne m'en a même pas parlé.

Et ensuite, elle le poste sur Instagram ? Alors qu'elle sait que je vais le voir ?

Enfin, elle aurait au moins pu s'en abstenir, au lieu de me narguer en montrant qu'ils passent tous une super soirée, à laquelle je ne suis pas !

Je me sens profondément blessée.

C'est encore pire que cet été, avec le coup du glacier, parce que cette fois, Kaylan y est aussi. Et elle m'a menti au sujet de son programme du week-end.

Je fais défiler les stories, et je vois tout ce qui se passe à la fête. C'est comme si je me trouvais dehors, transie de froid dans une tempête de neige, et que je regardais avec envie un bon feu de cheminée par la fenêtre d'une maison.

Je peux voir tout ce que je rate. À quel point ils s'amusent.

Et je sais que je n'y suis pas.

Le livreur sonne à la porte et je réceptionne la pizza, les bâtonnets de mozzarella et la limonade, que je pose sur la table basse du salon, devant Gemma.

C'était bien la peine de commander tout ça. Toute ma joie s'est envolée.

Je ne peux rien avaler.

Chapitre 33

Le lendemain matin, je suis toujours en effervescence à cause des photos de la bat-mitsva de Lizzie sur Instagram. En plus, je dois garder Gemma. Encore.

Mes parents ont rendez-vous avec un avocat pour remettre de l'ordre dans les finances de ma grand-mère. Je n'ai pas la moindre idée de ce que ça veut dire.

Ma grand-mère maternelle habite près de chez nous, alors on lui rend visite très souvent, et elle a sans cesse besoin d'aide pour tout. Quant à Mamina et Zeyda, qui vivent beaucoup plus loin, on les voit plus rarement, mais lorsqu'on est réunis, c'est toujours la fête. Ils n'ont jamais vraiment besoin d'aide, eux. Du moins, je crois.

« Ari, fais bien tous tes devoirs, s'il te plaît. J'étais très embêtée quand madame Fineman a appelé pour nous informer que tu avais oublié l'une des pages de ton devoir d'histoire, me dit ma mère, assise à la table de la cuisine, en se tenant la tête. Et pour être honnête, les notes de tes derniers contrôles de sciences n'étaient pas terribles non plus. Je sais que c'est plus dur, cette année, donc tu vas devoir te donner un peu plus de mal. Jusqu'à présent, tu t'en es sortie sans accroc, mais tu es en cinquième. C'est du sérieux, maintenant, et je... »

À partir de là, je ne l'écoute plus. J'ai déjà entendu ce discours des centaines de fois.

« Je sais, maman. J'ai compris. »

Mes parents partis, je m'attaque à mes devoirs petit à petit, en faisant des pauses télé avec Gemma.

Je laisse mon portable en vue et en mode sonnerie, pour être prête si Kaylan appelle ou envoie un texto. Je ne sais pas ce que je vais lui dire, je verrai bien.

« Ari, tu peux nous faire du pop-corn ? me demande Gemma en ramenant ses jambes sous elle. Je meurs de faim. S'il te plaît. »

Je grommelle un « D'accord », puis me lève et fouille le garde-manger des yeux à la recherche du pop-corn. D'habitude, il est tout devant, mais aujourd'hui, je ne le vois pas.

Je déplace des trucs, je regarde derrière les céréales, à côté des boîtes de pâtes. Je me hisse sur la pointe des pieds pour voir sur l'étagère du haut, là où ma mère range le sucre, la farine et d'autres ingrédients pour la pâtisserie. Je m'agenouille pour chercher sur les étagères du bas, à côté des serviettes en papier et des paquets de mouchoirs.

Pas la moindre trace de pop-corn.

Je fouille les étagères du milieu. Je sors le beurre de cacahuète, et les pots de confiture que mes parents ont reçus en cadeau à un mariage auquel ils étaient invités l'été dernier, pour voir s'il n'est pas caché derrière.

Non.

Je pousse le pistou, la sauce tomate à la vodka, et tout à coup, deux bocaux en verre de sauce tomate aux câpres dégringolent. Ils explosent sur le carrelage italien, auquel tenait tant ma mère lorsqu'on a refait la cuisine il y a quelques années.

La sauce gicle partout sur le sol, et sur mon legging gris. Il y en a même sur les murs.

Au début, je suis tellement sous le choc que je me contente de fixer le carnage. Je ne sais pas quoi faire d'autre. Je ne crie pas – je suis littéralement sans voix.

« Ça va ? hurle Gemma depuis le salon. Qu'est-ce qui s'est passé ? Et où est mon pop-corn ?

— Une minute ! » beuglé-je à mon tour.

Je prends une profonde inspiration et m'efforce de nettoyer mes bêtises. Je balaie les éclats de verre, puis asperge le sol avec le pulvérisateur au pamplemousse qui sert à dégraisser le plan de travail. Je crois que tout est parti.

Je me remets alors en quête du pop-corn.

J'inspecte les placards. Non, il n'est pas là non plus. Je retourne au garde-manger, et lorsque j'ouvre la porte, elle se décroche à moitié.

Littéralement.

« Oh mon Dieu ! m'écrié-je. Mais qu'est-ce qui se passe ? »

Je n'imaginais même pas que ça pouvait arriver ! La porte est sortie d'un de ses gonds, et je ne sais pas du tout comment la remettre en place. Alors, je la laisse comme ça, à moitié dans le vide.

« Gemma, il n’y a pas de pop-corn ! hurlé-je.

— Si, il y en a ! Maman a posé un paquet sur la table de la cuisine. »

Je pivote et, soudain, je le vois. Juste là, sous mes yeux.

Je peste contre le monde entier et fourre le sachet de pop-corn dans le micro-ondes. À côté se trouve une lettre adressée à mes parents, de la plus belle écriture que j’aie jamais vue.

Je sais que je ne devrais pas la lire, mais quand on tombe sur quelque chose comme ça, c’est presque obligé. Elle me regarde droit dans les yeux. Je n’ai pas le choix.

Chers Monsieur et Madame Nodberg,

Je m’appelle Eve Bowlin, et mon mari et moi cherchons une maison à Brookside depuis un moment. Comme vous le savez sûrement, le marché est tendu.

Nous attendons des jumeaux pour le début de l’an prochain, et nous sommes tombés amoureux de votre maison. Vous n’avez peut-être aucunement l’intention de vendre, mais sachez que la première fois que nous sommes passés devant chez vous et que nous avons vu les grandes baies vitrées, le hamac et la balancelle, nous avons eu un vrai coup de foudre. Nous adorerions y voir grandir nos enfants, et nous sommes prêts à vous faire une offre très généreuse.

Nous vous prions d’y réfléchir.

Bien à vous,

Eve et Anthony Bowlin

Je bouillonne de rage. Ils ont indiqué leur e-mail, leur numéro de téléphone, et un million d’autres façons de les contacter ; comme si mes parents allaient y penser ne serait-ce qu'une seconde !

C'est quoi, ces gens qui envoient des lettres à des inconnus pour leur dire qu'ils ont eu un coup de foudre pour leur maison ? Ce n'est pas normal. Je ne sais pas qui sont Eve et Anthony Bowlin, mais ils sont complètement malades. Je n'en ai rien à faire d'eux et de leurs jumeaux. C'est *ma* maison. *Mes* baies vitrées, *ma* balancelle et *mon* hamac.

Je froisse la lettre de toutes mes forces, jusqu'à en faire une minuscule boule de papier. Bon vent, Eve et Anthony ! Trouvez-vous une autre maison.

Je fourre la lettre dans la poche de mon sweat à capuche, verse le pop-corn dans un saladier, et quitte la cuisine.

J'essaie d'oublier la porte du placard qui pendouille, et l'ampoule qu'il faut remplacer dans le couloir.

Je continue mon chemin.

Et là, je marche sur un éclat de bocal de sauce tomate.

« Rien ne va plus, ici ! hurlé-je. Rien ! Tout est cassé !

— Ari ? »

Gemma accourt et me dévisage comme si j'étais en train de faire des claquettes, vêtue d'un maillot de bain et d'un manteau de fourrure.

« Tout est cassé, répété-je. Je te jure, tout est cassé !

— Qu'est-ce qui se passe, ici ? s'enquiert ma mère, qui déboule dans le couloir, une pile de dossiers dans les mains. Qu'est-ce qui vous arrive ? Pourquoi y a-t-il de la sauce tomate sur le mur ?

— Tout est cassé ! hurlé-je une fois de plus.

— Qu'est-ce qui lui prend ? demande mon père. Je ne l'ai jamais vue dans cet état.

— Moi non plus », répond doucement ma mère.

Gemma m'ôte le saladier de pop-corn des mains et retourne au salon. J'hésite une seconde, puis lui emboîte le pas.

Kaylan avait raison : on ne peut pas rester cool quand tout s'effondre autour de soi. J'ai essayé. Aussi longtemps que j'ai pu.

Mais je n'y arrive plus.

Chapitre 34

Je ne reçois pas d'appel ni de texto de Kaylan de tout le week-end. Et je ne la contacte pas non plus.

Dans le bus, lundi matin, j'attends qu'elle dise un truc. Je sais qu'elle sait que j'ai vu sa story sur Instagram.

Mais elle ne dit rien. Enfin, elle parle d'autre chose.

« Au fait, Jason et moi, on s'est remis ensemble.

— Oh, cool.

— Je lui ai avoué ce que je ressentais. Encore. » Elle glousse. « Alors, j'ai refait le rituel de la victoire. »

Je lui adresse un sourire forcé.

« C'est bien, Kay. »

Après ça, on garde le silence pendant tout le reste du trajet, jusqu'au moment où on arrive au collège. Là, je n'en peux plus. Avant d'entrer, je m'arrête devant la grille et lui lance : « Tu m'as menti, Kaylan, et tu fais comme si tout allait bien. »

Elle me dévisage.

Je continue : « À propos de la bat-mitsva de Lizzie. Tu as dit que tu ne pouvais pas dormir chez moi parce que tu devais rester avec ta mère. Tu m'as menti. Et ensuite, tu as posté des photos de la soirée sur Instagram ! »

Le sang bouillonne dans mon cerveau. Je retire ma veste, j'ai l'impression qu'il fait mille degrés.

« Je ne te l'ai pas dit parce que tu n'étais pas invitée, et je ne voulais pas te faire de peine, explique-t-elle. Tu te rappelles la discussion qu'on a eue le jour des visites ? Sur les amies TF et MS ? Tu as dit que tu préférais quelquefois ménager les sentiments ! »

Je hoche la tête. Au moment où Kaylan avait amené le sujet, j'avais trouvé ça un peu bête. Mais j'y ai repensé plus souvent que je ne l'aurais cru.

« Bref, Lizzie était mon binôme en TP de sciences, l'année dernière, poursuit-elle, et cet été, on a toutes traîné ensemble, à la piscine, pendant que tu étais en colo. Du coup, ben, on est devenues amies. D'ailleurs, elle a invité les autres un peu à la dernière minute. »

Je lui lance un regard noir.

« D'accord, mais tu étais obligée de poster ces photos ? Alors que tu savais très bien que je les verrais ? »

Je parle si vite que je postillonne sur mon T-shirt, et je dois l'essuyer.

« Tout le monde le faisait, et on s'éclatait, proteste Kaylan en contemplant l'herbe. Je ne pensais pas que c'était si grave.

— Et alors ? Tu savais que je les verrais ! Ce n'est pas MS du tout ! C'est, genre, tout le contraire ! Tu te rends compte à quel point ça fait mal ? De voir tous ses amis s'amuser et de savoir qu'on est exclue ? »

Je ravale mes larmes.

« Mais Ari, tu t'en fichais de ces trucs-là, avant, dit Kaylan en me regardant droit dans les yeux. Je n'arrive pas à croire que tu le prennes aussi sérieusement !

— Ben, maintenant, je ne m'en fiche plus ! Et je trouve ça grave. Ça m'a vraiment fait mal, comme si on m'avait brûlé le bras. Voilà ce que ça m'a fait. Non, c'est même encore pire ! »

Les filles de la cantine passent à côté de nous et sont sur le point de s'arrêter pour nous parler, mais Kaylan leur fait signe de continuer.

« Franchement, je ne pensais même pas que tu t'en apercevrais. » Kaylan enlève son sac à dos et le pose dans l'herbe. « Tout ce qui compte, pour toi, c'est le camp ! Le camp par-ci, le camp par-là. Il n'y en a que pour Alice, et Golfy, et je ne sais qui. Tu n'en as rien à faire des filles de la cantine, Ari ! Admets-le. » Elle marque une pause. « Tout ce qui t'intéresse, c'est la colo.

— Ce n'est pas vrai. Et puis, toi, tu comptes pour moi ! Je fais beaucoup d'efforts pour entretenir notre amitié !

— Moi aussi ! hurle Kaylan. Mais ça ne veut pas dire qu'on n'a pas le droit de traîner avec d'autres gens. Tu ne peux pas avoir tes amis du camp et attendre de moi que je n'aie que toi. D'ailleurs, ce n'est pas toi qui avais proposé à Mary de faire la liste avec nous, l'année dernière ?

— Ça n'a rien à voir là-dedans !

— Bien sûr que si. Bon, on doit y aller, maintenant. On va être en retard. »

Elle ramasse son sac à dos et se dirige vers le collège. À quelques pas de la grille, elle se retourne vers moi : « Tu ne viens pas ? »

Je secoue la tête.

« On n'a qu'à plus se parler pendant quelque temps, d'accord ? s'écrie-t-elle. De toute façon, on a beau faire, notre amitié n'est plus ce qu'elle était, et je pense qu'il vaut mieux faire un break avant de se disputer pour de bon.

— Parfait ! Comme tu voudras ! »

Je m'appuie contre le mur en brique et éclate en sanglots. J'essuie mes larmes sur la manche de ma veste en jean doublée de fausse fourrure.

Je sors la liste et la déchire en mille morceaux, que je glisse ensuite dans la poche avant de mon sac.

Aucun de ces objectifs n'a plus de sens pour moi.

Je n'ai pas besoin d'avouer mes sentiments à un garçon. J'ai besoin de dire à Kaylan ce que j'ai sur le cœur. Et je l'ai fait. Quant à ma mauvaise habitude, ce n'est pas de rêvasser. C'est de garder toutes mes émotions pour moi, de ne jamais me confier à personne.

Eh bien, je crois que je viens de faire le contraire. J'ai exprimé le fond de ma pensée.

Et pour ce qui est d'entretenir notre amitié, on peut laisser tomber.

C'est impossible.

On est trop différentes, et trop de choses ont changé.

Pour ne plus avoir à manger avec Kaylan et les filles de la cantine, je demande à la conseillère d'orientation si je peux m'inscrire à l'option japonais de Mary. Mais elle me dit que cela ne pourra se faire qu'en janvier.

Alors, à midi, je vais m'asseoir à notre table habituelle. Tout le monde parle autour de moi, et je fais comme si je n'étais pas là.

« Les filles, on n'a pas officiellement décidé de nos déguisements d'Halloween, dit Cami. Et est-ce qu'on fait le défilé de la ville, et puis la tournée des maisons après ? Ou on va juste à la fête de Jay Yeung ? »

Je lève les yeux de mon sandwich poulet-crudités, et Cami ajoute : « Tous les cinquièmes sont invités. C'est sur son Insta. C'est écrit juste ici. »

Je ne sais pas si elle dit ça pour prévenir toute la tablée ou uniquement moi, mais même si ce n'est pas grand-chose, ça me fait du bien de me sentir incluse dans le groupe.

« On peut aller chez Jay, et partir assez tôt pour sonner chez les gens, déclare Kira. On a encore le droit, on n'est pas trop vieilles.

— Je suis d'accord, dit Amirah. C'est un bon plan. »

Toutes les autres approuvent, alors je souris, comme pour signifier que je suis partante, même si la perspective de participer à une sortie avec Kaylan, alors qu'on est fâchées et qu'on ne se parle plus, me met mal à l'aise.

« Et nos déguisements ? demande Cami. Il nous faut une idée pour... » Elle parcourt la table du regard, en nous comptant du doigt une à une. « Neuf, ou... huit, selon ce que fait Ari. Mary m'a déjà dit qu'elle serait là, alors je l'ai comptée. Et Lizzie ne veut pas se déguiser, cette année. »

Elle me dévisage en haussant les sourcils. « Tu veux fêter Halloween avec nous ?

— Oh, oui, hum, je n'y avais pas vraiment réfléchi. »

Je jette un coup d'œil à Kaylan, mais elle regarde ailleurs, sans doute délibérément.

Cami hausse les épaules.

« Ce sera bizarre si Kaylan et toi ne vous parlez pas, mais bon...

— Et si on se déguisait toutes en friandises ? suggère Sydney. J'ai vu des costumes sur Internet, genre des robes bonbons. C'est super mignon et pas compliqué. Et il y en a forcément au moins neuf différents.

— Ou des gobelets Starbucks ! lance Amirah. Ce serait trop cool ! »

Cami y réfléchit.

« Mais on serait toutes pareilles, dans ce cas.

— Des crayons de couleur ! s'écrie Kaylan. Ce serait comme un clin d'œil à notre enfance. Trop chou ! »

Elles poursuivent leur conversation, et je me contente de les écouter en continuant de manger.

J'espère vraiment qu'on se reparlera d'ici Halloween, Kaylan et moi. Pas seulement pour cette histoire de costumes, mais aussi pour la liste, et notre vie quotidienne.

Ce n'est jamais agréable de ne plus adresser la parole à sa meilleure amie.

Chapitre 35

Ma mère vient me chercher après les cours, parce que j'ai une leçon de préparation à ma bat-mitsva.

Je ne prends pas la peine d'envoyer un texto à Kaylan pour la prévenir que je ne rentrerai pas avec elle en bus. De toute façon, je pense qu'elle s'en moque.

« Eleanor Feldman m'a raconté qu'il est arrivé la même chose à Ashley lorsqu'elle avait ton âge, me dit ma mère en baissant le son de la musique.

— Hein ?

— Je suis passée chez elle pour discuter, aujourd'hui. » Elle se tourne vers moi, mais j'évite son regard. « Ce que j'ai vu en rentrant à la maison hier m'a inquiétée.

— Donc, tu en as parlé à la directrice de notre synagogue ? hurlé-je. Maman ! C'est trop la honte.

— Pourquoi ? Elle est très gentille. C'est une maman, et elle est de bon conseil, Ari. »

Je ne réponds pas.

Ma mère continue : « Ça fait beaucoup de choses qui arrivent en même temps. Des changements importants. Pas seulement au collège, mais au niveau de tes hormones, et ton corps a du mal à suivre. Enfin, Ari, tu vois bien à quel point tu t'es dévelo...

— Maman ! beuglé-je. Stop ! C'est totalement déplacé ! Arrête. Tu n'as pas le droit de parler de moi à une dame que je connais à peine. Je suis humiliée. Je ne vais même plus pouvoir la regarder en face, maintenant. Pfff. Je vais avoir peur de la croiser à la synagogue. C'est abusé.

— Ari.

— Arrête de répéter mon nom !

— Ça ne te ressemble tellement pas, dit-elle. Je ne t'ai jamais vue t'énerver autant, aussi souvent. »

Je lève les yeux au ciel, sans me détourner du pare-brise.

« C'est sans doute parce que j'essaie toujours de me contenir, vu que Kaylan et toi stressez constamment ! Je n'ai pas le choix, je suis bien obligée d'être calme. »

Les mots prennent tout leur sens maintenant que je les prononce. Je ne suis pas seulement zen parce que ma vie est cool. Je dois rester zen parce que les autres ne le sont pas.

« Ce n'est pas vrai, marmonne ma mère.

— Si, c'est vrai. Tu le sais très bien. C'est toujours moi qui dois apaiser tout le monde ! hurlé-je. Et j'en ai marre ! »

On arrive à la synagogue, et je prie de toutes mes forces pour ne pas tomber nez à nez avec Eleanor Feldman.

Je suis *ravie* que la directrice de la synagogue connaisse tous les détails concernant mon corps et ses changements.

Beurk.

J'entre dans le bureau de madame Simon, et qui je trouve assise dans un des fauteuils face à elle ?

Eleanor Feldman.

Merci, Dieu. Je vois que tu n'as pas exaucé mes prières. Tu ne les as peut-être pas entendues.

« Bonjour, Arianna, dit-elle d'un ton joyeux. J'ai vu ta mère, aujourd'hui. » Elle se lève. « Bonne leçon.

— Merci. »

Je m'assieds et sors mon dossier de bat-mitsva.

« Comment ça va ? » me demande madame Simon.

Je songe à la liste, à ce que je viens de dire à ma mère dans la voiture, et à ma dispute avec Kaylan.

« Bah. Ça pourrait aller mieux. »

J'ai soudain l'impression d'avoir retiré une écharpe en laine trop serrée qui me grattait et m'étranglait, et qu'à présent, mon cou respire enfin à nouveau.

« Ah ? Pourquoi ?

— Ben, j'imagine que tout a commencé cet été, quand je suis partie en colo… »

Puis, je lui raconte presque tout : je lui parle de la liste, de Kaylan, des filles de la cantine, des stories de la bat-mitsva de Lizzie sur Instagram, du fait que Kaylan pense que je fais une fixette sur le camp, de mes parents, du travail de mon père, et de ma bat-mitsva qui se réduira à des bagels. J'ai l'impression de parler pendant une éternité.

« Waouh, ça fait beaucoup pour une seule personne, dit-elle.

— Et je ne suis qu'une enfant ! Du moins, pendant encore quelques semaines.

— C'est vrai. » Madame Simon sourit, puis prend le temps de réfléchir. « Tu sais, les fêtes de bar-mitsva et bat-mitsva telles qu'on les connaît aujourd'hui sont un phénomène relativement récent. Ça n'a pas toujours été comme ça. Certes, il s'agit d'un événement formidable dans le cycle de la vie. Mais on peut très bien le célébrer en bonne compagnie, avec des bagels et de la musique.

— Je sais, mais tout le monde donne des fêtes de dingue, ici. Alors, je trouve ça déprimant de se contenter de servir des bagels à la synagogue – ne le prenez pas mal. » Je la regarde et regrette presque mes mots. « J'ai tort de l'admettre ?

— Pas du tout. Et je comprends ce que tu ressens. L'envie et le besoin de faire comme les autres touchent tout le monde. À tous les âges. Et c'est compliqué. »

Je hoche la tête.

Elle poursuit : « Et c'est dur de passer l'été loin de chez soi et de découvrir à son retour que tout est un peu bancal. Je me souviens que je devais toujours traverser une période de transition quand je rentrais chez moi. J'avais l'impression que mes amis avaient complètement changé. Et moi aussi. C'était difficile.

— Exactement. » Je ferme les yeux et incline ma tête en arrière contre le dossier de mon fauteuil. « Qu'est-ce que je dois faire, alors ?

— Eh bien, commence-t-elle en s'éclaircissant la voix, ça prend du temps, comme tout dans la vie. Nous en avons déjà parlé. Cela dit, je pense que tu peux exprimer ce que tu ressens à ton amie Kaylan. Dis-lui que tu aimes beaucoup le camp et tes nouveaux amis, mais que tu l'aimes aussi. Et que c'est important pour toi de bien t'entendre avec les filles de la cantine. » Elle lâche un rire. « C'est bien comme ça que tu les appelles ? »

Je m'esclaffe à mon tour.

« Oui.

— Je suis contente que tu te sois sentie suffisamment à l'aise pour te confier à moi. » Elle se renfonce dans son fauteuil. « Est-ce que ça va mieux, à présent que tu m'en as parlé ? Moins bien ? Un peu des deux ? »

Je réfléchis un instant.

« Un peu des deux. Ça me plaisait bien d'être le genre de fille à l'écoute des problèmes des autres, qui les aide et leur remonte le moral. D'être la fille cool qui n'avait jamais vraiment besoin de mettre les choses au clair, de vider son sac ou je ne sais quoi. Mais je suppose que ce n'est pas toujours possible. On ne peut pas être tout le temps la même personne.

— Voilà qui fait une transition parfaite avec ta section de la Torah... et je sais que tu réfléchis encore à ton discours. » Elle sourit. « Il te donne toujours du fil à retordre ? »

Je hoche la tête.

« Oui. Carrément. J'ai déjà jeté trois brouillons.

— Alors, je pense que ça pourrait t'aider. Comme tu le sais, ta section s'intitule : *Haye Sarah*. La vie de Sarah. Mais il y est aussi beaucoup question de sa mort. J'aimerais qu'on en discute.

— D'accord. » Je souris et relâche mes épaules crispées. « Je crois que c'est pour ça que j'aime tellement étudier le judaïsme. On peut trouver tant de similitudes entre nos ancêtres bibliques et nous-mêmes. C'est comme si on avait une sorte de manuel d'instructions, auquel on peut se référer dans les moments difficiles.

— Ding, ding, ding ! Tout juste ! As-tu l'intention de souligner ça dans ton discours ? » demande-t-elle.

Je lâche un petit rire.

« Pour tout vous dire, l'enjeu me paraît trop important… Et chaque fois que j'essaie d'écrire mon discours, j'ai envie de dire des choses différentes. Genre, tout ce que je ressens à propos du judaïsme est en perpétuelle évolution. »

Madame Simon hoche la tête.

« Je vois. C'est compréhensible. »

Je fais la grimace.

« Et je sais que je n'ai plus beaucoup de temps.

— C'est vrai. Et nous devrons finir par coucher tout ça par écrit. Mais je pense qu'une analyse plus en profondeur de ta section de la Torah t'aidera à trouver l'inspiration. »

Madame Simon est quand même incroyable. Elle aide des tonnes d'enfants à se préparer pour leurs bar-mitsva et bat-mitsva, cette année – genre, au moins cinquante –, et malgré ça, elle me donne l'impression d'être sa seule élève. Elle consacre beaucoup de temps et d'énergie à mon parcours spirituel.

Je crois que c'est ça aussi, être un bon leader. Être capable de donner le sentiment à son interlocuteur qu'il est unique personne au monde.

Plus tard, ce soir-là, une fois mes devoirs terminés, je repense à ma leçon. J'envoie un texto à Alice.

T'en es où, niveau bat-mitsva ?

Hum, j'ai encore plein de choses à faire.

Non, je veux dire, ça te plaît, la phase de préparation ?

Bof, pas vraiment, mais y a pire.

Comment va ta grand-mère ?

Mieux. J'ai pas grand-chose à raconter, sinon. Trop de devoirs.

Mince ! Je viens de me faire enguirlander. Je dois y aller, je t'expliquerai + tard.

OK, bisous.

Dix minutes plus tard, mon portable m'avertit que j'ai reçu un mail. C'est Alice.

Oh my God ! Téléphone confisqué. Parce que j'envoyais des textos pendant mon temps d'étude, alors que ma mère me l'a interdit un million de fois. PFFF. Je ne devrais pas non plus t'envoyer de mail, mais je lui ai dit que tu t'inquiéterais si je disparaissais sans prévenir. Prie pour moi.
Bisouuuuuuuuuuus,
AlKal

Je n'ai même pas eu le temps de lui parler de ma dispute avec Kaylan, et Dieu seul sait quand elle récupérera son portable. Je ferais peut-être mieux de lui écrire une bonne vieille lettre. C'est sans doute la façon la plus rapide de communiquer, maintenant.

Chapitre 36

Kaylan et moi restons brouillées quelques jours de plus.

On ne se parle pas, pas de textos, pas de FaceTime, rien. On se voit au collège, et je m'assieds toujours à notre table, à la cantine, mais on se contente plus ou moins de coexister.

Je repense à ce que m'a dit madame Simon, et j'ai vraiment envie de parler à Kaylan de ce que je ressens, mais la situation me semble encore trop fragile pour remettre tout ça sur le tapis. Je ne suis pas encore prête, et il est plus facile d'occulter le problème – pas pour toujours, mais au moins pour quelque temps.

Le seul moment où je vois Kaylan – à part à l'heure du déjeuner –, c'est en cours de maths. Elle a changé de place – je ne sais pas si j'y suis pour quelque chose, je n'ai pas vraiment eu l'occasion de lui poser la question –, et semble beaucoup plus concentrée, à présent.

« Bonjour. Pour commencer, je tiens à féliciter tous ceux qui ont eu 20 sur 20 au dernier contrôle, dit monsieur Gavinder. Ces élèves sont des exemples à suivre. Bravo à Rafa, Owen, Kenny, Daniel et Seth. »

Pour plaisanter, Owen se lève de sa chaise et se met à applaudir de façon super théâtrale, et monsieur Gavinder lui demande de se rasseoir.

« Maintenant, ouvrez vos manuels à la page 73, et prenez un crayon et du papier millimétré », nous enjoint-il.

Isabela se tourne vers moi et me montre sa copie.

« Moi aussi, j'ai eu 20.

— Trop bizarre », chuchoté-je.

Elle secoue la tête : « Je ne comprends pas.

— Il faut que tu lui dises, Isabela », insisté-je.

Elle hausse les épaules.

« Bah, c'est pas grave. Je suis sûre qu'il a simplement oublié.

— Non, tu dois lui dire, répéte-je. Ce n'est pas normal. En plus, il ne t'interroge jamais. Alors que tu lèves la main à toutes les questions ! »

Elle hausse à nouveau les épaules, puis reporte son attention sur le tableau.

Je jette un coup d'œil à Kaylan. Elle est assise au premier rang, ses lunettes sur le nez, et recopie tous les nombres écrits au tableau.

À la fin du cours, Kaylan et moi sortons toutes les deux en même temps, mais on ne marche pas vraiment ensemble. On remonte juste le couloir à la même allure.

On croise Isabela, assise sur le banc en bois dans le hall d'entrée.

Je lui demande : « Tout va bien ?

— J'ai mal au ventre. Je vais rentrer chez moi plus tôt. »

Je fais la grimace.

« J'espère que ça ira mieux. »

Une fois qu'on est assez loin pour qu'Isabela ne puisse pas nous entendre, je rattrape Kaylan et lui dis : « Bon, je sais qu'on ne se parle plus, mais je viens d'avoir une révélation. Pour notre liste. Et ça concerne Isabela. »

Kaylan me considère d'un air perplexe.

On se faufile dans une salle vide, et je chuchote : « Pour l'item "Aider quelqu'un à briller". Elle est déjà brillante, mais monsieur Gavinder ne s'en rend pas compte ! On doit faire en sorte qu'il s'en aperçoive.

— Hum, d'accord, mais comment on peut faire ça ? » Kaylan jette un coup d'œil à l'horloge. « Au fait, j'ai eu 13,5 à cette interro. »

Je ne relève pas sa tentative de changer de sujet.

« Isabela ne se défendra jamais. Il faut qu'on le fasse pour elle.

— Ari, je suis partante, déclare Kaylan en me regardant droit dans les yeux, les mains sur mes épaules. Mais je ne sais pas quoi faire.

— Bon, réfléchissons. On a jusqu'à ma bat-mitsva pour trouver une solution et aider Isabela à briller. »

Kaylan hoche la tête.

Elle tourne les talons et commence à s'éloigner, mais je lui touche le bras et demande : « On peut se parler plus tard ? Pour de vrai ?

— D'accord. » Elle hausse les épaules. « Je ne pensais pas que notre break durerait éternellement. C'est logique. C'est pour ça que ça s'appelle un break. »

Je lâche un rire bref. Kaylan a toujours le chic pour injecter de l'humour dans des situations tendues, au moins l'espace d'un instant.

Je lui demande : « Tu viens chez moi après les cours ? »

Je fais oui de la tête en espérant qu'elle accepte.

« D'accord. »

Kaylan et moi prenons le bus ensemble, puis marchons jusque chez moi. Ça fait un drôle d'effet de savoir qu'on est sur le point d'avoir une conversation sérieuse, alors on n'ose rien dire en attendant l'instant de vérité. C'est la même sensation que durant ces quelques minutes entre le moment où l'on entre dans le cabinet médical et celui où le docteur apparaît avec nos vaccins. On sait que c'est inévitable. On ne peut qu'attendre.

Lorsqu'on arrive chez moi, je trouve l'un des fameux mots de ma mère sur la table de la cuisine.

Coucou, Ari,

Gemma va chez Sally après l'école. Papa et moi avons un RDV. On sera tous de retour pour le dîner. Fais tes devoirs et révise pour ta bat-mitsva, s'il te plaît.

Vide le lave-vaisselle si tu as le temps. Merci.

Bisous,

Maman

« Elle est consciente que tu as un portable et qu'elle pourrait simplement t'envoyer un texto ? me demande Kaylan en fouillant le garde-manger des yeux, à la recherche d'un truc à grignoter. Qu'est-ce qui s'est passé, ici ? »

Elle désigne la porte cassée du doigt.

« Oh, elle est sortie d'un de ses gonds il y a quelques semaines. Et fais gaffe au bac à légumes du frigo. Il est cassé aussi.

— C'est noté. »

Les bras chargés de mini-sachets de bretzels et de petites bouteilles de thé glacé, on monte dans ma chambre.

« Je vois que tu as refait la déco depuis la dernière fois que je suis venue, fait remarquer Kaylan en voyant mes photos du camp épinglées partout sur les murs.

— Tu y es aussi. »

Je lui montre mon panneau d'affichage, véritable sanctuaire dédié à notre amitié.

« Bien. » Elle retire ses baskets et va s'asseoir sur mon lit. « Alors, quoi de beau ? »

Je lâche un rire bref.

« Hum, bon, je voulais te parler, parce que... » Le téléphone sonne. « Oups, ne bouge pas. »

Je m'empresse d'aller décrocher : « Bonjour, Mamina.

— Bonjour, ma chérie. Comment vas-tu ? Je voulais juste prendre des nouvelles.

— Ça va. Kaylan est à la maison, là, je peux te rappeler tout à l'heure ?

— Bien sûr. À plus tard. »

Je retourne près du lit et reprends ma conversation avec Kaylan : « Alors, hum, ce que je voulais dire, c'est que je veux vraiment entretenir notre amitié. Pas toi ?

— Bien sûr que si. Mais qu'est-ce que ça signifie, au juste ? On ne l'a pas précisé quand on a établi la liste, alors... Genre, est-ce que ça voulait dire qu'on ne pouvait pas se faire de nouveaux amis ? »

D'une certaine façon, ça sonne comme un reproche, et je n'ai pas envie que cette discussion prenne cette tournure. Je veux qu'on reste calmes, cool, et posées.

« Non, bien sûr que non. Et ça ne voulait pas dire non plus qu'on devait se priver de vivre de nouvelles expériences, juste parce que l'autre n'en faisait pas partie, pas vrai ? »

Elle secoue la tête.

« Non plus.

— Donc... »

Kaylan s'adosse contre mes oreillers.

« Donc...

— Je suis désolée si je t'ai donné l'impression qu'il n'y avait que le camp qui importait à mes yeux, lui dis-je. Ce n'est pas vrai du tout. Tu comptes énormément pour moi.

— Et les filles de la cantine ?

— Je les aime bien aussi, et je voudrais bien être copine avec elles, mais... Je peux être honnête avec toi ? »

Elle fait oui de la tête.

« Elles ne sont pas toujours très gentilles. Elles n'ont pas été très cool avec moi par rapport aux changements de programme pour ma bat-mitsva, et... Je ne sais pas. Parfois, elles sont un peu stressantes. Elles suivent toutes Cami, et je ne suis pas sûre qu'elles veulent de moi dans le groupe.

— C'est vrai qu'elles peuvent être stressantes, admet Kaylan en se grattant le sourcil. Mais pas tout le temps. Et je crois que tu te trompes, elles sont contentes que tu fasses partie de la bande. Je suis désolée si je t'ai donné l'impression que tu étais exclue, et aussi d'avoir posté ces stories sur Instagram.

— Je crois que ce qu'il faut retenir, c'est qu'on doit entretenir notre amitié, tout en gardant à l'esprit qu'elle ne restera pas toujours comme avant. Tu vois ? Je sais bien que tu détestes le changement. Mais tu le supportes beaucoup mieux, ces derniers temps.

— Tu trouves ? s'exclame Kaylan.

— Oui. » Je m'allonge à côté d'elle. « Et tu ne flippes presque plus du tout, maintenant. Tu t'es carrément débarrassée de ta mauvaise habitude. Tu peux faire le rituel de la victoire. »

Elle bondit de mon lit et effectue le rituel toute seule, puis se précipite vers moi pour me claquer un *high five*.

« Je crois que tu avais raison à propos de la mienne, de mauvaise habitude, lui dis-je. J'ai raconté au chantre ce que j'avais sur le cœur, l'autre jour, et ça m'a soulagée, d'une certaine façon. Je refoule vraiment mes sentiments.

— Tu peux compter sur moi aussi, tu sais… et sur les filles de la cantine. » Kaylan se redresse et appuie son menton sur sa paume. « Je veux dire, on est là pour toi. C'est beaucoup plus difficile de traverser tous ces trucs toute seule.

— Je sais. Je vais essayer. C'est juste que quand on a toujours été comme ça, c'est compliqué de changer…

— Euh, tu m'as vue ? Je suis bien placée pour le savoir ! » Elle lève les yeux au ciel. « Tu vas y arriver. »

Je me redresse et cherche dans mon portable une bonne chanson d'été. Je la lance, puis me lève d'un bond et attrape une poignée de stylos sur mon bureau en guise de micro.

De mon autre main, je claque des doigts.

« *Havana, ooh na-na !* »

Kaylan dit « hey » juste au bon moment, et se lève à son tour pour se joindre à moi.

« *Ooh-ooh-ooh* », chante-t-elle dans son poing.

J'éclate de rire, puis nous entonnons le refrain en chœur.

À la fin du morceau, on se laisse retomber sur mon lit.

« Personne ne nous arrive à la cheville, pour les chants et les danses, dis-je à Kaylan.

— Non. Ça, c'est sûr. On est des championnes et on le restera toujours.

— Et à jamais. »

Chapitre 37

Je me sens mieux, concernant ma brouille avec Kaylan, mais j'ai quand même du mal à dormir, cette nuit-là. Je n'arrête pas de me retourner dans mon lit, me demandant ce qu'on peut faire pour Isabela, et je ne peux m'empêcher de repenser à l'exercice qu'on a fait au camp sur les qualités d'un leader. Aider quelqu'un à briller en est un aspect essentiel.

Et Isabela devrait briller.

Un jour, elle ne lèvera plus la main, et monsieur Gavinder ne s'en apercevra même pas. Elle perdra toute son assurance en maths. Elle s'en désintéressera. Et elle ne saura pas pourquoi ni comment elle en est arrivée là.

Le lendemain matin, je suis en train de siroter mon jus d'orange à la table de la cuisine, à moitié endormie, quand ma mère demande à mon père ce qu'il compte faire de sa journée. Elle lui pose la même question tous les matins, et c'est à ce moment-là qu'ils commencent à se disputer.

Voilà comment ça se passe généralement : s'il ne lui répond pas ou se contente d'un vague « postuler à des offres d'emploi », elle s'énerve. Il lui reproche alors de ne pas le soutenir, et puis ils me regardent tous les deux d'un air triste et pitoyable. Et moi, je fais semblant de ne pas les avoir entendus se disputer, comme si tout allait pour le mieux dans le meilleur des mondes. Je joue les filles heureuses et solides, pour qui tout va bien au collège, et qui se réjouit à l'idée de sa bat-mitsva réduite à des bagels.

Je crois que j'ai encore des progrès à faire côté sentiments refoulés. J'en prends conscience en buvant une gorgée de jus d'orange.

Je ne peux pas continuer à prétendre que tout va bien.

En vérité, le garçon à qui je dois « avouer mes sentiments », c'est mon père.

Et je dois le faire sans tarder.

« J'ai juste une question », dis-je à ma mère tandis qu'elle nous prépare des œufs brouillés, à Gemma et moi.

Mon père a quitté la cuisine pour monter contempler son ordinateur d'un regard vide. Je l'ai vu faire, et c'est assez flippant. Entre ses yeux inexpressifs et la lumière de l'écran, on dirait qu'il sombre dans l'abîme, et je ne sais pas s'il remontera un jour à la surface.

« Dis-moi, répond ma mère d'une voix faussement enjouée.

— Tu te souviens quand tu faisais une fixette sur les cadeaux pour les invités de ma bat-mitsva ? Et que tu voulais dessiner un logo, et tout ça ? Et que finalement, tu as opté pour un sweat à capuche ? » Je marque une pause et attends une quelconque intervention de sa part. Elle garde le silence. « Je voulais juste savoir si tu les avais commandés, ou si tu as annulé. » Je m'interromps à nouveau. Elle ne répond toujours pas. « On m'a demandé, au collège. »

Elle se retourne enfin et tire une chaise pour s'asseoir à la table, à côté de moi. Elle me regarde une seconde et semble réfléchir à ce qu'elle va dire.

« J'attendais pour les commander, Ari. Je voulais savoir qui serait présent, pour les faire personnaliser. Je comptais ajouter une petite broderie dans le coin avec le nom de chaque invité. » Elle pince les lèvres et quelques larmes s'échappent entre ses cils. « Papa était censé avoir une promotion. Toutes ces dépenses n'auraient pas dû être un problème.

— Ça me rend un peu triste, maman.

— Je sais, moi aussi. » Elle garde le silence pendant quelques secondes, puis me demande : « Tu n'aurais pas vu une lettre qui traîne ? C'était plutôt important. Quelqu'un qui cherchait à nous contacter. Je l'avais laissée là, sur le plan de travail, à côté du micro-ondes, et je n'arrive plus à remettre la main dessus. »

Je la regarde droit dans les yeux.

« Je ne vois pas du tout de quoi tu parles. »

J'espérais plus ou moins qu'elle ait trouvé une idée de secours pour les cadeaux, du style acheter une tonne de T-shirts blancs et transférer un truc cool dessus au fer à repasser. Mais non. Elle est perdue dans son monde et refuse d'improviser.

Je remonte dans ma chambre et retourne me glisser sous la couette. J'ai encore dix minutes avant de devoir partir pour l'arrêt de bus, et, de toute façon, je n'ai plus faim pour les œufs brouillés.

Je m'en veux un peu de lui avoir menti au sujet de la lettre. Mais pas tant que ça.

Lorsque Kaylan et moi arrivons au collège, toutes les filles de la cantine sont agglutinées près de nos casiers, assises par terre.

« Au fait, j'ai prévenu tout le monde qu'on s'est réconciliées, me chuchote Kaylan tandis qu'on les rejoint.

— Oh, hum, d'accord. »

Je sors mes manuels de mon sac et entreprends de les ranger dans mon casier, bien alignés sur l'étagère du haut.

« Et je leur ai dit que tu allais commencer à t'ouvrir, et tout, poursuit-elle. Genre, que tu allais t'appuyer sur nous, et qu'on serait toutes de vraies amies.

— Kay. » Je ris tellement que j'ai du mal à parler. « Tu m'as laissé quelque chose à dire, ou non ?

— Hum, oui, tout le reste… »

Je la serre brièvement dans mes bras, puis m'assieds devant mon casier.

« Je suis trop contente que vous ne soyez plus fâchées ! » Cami passe un bras autour de nos épaules. « Trop, trop contente. Franchement. »

Je me dégage au bout de quelques secondes.

« Moi aussi.

— Et tu peux me parler de n'importe quoi, à n'importe quel moment, ajoute Cami. Tu le sais, pas vrai ? »

Je hoche la tête et me retiens d'éclater de rire. Cette fille en fait vraiment trop, surtout aussi tôt le matin.

« Les clubs sélectionnés vont être annoncés d'ici peu ! s'exclame-t-elle bruyamment de façon à prévenir tout le monde, en effectuant une petite danse. Préparez-vous ! »

Je consulte ma montre et m'aperçois que la première sonnerie va retentir d'ici environ neuf minutes.

« Quand ?

— Avant le début des cours », m'informe Cami.

Je sors mon cahier d'espagnol pour réviser le vocabulaire. Les filles continuent de parler autour de moi, mais j'essaie de ne pas les écouter. Même Kaylan explique en long, en large et en travers tout ce que fera son *comedy club*, qu'ils donneront peut-être un spectacle en fin d'année et que des comédiens célèbres pourraient même venir.

Même si je suis super contente que tout soit arrangé avec Kaylan, je me sens mal à propos de la lettre d'Anthony et Eve Bowlin, et encore plus mal d'avoir menti à ma mère. Je commence à me demander si vendre la maison ne réglerait pas tous nos problèmes. Je ferais peut-être mieux de la lui rendre.

« Abuelo *: grand-père.* Abuela *: grand-mère.* Hermana *: sœur.* »

Je consulte à nouveau ma montre.

« Bon, les filles, la première sonnerie, c'est dans une minute. Où elle est, leur annonce ? »

Cami regarde autour d'elle. « Elle a dit qu'elle allait la faire ! Je ne comprends pas. Je pensais vraiment que... »

Elle est interrompue par le carillon signalant les annonces. On se regarde toutes les unes les autres, tendues. Je ne m'attendais pas à ce que ça devienne si intense. Je ne pensais même pas qu'autant de gens proposeraient des clubs. Maintenant, on dirait une compétition qu'on n'avait pas prévue, ni voulue, et à laquelle on ne savait même pas qu'on participait.

« Bonjour, chers élèves du collège de Brookside ! Quelle belle journée ensoleillée ! Je suis ravie d'annoncer aujourd'hui les nouveaux clubs qui rejoignent notre formidable liste d'ateliers extrascolaires. Nous ne nous attendions pas à recevoir autant de propositions. Vous avez tous eu des idées fantastiques ! » Madame Maxwell marque un temps d'arrêt et s'éclaircit la voix. « Si votre club n'a pas été sélectionné, ne vous inquiétez pas. Nous accepterons de nouvelles candidatures en milieu d'année, lorsque nous aurons une vision plus claire des intérêts de tous. »

Elle s'interrompt encore.

« Oh mon Dieu, elle en met un temps ! » gémit Amirah.

Kaylan lui fait signe de se taire.

« Les clubs sélectionnés sont : krav-maga, autodéfense israélienne... » Les filles et moi nous dévisageons. « ... Frisbee, le groupe d'action sociale, l'équipe de danse, le club de cuisine, l'atelier débats, et le meilleur pour la fin : le club de méditation de pleine conscience. Merci à tous ceux qui ont proposé une idée. S'il vous plaît, rejoignez votre salle de classe sans traîner et dans le calme, et passez une excellente journée au collège de Brookside. »

Cami nous regarde toutes en secouant la tête.

« Je ne pige pas. Un club de conseils, c'est, genre, *le* truc dont on a tous besoin en ce moment... »

Elle part devant sans nous attendre et continue de secouer la tête, comme si c'était notre faute.

Amirah, June et quelques autres essaient de la rattraper, mais je reste en retrait.

« Et le club de coloriage, c'est comme la pleine conscience, Arianna ! peste M.W. On aurait dû unir nos forces !

— Oh, c'est vrai. Je n'y avais pas réfléchi. » Je souris. « Mais ne t'inquiète pas, il y aura d'autres occasions. »

Elle hausse les épaules, puis enfile les bretelles de son sac à dos et tourne les talons.

Il ne reste bientôt plus que Kaylan et moi près des casiers. Je ne sais pas quoi lui dire.

« Tu as tout déchiré, me souffle-t-elle.

— Merci. Mais je n'ai rien fait, vraiment. Juste une suggestion. Dommage que ton *comedy club* n'ait pas été choisi.

— Je suis dégoûtée, mais ce n'est pas grave, dit-elle. Je peux toujours m'y consacrer en dehors du collège, et peut-être même aller voir les *comedy clubs* de la ville et leur demander s'ils ne veulent pas organiser des soirées "jeunes talents", ou un truc du style. »

Je hoche la tête avec enthousiasme.

« C'est une idée géniale ! Et les élèves des autres collèges pourraient y participer aussi !

— Carrément, dit-elle, encore un chouïa abattue. En plus, l'item stipule seulement qu'on doit se consacrer corps et âme à une passion, pas forcément aller au bout...

— Vrai. On est totalement dans les temps, pour la liste. Et je peux être honnête avec toi ?

— Bien sûr. »

Je tripote la fermeture de ma veste à capuche.

« Je crois que j'ai plus d'une passion. Et ça ne fait rien, hein ? Pourquoi se limiter à une seule ? »

On se met en route côte à côte.

« C'est vrai, approuve Kaylan. Après tout, l'item, c'est “Se consacrer corps et âme à une passion”… Mais on n'a jamais dit qu'on ne devait en avoir qu'une seule.

— Exactement !

— Oh, mais attends ! » Elle se fige au beau milieu du couloir. « Je comptais aussi sur mon club pour l'item “Marquer les esprits” ! »

Je fais la grimace.

« Euh, ben, c'est toujours possible ! Comme tu l'as dit, avec les soirées “jeunes talents” dans les clubs du coin…

— Et si je n'ai plus le temps ?

— Bah, il nous en reste encore !

— Ouais. Je ferais peut-être mieux de réfléchir à autre chose pour cet item. » Elle secoue la tête. « Argh ! Ça ne se déroule pas comme je l'espérais. »

Je lui passe un bras autour des épaules.

« Pas de stress. Franchement. Tu trouves toujours des idées géniales. »

On se dirige vers nos salles en silence, bras dessus bras dessous.

Je suggère alors : « On pourrait faire le rituel de la victoire maintenant pour l'item “Se consacrer corps et âme à une passion”, parce qu'on le fait carrément. Ça te remonterait le moral ? »

Elle hoche la tête. On se faufile dans les toilettes près du bureau de la vie scolaire, et on vérifie que la porte est bien fermée. On suspend nos sacs à dos aux crochets prévus à cet effet.

Je demande : « Prête ?

— Ouaip ! »

Saut en l'air. *High five*. Étreinte.

« Je crois qu'on en avait bien besoin », lui dis-je.

Elle me serre à nouveau dans ses bras.

« Entièrement d'accord avec toi. »

Pendant mon heure de permanence, je décide d'envoyer un mail à Alice. Combien de temps sera-t-elle encore privée de téléphone ? Je ne sais même pas comment elle fait pour survivre.

Chère Alice,
Ça y est, tu as récupéré ton portable ? Tu me manques ! J'ai l'impression qu'on ne s'est pas parlé depuis une éternité. J'ai tellement de choses à te raconter ! Le collège a sélectionné mon idée de club de pleine conscience. Je suis trop contente !
Je me suis disputée avec Kaylan, mais on s'est réconciliées. Je t'expliquerai tout.
Tu me manques trooooop !
Bisous,
Ari

Plus tard ce soir-là, je suis assise sous le porche, dans le rocking-chair en osier, absorbée dans la contemplation des feuilles mortes, pour oublier que mes parents se disputent encore à l'intérieur, lorsque soudain, mon téléphone sonne, me faisant sursauter.

Je pense d'abord que c'est Alice.

Mais c'est un appel de Golfy !

« Devine qui vient du côté de Brookside demain pour fêter les quatre-vingt-dix ans de son grand-oncle ? demande-t-il.

— Euh…

— Moi ! On peut se voir ?

— Est-ce que tu viens tout juste d'apprendre qu'il y avait cet anniversaire ? » J'éclate de rire. « C'est demain !

— Oui, plus ou moins. On ne me dit jamais rien… Désolé de te l'annoncer à la dernière minute. » Il marque une pause. « Alors, tu es libre ? »

Je meurs d'envie de lui dire oui, bien sûr. Je rêve d'une longue balade, puis de trouver un coin où nous asseoir, avec une belle vue, pour parler de la vie et du sens de l'univers. Golfy a toujours un point de vue intéressant sur les choses. Il pourra peut-être m'aider à trouver une solution aux problèmes de mes parents. Maintenant que je sais combien ça fait du bien de s'ouvrir aux autres, j'ai un peu envie de le faire tout le temps.

« Tu es toujours là ? demande-t-il.

— Oui, oui. J'adorerais qu'on se voie, mais où ? C'est un peu le chaos, chez moi, en ce moment.

— J'ai l'habitude, déclare-t-il.

— Ta famille est parfaite, Golfy.

— Aucune famille n'est jamais parfaite, réplique-t-il. Bref, on n'est pas obligés de se voir chez toi. On pourrait se faire un bowling, ou un minigolf, ou aller manger des glaces.

— Tout ça me paraît génial.

— OK, marché conclu, alors. Et tu n'as plus le droit de changer d'avis.

— Qu'est-ce qui te fait croire que je voudrais changer d'avis ? demandé-je en gloussant.

— Juste l'impression bizarre que tu pourrais. » Il rit à son tour.

Je pose les pieds sur le canapé en osier. Le fond de l'air est frais. C'est la quintessence de l'automne. Je hume l'odeur d'un feu de cheminée, quelque part, pas loin. J'ai envie de me blottir sous une couverture toute douce et de manger des beignets au cidre. C'est peut-être triste que l'été soit fini, mais lorsque l'air prend ce parfum et se rafraîchit, il n'y a rien d'autre à faire que d'accueillir l'automne et de profiter de cette atmosphère douillette.

« Oh, au fait ! Est-ce que ton club a été choisi ? me demande Golfy, me tirant de ma rêverie. Tu ne m'as pas dit.

— Oui ! Je viens d'apprendre la nouvelle. Je suis trop contente !

— C'est génial, Ari ! » Il se tait un instant. « Tu as entendu mes applaudissements ?

— Hum, vaguement. Je suis dehors et il y a un peu de bruit. Notre voisin joue à chat avec ses petits-fils et ils n'arrêtent pas de crier.

— Et bien, je suis super heureux pour toi.

— Merci. »

Je crois que je pourrais parler avec Golfy non-stop pendant vingt-quatre heures sans jamais m'ennuyer, ni en avoir marre, ni me retrouver à court de sujets de discussion.

Je ne sais pas ce qu'il y a de si spécial chez lui. Mais à mes yeux, c'est le meilleur.

Je me moque un peu que personne d'autre ne s'en aperçoive. Moi, j'en suis convaincue, et c'est tout ce qui compte.

« Je te rappelle demain matin pour confirmer tout ça, d'accord ?

— D'accord.

— Bonne nuit, Nodberg.

— Bonne nuit, Golfy.

— Tu peux m'appeler Jonah, tu sais ?

— Oui, je sais. » Je lâche un rire bref. « Mais ça t'embête si je t'appelle Golfy ?

— Pas du tout. Je disais ça comme ça.

— Cool. C'est bon à savoir. »

Chapitre 38

Le lendemain, je suis en train de me préparer pour retrouver Golfy à l'Ice Cream Shop, lorsque je crois entendre la voix de Kaylan dans ma cuisine. Mais elle m'a dit qu'elle allait faire du shopping avec sa mère aujourd'hui, et je l'ai prévenue que je voyais Golfy. Alors, je ne vois pas ce qu'elle ferait là.

J'entrouvre très légèrement la porte de ma chambre, juste assez pour entendre ce qui se passe en bas, mais pas suffisamment pour qu'elle émette son habituel grincement sonore et que le monde entier sache que j'écoute.

« J'ai pensé à tout », murmure Kaylan – enfin, pas vraiment, mais elle n'y peut rien : elle parle fort même quand elle essaie d'être discrète. « Tout est au point.

— Tu es sûre, Kaylan ? » Ma mère semble complètement vannée. « Ça ne va pas être facile à organiser. Tu vas pouvoir assumer tout ça ?

— Oui, je suis sûre. Je gère.

— Je ne sais pas. Il faut que j'en parle à Marc.

— Vous avez dit que votre frère avait fait des one-man-show à Los Angeles, non ? demande Kaylan. Parce que je vais avoir besoin de son aide. Vous pourriez me donner son adresse e-mail ? »

Je suppose qu'il s'agit de son idée de soirées « jeunes talents » dans les *comedy clubs*. J'ai comme l'impression que le rejet de sa proposition par le collège n'a fait que renforcer sa détermination à se consacrer à la comédie. Elle refuse carrément de s'avouer vaincue.

Elle aurait pu me demander l'e-mail de mon oncle David.

J'essaie de les espionner encore un peu, mais elles quittent la cuisine pour le bureau de mon père, et je ne les entends plus.

Lorsque j'ai fini de m'habiller, Kaylan est partie. Ma mère fouille encore toute la maison, à la recherche de la lettre. Je me sens chaque jour un peu plus coupable de l'avoir roulée en boule et cachée au fond du tiroir de mon bureau.

Je demande à Gemma : « Kaylan est venue ? »

Ma sœur est assise dans le salon et regarde un vieil épisode de *La Fête à la maison*, les pieds sur la table basse.

« Aucune idée, répond-elle. Elle date de quand, cette série ? Elle a l'air d'avoir mille ans ! »

Je l'imite : « Aucune idée. Où est maman ? »

Gemma hausse les épaules.

« Sais pas. Quelque part. »

Ça ne m'aide pas beaucoup.

Je finis par trouver ma mère dans le séjour, en train d'enlever un par un tous les livres de la bibliothèque.

« Maman », dis-je alors qu'elle me tourne le dos. Comme elle ne répond pas, je répète : « Maman !

— Quoi, Ari ? »

Elle se retourne enfin. Elle a les cheveux dans la figure.

« Est-ce que Kaylan est venue ici ? J'ai cru entendre sa voix. »

Ma question tombe à plat.

« Tu es sûre de ne pas avoir vu une lettre ? Ton père est à deux doigts de me tuer. J'ai égaré quelque chose de très important. »

J'ai un mouvement de recul.

« Il va te tuer ? Enfin, maman.

— Tu vois ce que je veux dire. » Elle se retourne à nouveau, mains sur les hanches. « Si jamais tu vois une lettre, préviens-moi. Elle était dans une enveloppe vert clair.

— Qu'est-ce qu'elle a de si important, cette lettre ? Je ne comprends pas.

— Je ne peux pas entrer dans les détails, là, Ari. » Elle marque une pause. « Amuse-toi bien avec Golfman, ou... non, ce n'est pas ça... bref, avec ce garçon, peu importe comment tu l'appelles.

— Golfy, maman.

— D'accord. »

J'attends qu'elle ajoute quelque chose, mais elle ne dit rien. C'est triste que ma propre mère ne me porte pas plus d'intérêt, ni à mon nouvel ami, ou petit ami, ou je ne sais quoi, mais qui est, dans tous les cas, très important pour moi.

Je pensais qu'elle serait excitée comme une puce, qu'elle voudrait connaître tous les détails, au point d'en devenir agaçante.

Mais non. Elle n'est pas vraiment elle-même, ces derniers temps.

Je marche jusqu'à l'Ice Cream Shop, et Golfy est déjà là quand j'y arrive. Il est assis à l'une des tables en terrasse, sous les parasols violets, et lit un livre de bibliothèque.

« Salut », dis-je timidement.

Ça fait plusieurs semaines que je ne l'ai pas vu, et je le trouve changé : ses cheveux sont encore plus hirsutes, il ne porte pas de casquette de base-ball, et il semble plus âgé, d'une certaine façon, ou disons plus mature.

De tous les garçons de mon collège, je n'en connais pas un qui s'assiérait tout seul dans un lieu public pour lire un livre de bibliothèque. Mais Golfy semble tout à fait dans son élément.

« Oh, salut ! » Il se lève d'un bond et me serre maladroitement dans ses bras. Nos fronts se cognent légèrement au passage. « Comment ça va, Noddie ?

— Bien. » Je m'assieds, parce que ça me fait bizarre de rester plantée là, après une étreinte. « Et toi ? C'était comment, l'anniversaire de ton grand-oncle ?

— Super, répond-il. Il a appris à tout le monde à danser le fox-trot, tu sais, cette danse ancienne. Il a littéralement donné un cours à sa propre fête d'anniversaire. Je veux dire, il a quatre-vingt-dix ans, mais il pète la forme ! C'était trop marrant.

— Il a l'air génial.

— Il l'est. Mes parents sont encore chez lui, à regarder ses vieilles photos. Il en a des caisses et des caisses. Ils essaient de les trier.

— Oh, c'est cool. » Je souris. « Alors ? Partant pour une glace ?

— On est là pour ça, non ? » On se lève tous les deux et on entre dans la boutique. « Qu'est-ce qu'il y a de bon, ici ?

— Alors, ma préférée, c'est la glace expresso-cookie, mais la pêche Melba est aussi très bonne. Et celle à la pâte de cookie. » Je hausse les épaules. « En fait, tout est bon. »

Il scrute attentivement la liste des parfums sur le mur.

« Et les milk-shakes ?

— Très bons aussi. »

Je lâche un rire.

« Hmm. C'est trop dur de choisir. » Il pivote face à moi. « Qu'est-ce que je fais ? »

Je hausse à nouveau les épaules.

« Commande un milk-shake, et moi une glace. Comme ça, on pourra partager.

— Parfait. »

Une fois servis, on retourne s'asseoir dehors. Il me demande : « Alors, quoi de neuf ? Dis-moi tout. »

Je prends une gorgée de son milk-shake chocolat-beurre de cacahuète.

« Ben, en fait, je me trouve face à un dilemme. »

Tout le long du chemin, je me suis demandé si je devais lui raconter l'histoire de la lettre. Je crois que oui. Ça me pèse, et il faut que j'en parle à quelqu'un.

« Je t'écoute, dit-il en prenant une bouchée de ma glace.

— Alors, mes parents ont reçu une lettre », commencé-je. Je sens déjà mon corps se détendre à l'idée de me confier. « Elle était trop chelou. Genre, des gens sont passés devant notre maison et ont décidé qu'ils devaient absolument l'acheter, et qu'ils étaient prêts à faire n'importe quelle offre. » Je prends une nouvelle gorgée de milk-shake. « Et je me suis trop énervée quand je l'ai trouvée. Genre, c'est quoi, ce délire ? C'est chez nous. Mon père a peut-être perdu son travail, mais ce n'est pas une raison pour vendre la maison ! Pas encore, en tout cas. Si ?

— Non, non... Enfin, je ne sais pas trop, mais j'imagine. » Il me regarde et attend que je continue. « Et alors ?

— Alors, j'ai caché la lettre. Et maintenant, ma mère la cherche partout. Et elle est super stressée. Et moi, je me sens trop mal. Est-ce que je devrais tout lui avouer ? »

Il se mord la lèvre, et regarde le ciel comme s'il espérait y trouver une réponse, ou y voir une intervention divine, ou je ne sais quoi.

« Noddie... » Il m'adresse un sourire nerveux. « Je pense que tu devrais lui rendre la lettre. Tu n'as qu'à dire que tu l'as trouvée sous une pile de linge, ou un truc du genre. N'avoue pas que tu l'as volée, tu vois ? Et ensuite, ben, laisse les choses arriver.

— D'accord, mais... il y a un autre souci... » Je baisse les yeux sur la table. « Je l'ai roulée en boule, et elle est toute froissée, maintenant. »

Il hoche la tête.

« Hmm. Je vois. Eh bien, la théorie du linge marche encore. Elle s'est retrouvée toute froissée sous une pile de vêtements très lourde !

— Mais je n'ai pas envie de déménager, gémis-je.

— Ooh ! Mais qui sait, ces gens sont peut-être milliardaires et prêts à payer dix millions de dollars pour ta maison ? Et ensuite, vous pourrez acheter une villa immense, avec une piscine et une salle de cinéma privée, et ton père ne sera plus stressé du tout, et ce sera super ! » Il fait semblant de lâcher son micro après un discours mémorable. « Non ? Et cette maison pourrait même avoir une cuisine extérieure, avec un de ces fours à pizza super cool. »

Je lève les yeux au ciel.

« Hum, ça me paraît peu probable. Mais qui sait ? J'aime ton optimisme, Jonah Malkin.

— Bah, c'est toujours possible, me rappelle-t-il. Je dis ça, je dis rien. »

On traîne chez le glacier bien plus longtemps qu'on le devrait, mais personne n'attend qu'on libère notre table, alors ce n'est pas grave.

Vers dix-sept heures, ma mère m'envoie enfin un texto.

> Où es-tu ? On dîne à 18 h. Des tacos.

Je réponds :

> Je serai rentrée pour le dîner.

Heureusement, elle ne m'écrit rien d'autre après ça.

Je demande à Golfy : « À quelle heure tu dois retourner chez ton grand-oncle ?

— Maintenant, je suppose, répond-il. Mais personne ne m'a appelé, alors...

— Moi, je dois rentrer à dix-huit heures.

— On n'a qu'à retourner à pied jusque chez toi, alors, suggère-t-il. Mes parents pourront venir me chercher là-bas. Je n'entrerai pas, t'inquiète.

— D'accord. Merci. Et désolée.

— Tu n'as aucune raison de l'être », dit-il.

On marche en silence pendant quelques minutes, puis Golfy me prend la main. On a tous les deux les paumes un peu moites, mais ça ne me dérange pas vraiment. Tenir la main de quelqu'un est sans doute l'un des gestes les plus simples et les plus agréables au monde. Ça nous donne le sentiment d'aller quelque part ensemble. De ne pas être seul. D'avoir quelqu'un à nos côtés. Quelqu'un qui nous donne l'impression d'être en sécurité.

Cette personne nous assure que tout ira bien, sans avoir besoin de parler.

C'est un symbole universel pour dire qu'on va y arriver.

Chapitre 39

« Bon, ça suffit. Je n'en peux plus », annoncé-je à Kaylan après le cours de maths.

On est en semaine B, alors on a maths en première heure, et c'est la pire façon de commencer la journée.

« Il n'a même pas fait remarquer qu'Isabela est la seule de la classe à avoir eu un 20 à l'interro. » Je secoue la tête. « La seule ! Je croyais qu'il tenait à souligner la réussite des élèves ! C'est faux. Il ne félicite que les garçons !

— Je sais, répond Kaylan en m'adressant un regard en biais. Mais arrête de crier ! »

Je m'efforce de baisser le ton : « Il faut lui écrire une lettre anonyme. On n'a qu'à dire qu'on est des élèves inquiets. Qu'Isabela Gomez-Wright est clairement la plus forte en maths dans notre classe, et qu'on veut qu'elle soit reconnue. En plus, est-ce qu'il sait qu'elle donne des cours de soutien à des enfants de primaire toutes les semaines ?

— Chut, Ari, tu cries toujours, me rabroue Kaylan dès qu'on a rejoint nos casiers.

— Ça me contrarie vraiment.

— Je sais bien. » Kaylan me passe un bras autour des épaules. « D'accord, d'accord. On va écrire cette lettre. Mais on devrait peut-être en discuter avec Isabela d'abord, non ? Et l'inciter à la rédiger elle-même ? »

J'y réfléchis une seconde.

« Je crois que ça rendrait le message encore plus percutant, dit Kaylan. On n'a qu'à lui en parler à la fête d'Halloween !

— Peut-être. Mais je n'ai pas envie de gâcher ce moment en évoquant un sujet qui fâche...

— Bah, on ne discutera pas de ça pendant toute la soirée. Bref, je dois aller voir le planning des cours de renforcement. On se voit à midi, Ari.

— OK. Tchao, Kay. »

À l'heure du déjeuner, les filles décident dans quel club elles vont s'inscrire.

« Je n'ai aucune envie de faire du krav-maga, ni de la méditation de pleine conscience, sans vouloir te vexer, Arianna, dit Cami, visiblement toujours indignée que son idée de club n'ait pas été retenue. J'aurais bien fait du coloriage pour adultes, par contre. » Elle jette un regard à M.W. « Je vais peut-être me limiter à mon cours de gymnastique extrascolaire et mes leçons de violoncelle. Ça suffit sans doute. Je veux dire, on a tellement plus de devoirs en cinquième...

— Ouais, elle a raison, renchérit Kaylan en ajoutant de la mayonnaise dans son sandwich à la dinde. Et j'ai l'impression que ça va être de pire en pire. Ryan avait des tonnes de devoirs, l'an dernier. Enfin, il ne les faisait jamais, cela dit. » Elle éclate de rire. « Mais il en avait quand même beaucoup. »

Je glousse aussi, et pioche une chips dans le paquet de Kaylan.

« Ça te dit d'échanger tes chips contre mes bretzels ? »

Elle y réfléchit une minute, puis hoche la tête en signe d'assentiment.

« Au fait, je vais m'inscrire au club de pleine conscience, moi, me dit M.W. Ça a l'air super bien.

— Merci. Et d'ailleurs, aujourd'hui, c'est juste pour faire un essai. Si ça ne te plaît pas, tu pourras changer. »

Kaylan lève les yeux au ciel.

« Moi, je ne m'inscris à aucun club, déclare-t-elle, mais je vais rester après les cours, pour profiter de la salle d'informatique et envoyer des mails aux *comedy clubs* de la région.

— Tu as trouvé des gens marrants, au collège ? lui demande Amirah. Tu peux toujours les recruter pour tes soirées comiques.

— On va en dénicher quelques-uns, affirme Kaylan, sur la défensive. Ils finiront bien par sortir du bois. Vous verrez.

— Elle est quand même bizarre, cette expression, vous ne trouvez pas ? fait remarquer June avec un haussement d'épaules. Genre, pourquoi du bois ? »

Personne ne lui répond.

« Bref. Honnêtement, les filles, je suis trop contente qu'on ait décidé de se déguiser en crayons de couleur pour Halloween, déclare Cami en tapant dans ses mains. Kaylan, c'était une idée géniale.

— Merci, très chère.

— Alors, on est fin prêtes pour demain ? On se retrouve chez Jay à dix-sept heures pour le début de la fête, on reste un peu, et puis on sort faire la tournée des maisons du quartier ? demande Cami en répétant le programme pour la millième fois. Est-ce qu'on vient au collège déguisées ?

— Oui ! s'écrie Kira. Bien sûr. Tout le monde le fait !

— Ah bon ? s'étonne M.W. C'était le cas, l'année dernière ? Je ne m'en souviens pas.

— Moi non plus, lui chuchoté-je

— Moi, je suis pour », lance Kaylan, avant de piquer à Sydney un mini-cookie aux pépites de chocolat.

Le reste de la journée s'écoule au ralenti, jusqu'à ce qu'arrive l'heure des ateliers.

Madame Maxwell annonce au haut-parleur que les salles attribuées à chaque club sont indiquées sur tous les panneaux d'affichage.

Je me précipite vers le panneau le plus proche, et découvre que mon club se tiendra dans la salle d'astronomie, au troisième étage, et sera supervisé par madame Yarden.

Elle est israélienne et c'est une prof de SVT ; je suis sûre qu'on va former l'équipe parfaite. En plus, si on fait des pauses, elle pourra m'aider à améliorer ma pratique des danses israéliennes : en quatre semaines de colo, je n'ai eu que le temps d'apprendre les bases.

Lorsque je gagne la salle d'astronomie, six élèves sont déjà là. Puis madame Yarden arrive en courant. Ses lunettes sont perchées sur le sommet de sa tête, et ses cheveux bruns frisés volent dans tous les sens.

« Bonjour, bonjour, mes chers élèves », dit-elle en déposant sa pile de dossiers et en respirant un grand coup.

Je réponds doucement : « Bonjour. »

Je ne connais pas la plupart des élèves présents, mais ils ont tous l'air plutôt timides : ils sont assis à leurs tables et n'échangent même pas quelques mots.

« Arianna ? » m'appelle madame Yarden depuis le bureau, à l'avant de la classe. Elle me fait signe de la rejoindre avec son doigt. Je m'exécute, et elle ajoute : « Veux-tu faire une présentation du club ? Expliquer en quoi ça consiste ? Ce genre de choses. »

Je hoche la tête.

« Oui, bien sûr. Mais je suis moi-même débutante. Vous avez de l'expérience dans ce domaine, vous ? Je suppose que oui, et que c'est pour ça que vous supervisez ce cours, mais...

— Oui, ne t'en fais pas. » Elle sourit. « Ça va être génial. »

Je m'approche du groupe, et on installe toutes nos chaises en cercle.

Je me lance : « Commençons par un tour de table. On va dire comment on s'appelle, dans quelle classe on est, et quel est notre parfum de glace préféré. »

À ce moment-là, deux autres élèves arrivent, et je leur fais signe de prendre place.

Tout ça me vient plutôt spontanément, je ne me suis pas vraiment préparée. À cet instant précis, je me sens véritablement dans la peau d'un leader. À cent pour cent. Et ça ne me paraît pas compliqué ni impressionnant, je suis assez à l'aise.

« Je commence. Je m'appelle Arianna, mais presque tout le monde m'appelle Ari. Vous pouvez m'appeler comme vous voulez. Et, hum, je suis en cinquième, et mon parfum de glace préféré, c'est chocolat au lait et cookies. C'est un parfum très rare et difficile à trouver, mais en fait, c'est juste une glace aux cookies avec du chocolat à la place de la vanille.

— Bonjour, moi, c'est Anya. Je suis en cinquième ; je suis nouvelle cette année. Et mon parfum de glace préféré, c'est chocolat avec des morceaux de noix et de Chamallows. »

Anya a une voix super aiguë et les cheveux nattés. Elle porte une salopette, avec un T-shirt gris délavé en dessous.

Elle dégage quelque chose de très cool et d'apaisant.

Les autres élèves se présentent : il y a quelques sixièmes, des quatrièmes, et trois cinquièmes que je ne connais pas.

« Bon, on va commencer doucement, dis-je à tout le monde en tentant de me mettre dans la peau de Président, notre moniteur à Camp Silver. D'abord, on va faire des exercices de méditation de trois minutes que j'ai trouvés sur Internet, et on les rallongera d'une minute à chaque atelier. Ce n'est pas grave si votre esprit s'égare. Vous pouvez le laisser vagabonder, puis revenir à l'instant présent. »

Madame Yarden hoche la tête.

« Oui, très bien. Et ensuite, si certains d'entre vous souhaitent diriger des exercices, ce sera super. Mais nous y viendrons. Nous avons toute l'année. »

Lorsqu'elle dit ça, je laisse échapper un profond soupir.

J'ai l'impression que Kaylan et moi nous précipitons pour tout accomplir avant ma bat-mitsva, la date butoir de notre liste.

Mais ce club, c'est autre chose : ici, on a vraiment toute l'année scolaire devant nous. Et c'est plutôt génial et rassurant.

« Le premier exercice que nous allons faire s'appelle la méditation de concentration. Il s'agit de focaliser toute votre attention sur une seule chose. » Je marque une pause. « Et aujourd'hui, on va se concentrer sur la respiration. »

Tout le monde me regarde.

Je demande avec un sourire : « Prêts ? »

Ils hochent la tête.

Et je sens que c'est le début d'une aventure magique.

Chapitre 40

J'attends Kaylan devant le gymnase, parce qu'on a prévu de prendre le dernier bus ensemble.

Il ne nous reste plus que quelques jours avant la date butoir de notre liste – et avant nos anniversaires et ma bat-mitsva, ce qui est sans doute encore plus important.

Ça fait déjà dix minutes que les ateliers des clubs sont finis, et elle n'est toujours pas là.

Je commence à avoir un mauvais pressentiment. Genre, elle s'est fait reconduire chez elle par quelqu'un et elle m'a oubliée.

Pas ce coup-là encore une fois...

Je vais devoir appeler ma mère pour qu'elle vienne me chercher, mais je ne sais même pas si elle est à la maison. Et si je tombe sur mon père, et que c'est lui qui vient ? Depuis qu'il se laisse aller et qu'il déprime, j'ai horreur de me retrouver seule avec lui.

C'est comme si je n'avais plus rien à lui dire. Je ne sais pas comment c'est arrivé.

Depuis qu'il a perdu son emploi, on dirait que toute ma famille est recouverte d'une sorte de voile de tristesse. Comme le film en plastique qu'il y a sur les cadres photo neufs et qu'on doit enlever avant de s'en servir.

On est tous recouverts d'une fine pellicule de tristesse.

Il faut que je lui parle et que je lui déballe ce que j'ai sur le cœur. Pas seulement parce que je dois encore « avouer mes sentiments à un garçon », mais parce que je veux me débarrasser une bonne fois pour toutes de cette horrible tension étrange qui flotte dans l'air en permanence.

Je continue à jeter des regards anxieux derrière moi, en quête de Kaylan ; mais au bout de dix minutes supplémentaires, je n'en peux plus. Je tente un rapide exercice de méditation. Je me concentre sur ma respiration pour me calmer.

Ça marche plus ou moins.

Je décide de faire le tour du collège pour voir si je la trouve. Elle est peut-être coincée avec un prof qui lui tient la jambe, ou un truc du genre.

J'enfile mon sac à dos et pars à sa recherche. L'espace d'une seconde, je me sens l'âme d'une exploratrice en pleine expédition, avec un énorme sac chargé de matériel, qui parcourt la savane sur la piste d'animaux sauvages en voie de disparition. Mais en vérité, je marche sur du lino, mon sac n'est pas si lourd, et je ne cherche que ma meilleure amie.

J'arrive au bout du couloir du bâtiment C et jette un coup d'œil dans la salle d'informatique. Elle est là, les yeux rivés sur un écran, tapant frénétiquement sur le clavier.

« Kaylan ? Qu'est-ce que tu fais ? Tu sais qu'il est l'heure de partir, n'est-ce pas ? » Je regarde ma montre. « Je crois même qu'on a déjà raté le dernier bus.

— Oh, c'est vrai ? » Elle se lève d'un bond, puis se penche pour quitter ce qu'elle était en train de faire sur l'ordinateur. « Désolée, Ari.

— Je ne comprends pas. Qu'est-ce que tu fabriquais ? Tu cherches encore des *comedy clubs* ? »

Elle hésite une seconde.

« Ouais, c'est ça.

— Il n'y en a pas tant que ça dans les environs. »

Je lui lance un regard en biais, attendant qu'elle me dise la vérité, mais elle reste silencieuse. J'ai de nouveau ce désagréable pressentiment.

« Tu me caches encore quelque chose.

— Mais non, je te le promets. » Elle sort de la salle et me rejoint. « On peut appeler ma mère pour qu'elle vienne nous chercher. Elle m'a dit qu'elle prenait son après-midi. Pour s'occuper d'elle, ou un truc du style.

— Oh, elle se fait faire un massage ? Ou une manucure-pédicure ? » demandé-je, soudain jalouse de la mère de Kaylan.

J'ai peut-être besoin d'une journée de repos pour ma santé mentale, moi aussi.

« Je crois. Elle voit Robert Irwin Krieger, ce week-end. » Kaylan hausse les sourcils plusieurs fois de suite. « Je pense qu'ils sont plus ou moins amoureux. On a réussi notre coup. C'était presque trop facile, non ?

— Faut croire. On doit être de bonnes entremetteuses. On pourrait peut-être en faire notre métier, un jour.

— *Oh my God !* » Kaylan se fige au milieu du couloir et me dévisage, les yeux exorbités. « Mais oui ! Des BFF entremetteuses ! Ce serait génial !

— Ouais, trop génial », confirmé-je.

Mais je me demande toujours ce que Kaylan faisait sur l'ordinateur depuis tout ce temps.

Elle appelle sa mère, qui répond qu'elle passera nous prendre dans quinze minutes, dès que ses ongles seront secs. On s'assied dehors, sur le bord du trottoir devant le gymnase.

« C'était comment, ton club de pleine conscience ? Vous avez bien médité ? demande-t-elle avec un gloussement.

— Ça s'est bien passé. On n'était pas des millions, mais les quelques personnes qui sont venues étaient intéressées.

— C'est tout ce qui compte, répond Kaylan.

— J'ai eu le droit de diriger un exercice ! Dès le premier jour !

— Sérieux ? C'est génial, Ari !

— Désolée de me vanter, dis-je en shootant dans un caillou qui traîne devant moi sur le trottoir. Mais c'était trop cool. Il fallait absolument que je te le dise.

— Arianna Simone Nodberg. » Kaylan plonge ses yeux dans les miens, et on essaie de toutes nos forces de garder notre sérieux. « Je suis ta BFF et tu peux te vanter tant que tu veux. Les BFF, c'est fait pour se faire mousser.

— On dirait un slogan, dis-je en lâchant un rire, avant de répéter : "Les BFF, c'est fait pour se faire mousser." »

Chapitre 41

« Pourquoi c'est toi, le crayon violet ? » m'interroge Gemma, tandis qu'on prend notre petit déjeuner.

Elle a décidé de se déguiser en bol de pop-corn pour Halloween. Évidemment.

« Est-ce que c'est à cause du roman *Harold et le crayon violet* ? »

J'éclate de rire.

« Hum, j'en sais rien. J'ai juste dit que je serais le violet. Personne d'autre ne le voulait.

— Elle a pris quelle couleur, Kaylan ?

— Vert. Elle adore le vert. À cause de ses origines irlandaises, je crois.

— Est-ce que les Juifs ont une couleur spéciale ? » me demande-t-elle.

Sérieux, comment peut-elle être aussi bavarde dès le matin ? Ça me dépasse.

« Hum, oui, le bleu ou le blanc, j'imagine. Ce sont les couleurs d'Israël. » Je verse des Cheerios dans mon bol. « Tu poses beaucoup de questions, Gem.

— Et alors ? »

Elle me lance un regard noir. Je finis ma bouchée.

« Alors rien. »

Lorsque Kaylan et moi arrivons au collège dans nos costumes, on dirait que le monde entier s'est illuminé. Je crois qu'il n'y a pas d'âge pour fêter Halloween. Une bonne occasion pour tout le monde de se gaver de bonbons, de se déguiser et d'être quelqu'un d'autre le temps d'une journée. C'est tout simplement magique, et ça me permet d'oublier mon stress quotidien.

La seule chose qui me tracasse, c'est qu'il ne reste que trois jours avant ma bat-mitsva. Avant notre date butoir. Je crois que j'ai perdu le compte de tout ce qu'il nous faut encore accomplir, mais je préfère ne pas y penser.

En arrivant à nos casiers, on retrouve les autres filles.

« Une photo ! » crie Cami. Elle tend son portable à madame Divar, la surveillante du collège. « Merci beaucoup.

— Après ça, je ne veux plus voir ton téléphone, Cameron, ordonne madame Divar en nous considérant à travers ses lunettes. Même si c'est Halloween. Le règlement, c'est le règlement. »

C'est bien dommage qu'elle ne se laisse pas contaminer par l'ambiance festive.

On se rapproche toutes, en se tenant par les épaules, et un sentiment de joie et de satisfaction m'envahit. Non, ces filles ne sont pas parfaites. Non, ce ne sont pas mes âmes sœurs de Camp Silver. Mais ça aurait pu être pire. Je veux dire, elles se sont donné du mal pour nos déguisements d'Halloween. Et elles ont choisi une idée qui puisse inclure tout le monde.

Je finirai bien par les aimer. En fait, je les aime déjà.

« Votre attention, chers élèves, les cours de huit heures sont annulés, aujourd'hui. Vous êtes attendus dans l'auditorium pour le rassemblement citoyen. Merci. »

Je me tourne vers Kaylan.

« On est en semaine B ! Pas de maths !

— Alléluia ! chantonne-t-elle.

— Je vais parler à Isabela à la fête de Jay, ce soir, d'accord ? » Je fourre mon sac à dos dans mon casier, puisqu'on n'en a pas besoin pour le rassemblement. « Je te rappelle que c'était ton idée. »

Kaylan hoche la tête.

« Ça marche, mais on peut en parler plus tard ? Je n'ai pas envie de gâcher mon plaisir. Aujourd'hui, c'est Halloween et on n'a pas maths !

— Bien sûr. » Je crochète mon bras au sien et on se rend à l'auditorium ensemble. « On essaie d'écrire aujourd'hui la lettre pour monsieur G., d'accord ? »

Tout le monde est de si bonne humeur (à part madame Divar, visiblement) que le reste de la journée passe à toute vitesse. Même mes profs super stricts des cours avancés nous laissent regarder des films et discuter en classe. Pendant notre heure au CDI, on est dispensés d'exercices sur les bases de données et les catalogues : à la place, on écoute un groupe de profs nous lire *Le Corbeau*, d'Edgar Allan Poe, d'un ton lugubre.

Dans l'ensemble, je passe une super journée, et à dix-sept heures pétantes, la « bande des Crayons de couleur » débarque à la fête de Jay.

« Les filles, on va être les plus mignonnes de la soirée, déclare June lorsqu'on franchit le portail.

— Ça ne fait aucun doute, réponds-je.

— Il fait ça tous les ans ? demande Kira tandis qu'on remonte la longue allée qui mène à la porte d'entrée.

— Non, c'est la première fois, explique Cami. Il a emménagé à Brookside l'an dernier. Ses parents ont fait construire leur maison de A à Z. Elle est immense, et leur jardin est aussi grand qu'un terrain de golf, alors ils lui ont permis de donner une fête pour Halloween et d'inviter tous les cinquièmes.

— Waouh ! s'exclame Amirah en ajustant son déguisement de crayon orange.

— Comment tu sais tout ça, Cam ? s'enquiert M.W. Honnêtement ? Tu es, genre, une encyclopédie sur Brookside.

— Hum, oui, c'est tout moi. »

Elle lève une main pour que tout le monde lui claque un *high five*. Elle en fait des tonnes, comme toujours, mais ce soir, ça me dérange moins que d'habitude.

On entre dans la maison, et la mère de Jay (enfin, je suppose que c'est elle) nous accueille vêtue d'un déguisement de sorcière. On prend chacune une boisson rouge sur le plateau qu'elle tient entre ses mains.

« Euh... Il y a des yeux, là-dedans ! s'écrie Kaylan. *Oh my God !* »

On traverse la cuisine pour se rendre au jardin, qui est décoré comme une maison hantée super flippante. Il y a des squelettes partout, des crânes qui pendouillent, des toiles d'araignées, et des enceintes qui diffusent des bruits à vous donner la chair de poule – du style, des gens qui hurlent, des portes qui grincent et des miaulements inquiétants.

Je chuchote à Kaylan : « C'est stressant. »

On repère Jason et ses copains près du buffet, et on s'approche pour les saluer. Il y a tout un assortiment de choses à grignoter classiques, genre pizzas, feuilletés aux saucisses et mini-nems, mais aussi des trucs d'Halloween super gore : des petits pains en forme de doigts coupés, avec des amandes effilées en guise d'ongles et de la confiture qui dégouline, une sauce au fromage présentée comme un œil géant avec une olive verte au milieu, de la gelée en forme de cerveau, et un grand saladier de spaghettis qui ressemblent franchement à des vers de terre.

Une partie de moi se demande s'ils ont engagé un organisateur d'événements et un traiteur. Mais qui serait vraiment prêt à faire tout ça pour une fête d'Halloween ? Finalement, je devrais peut-être proposer à Jay de s'occuper de ma bat-mitsva.

« Tout le monde s'amuse ? » s'enquiert Jay, qui vient de nous rejoindre, interrompant le cours de mes pensées. Il retire ses dents de vampire. « Désolé, je ne veux pas vous postillonner dessus.

— Cette fête déchire, dit Jason.

— Ouais, c'est une super soirée, Jay. »

Il lève les pouces à la cantonade, puis on se sert des assiettes de nourriture et on va tous s'asseoir près de la piscine, à côté d'un géant à moitié décapité dans un cercueil.

Je suis occupée à déguster ma sauce au fromage, lorsque j'aperçois Isabela Gomez-Wright qui arrive avec des amis.

« Je reviens tout de suite, les filles. »

Je me lève de table et me dirige vers elle. Quelques instants plus tard, Kaylan nous rejoint.

Bien. On doit faire ça ensemble.

« Isabela, on peut te parler deux minutes ? lui demandé-je après l'avoir complimentée pour son super déguisement d'*Où est Charlie ?*.

— Quoi ? Pourquoi ? Mon costume est abîmé, ou quoi ?

— Oh, non. Pas du tout. T'inquiète », la rassuré-je.

On va s'asseoir dans un hamac, et je me lance : « Écoute, je vais la faire courte, parce qu'on est à une fête et qu'on est là pour s'amuser, mais… »

Kaylan prend le relais : « Monsieur Gavinder ne t'interroge jamais. Ni toi, ni *aucune fille* ! » Elle a prononcé la fin de sa phrase en criant. « Et on veut que ça change. Et, hum, t'aider à briller. »

Isabela éclate de rire.

« Euh, quoi ? Vous êtes bizarres, les filles.

— Non, on est sérieuses, dis-je. On va lui écrire une lettre anonyme. Mais on voulait te prévenir. On veut que tes efforts et ton génie soient reconnus. Parce que tu déchires en maths, Isabela. »

Elle s'avance au bord du hamac.

« Merci. C'est vrai que ça m'agace. Les maths, c'est, genre, mon truc à moi. Et il ne me remarque jamais. Vraiment jamais.

— Exactement ! » m'écrié-je. Heureusement qu'il y a beaucoup de bruit à cette fête et que personne ne peut m'entendre. « Ce n'est pas juste ! Tu es d'accord pour qu'on écrive cette lettre ? Ou tu veux la rédiger toi-même ? »

Isabela lâche un rire bref.

« Hum, non, je préfère que ce soit vous.

— D'accord. Franchement, cette situation, c'est du délire, dit Kaylan en secouant la tête. Et si on peut se rendre utiles...

— Merci, les filles. C'est vraiment très gentil. »

L'une de ses amies l'appelle : « Isabela ! Viens voir ça !

— Je dois y aller », dit-elle avec un sourire.

Kaylan et moi discutons rapidement du contenu de la lettre, et je note quelques idées sur mon portable.

« Je l'écrirai en rentrant, ce soir. Enfin, je la taperai à l'ordinateur, pour qu'il ne puisse pas reconnaître mon écriture. D'accord ? demandé-je à Kaylan.

— Super. J'ai le cœur qui bat à cent à l'heure, là. Pas toi ? J'ai l'impression qu'on va vraiment accomplir quelque chose.

— Oui ! Moi aussi ! » J'éclate de rire. « Pour le cœur qui bat et le sentiment que c'est important. »

On rejoint les Crayons, et on continue à grignoter et à discuter. Je me sens flotter comme un ballon de baudruche gonflé à l'hélium. Aider les gens fait assurément partie de mes passions.

Et je n'aurais jamais pu me limiter à une seule.

Je m'en suis trouvé plusieurs. Et je me consacre à toutes.

Je prends mentalement note de faire le rituel de la victoire et de cocher cet item quand je serai de retour chez moi.

Après la tournée des maisons pour demander des bonbons, me voilà rentrée ; j'envoie rapido un selfie dans mon déguisement de crayon aux filles du camp, avant de me mettre en pyjama et de me glisser dans mon lit.

Alice :

Ari, t'es trop belle !

Merci ! Vous vous êtes bien amusées, pour Halloween ? On s'est grave éclatées. Sérieux.

Ici aussi. Avec mes copines, on s'est déguisées en personnages de contes de fées. J'étais le Petit Chaperon rouge.

Hana :

C'était génial. Tout le monde est venu chez moi et on a distribué des bonbons aux enfants. Trop bien !

Zoé :

Je suis allée chercher des bonbons dans tout l'immeuble, dans les maisons de la ville, les magasins, tout ça. Halloween à New York, c'est de la FOLIE !

JVM trop trop trop trop !

Comme je n'arrive pas à dormir, j'envoie un texto groupé aux Crayons, pour leur dire que j'ai passé un super Halloween ; puis, j'écris la carte d'anniversaire de Kaylan.

Ça tombe le lendemain d'Halloween, mais elle ne râle jamais. C'est quand même bizarre ; la veille, tout le monde ne pense qu'à se faire peur, et d'un coup, bam, c'est son anniversaire.

Je crois que le fait que le mien tombe le lendemain est une bonne chose. Genre, parce qu'on est deux à avoir le même problème.

Ça rend la situation plus facile, et c'est l'occasion de faire deux fois plus la fête.

Chapitre 42

« Joyeux anniversaire ! hurlé-je dans mon portable. Désolée, mais je ne vais pas pouvoir prendre le bus, ce matin. Mes parents me déposent en voiture, parce que je dois parler à madame Yarden à propos du club de pleine conscience.

— Ouais, ouais, c'est ça. » Elle éclate de rire. « À tout à l'heure, Ari. »

Elle sait très bien que je mens, mais elle ne fait pas d'histoire.

Le jour de notre anniversaire, on se retrouve toujours toute seule dans le bus, ce qui est un peu triste parce que, justement, c'est notre anniversaire. Mais c'est carrément essentiel.

Car on doit décorer le casier de l'autre. Et pour ça, il faut arriver tôt au collège.

Aujourd'hui, Kaylan a treize ans. Elle entre officiellement dans l'adolescence.

Ça veut dire qu'elle mérite les plus belles décorations de casier de toute l'histoire. Du moins, c'est l'objectif.

Je retrouve Cami et les autres filles près de la grille, et on passe à l'action.

« Ooh, c'était une super idée », dis-je en reculant pour admirer notre chef-d'œuvre.

Cami a découpé des photos de plusieurs humoristes célèbres : Ellen DeGeneres, Amy Schumer, Tina Fey, Wanda Sykes, et des gens comme Lucille Ball et Betty White.

« Elle va kiffer ! hurle M.W.

— Tu as apporté les rubans à paillettes ? » me demande Cami.

Je hoche la tête, puis on passe quelques minutes à les dérouler et à les coller en haut et en bas du casier.

« J'ai acheté son sandwich préféré, le Harvey Suprême, nous informe Amirah, qui déboule à toute allure, flanquée de Sydney et June. « Et j'ai aussi pris du thé glacé.

— Parfait ! »

Cami et moi avons répondu en même temps. On se claque un *high five*, puis on retourne à nos décorations.

« Je crois que c'est bon, les filles, déclare Kira en examinant le résultat, mains sur les hanches. Oh, les bus sont là ! Vite ! Tout le monde s'assied. »

On se laisse toutes tomber devant les casiers, dans une posture cool et décontractée. Kaylan arrive quelques minutes plus tard et glapit : « Oh, mon Dieu ! Les filles ! » Elle effectue une petite gigue juste devant notre œuvre, puis admire tout en détail. « C'est génial. »

Je lui chuchote à l'oreille : « Je sais que c'est ton anniversaire, mais on peut partir un peu avant la première sonnerie, pour déposer la lettre ? »

Elle hoche la tête.

« Oui, allons-y. »

Cher monsieur Gavinder,

Nous sommes des élèves de cinquième de votre cours de maths des classes avancées. Nous trouvons que vous êtes un très bon professeur, cependant, nous avons constaté que vous interrogiez beaucoup plus souvent les garçons que les filles. Vous ne vous en rendez peut-être pas compte.

Par ailleurs, savez-vous qu'Isabela Gomez-Wright donne des cours de soutien à des enfants de primaire ? C'est la meilleure élève en maths de toutes les classes de cinquième. Peut-être même du collège.

Nous pensons que vous devriez le remarquer.

Cordialement,

Des élèves anonymes

On s'assure que la salle des profs est vide, avant de glisser le mot dans sa boîte aux lettres. Puis, alors qu'on se dirige vers notre premier cours, madame Yarden m'arrête au milieu du couloir.

« J'ai fait une bêtise ? lui demandé-je en fouillant mon cerveau, à la recherche d'une erreur que j'aurais pu commettre au club de pleine conscience.

— Oh non, voyons ! » Elle me sourit. « Mais est-ce qu'on peut parler un instant ? »

Je hoche la tête.

« Kaylan peut venir aussi ? C'est son anniversaire.

— Bien sûr. » On la suit dans la salle d'informatique. « Voilà, dit-elle à voix basse, j'étais à une réunion, ce matin, avec d'autres professeurs de collège de notre comté, et on échangeait des idées d'ateliers extrascolaires. Je leur ai parlé de ton club de pleine conscience, et ils ont adoré. » Elle tape dans ses mains. « Vraiment adoré. Ils ont trouvé que c'était une idée fantastique.

— Sérieusement ? C'est trop génial.

— Bravo, Ari ! hurle Kaylan, avant de murmurer : Désolée, mais c'est mon anniversaire.

— Oui, c'est vraiment génial, confirme madame Yarden. Et ils veulent en monter dans les autres collèges aussi. Ça pourrait même devenir une sorte de programme régional. »

Je hausse les sourcils.

« Waouh. Je n'arrive pas à y croire. »

Madame Yarden transfère son poids d'un pied sur l'autre.

« Je voulais juste te prévenir. On n'en est encore qu'au début, mais je te tiendrai au courant pour les prochaines étapes et la façon dont tu pourras participer.

— Super ! J'ai trop hâte. »

Je suis à deux doigts de la serrer dans mes bras, mais quelque chose me retient. C'est toujours un peu bizarre d'étreindre un prof.

« Moi aussi. Félicitations, Arianna. » Elle sourit. « Bon, à présent, nous ferions mieux d'aller en classe, non ? Et bon anniversaire, Kaylan.

— Je vais rester ici une seconde pour vérifier que j'ai bien imprimé mon devoir d'anglais.

— D'accord, Arianna. Passez une bonne journée, les filles. »

Je souris toujours jusqu'aux oreilles.

Une fois madame Yarden partie, Kaylan pivote face à moi et me prend par les épaules.

« Ari ! Waouh ! C'est géant !

— Carrément ! Je crois que je peux faire le rituel de la victoire tout de suite. Un programme régional d'ateliers de pleine conscience, on peut dire que ça compte pour "Marquer les esprits". » J'attends qu'elle confirme. « Non ? Tu n'es pas d'accord ?

— Si, totalement. Vas-y. »

Après m'être exécutée, je consulte rapidement la liste et coche cet item.

Kaylan et moi nous rendons ensemble à nos cours suivants.

« Kay, c'est ton anniversaire, dis-je. Demain, c'est le mien. Ma bat-mitsva est dans deux jours. » Je serre les dents. « On est tout près de la ligne d'arrivée.

— On s'en sort comme des chefs. On déchire carrément. »

1. Entretenir notre amitié. ☒
2. Boire assez d'eau (pour garder un teint éclatant). ☒
3. Marquer les esprits. ☒
4. Maîtriser l'art des macaronis au fromage (faits maison, pas ceux de la boîte !). ☒
5. Réussir l'équilibre parfaitement. ☒
6. Aider quelqu'un à briller. ☐ (en cours)
7. Passer une nuit blanche pour voir le coucher et le lever du soleil. ☒
8. Trouver l'homme idéal pour la mère de Kaylan. ☒

9. Faire un dessin par jour. ☒
10. Avouer nos sentiments à un garçon. ☐
11. Se consacrer corps et âme à une passion (première étape : se trouver une passion). ☒
12. Se défaire d'une mauvaise habitude. ☒

Après les cours, mon père me conduit à ma leçon de bat-mitsva. Ma mère finalise la commande de ballons chez Get Ready to Party, le magasin d'articles de fête de Carlton Park, une ville à quelques kilomètres de Brookside.

Au moins, il y aura des décorations dans la salle de réception de la synagogue. Ça rendra ma bat-mitsva un peu plus festive que les habituels déjeuners qui se tiennent là-bas après l'office. Ajouter des ballons, ça fait toute la différence. C'est comme s'ils étaient gonflés au bonheur brut.

« Comment ça va ? » demande mon père lorsqu'on s'arrête à un feu rouge.

Allez, Ari, c'est le moment ou jamais. Il faut te lancer. Ta bat-mitsva est dans deux jours. La date butoir de la liste est imminente.

« Hum, eh bien, ça pourrait aller mieux. Ça pourrait aussi être pire. Mais il faut que je te parle. »

Il garde les yeux rivés sur la route.

« D'accord...

— J'ai l'impression que le fait de perdre ton emploi, ça a vraiment été un coup dur pour toi, et que ça t'a rendu super distant. Et tout le monde attend de moi que je vous remonte le moral. » Je sens des larmes se former aux coins de mes yeux. « Mais je ne peux pas faire ça constamment, ni sans cesse apaiser les choses. Maman est toujours au bord de la crise de nerfs.

— Je sais, répond-il doucement. On traverse une période compliquée. Et tu affrontes très bien la situation. »

J'attends qu'il continue, mais il garde le silence. C'est vraiment tout ce qu'il a à dire ? Les adultes devraient être capables de faire mieux que ça. Ils devraient pouvoir expliquer les choses et donner du sens aux moments difficiles.

Je le regarde, même s'il fixe toujours la route, et j'essuie mes larmes avec la manche de ma veste en velours côtelé.

« Je ne savais pas si tu t'étais aperçu que c'était dur pour moi. On attend tout le temps de moi que je sois calme, parce que j'ai toujours été comme ça. Mais c'est impossible de rester zen non-stop.

— Je sais. » Il marque une pause. « Je me rends compte que tu fais de gros efforts. Et aussi à quel point ça te fait du mal. Je suis désolé. Pour tout. »

Lorsqu'il se gare devant la synagogue, mon père ajoute : « Je suis content qu'on en ait parlé. Et, hum, bonne leçon. Je t'attendrai sur le parking. »

Je descends de la voiture. Je n'arrive pas à savoir si cette conversation a été conforme à mes attentes ou non. Il n'a pas dit grand-chose, au fond. Je suppose qu'il m'a écoutée, ce qui est déjà bien. Mais il n'a rien apporté, ni explication ni solution.

Peut-être qu'il n'y a pas toujours de réponse, ni de manière d'arranger les choses. Ou peut-être qu'il faut simplement du temps.

« Bonjour, Arianna ! m'accueille madame Simon d'un air on ne peut plus enjoué, lorsque j'entre dans son bureau.

— Bonjour. »

Je m'assieds dans le fauteuil en cuir et sors mes dossiers.

Elle lève l'index.

« Oh, attends ! C'est ta dernière leçon. Il faut qu'on répète à la table de lecture. Tu vas imaginer qu'il y aura toute une assemblée, là-bas, devant toi ! »

On quitte son bureau et je la suis jusqu'au sanctuaire. Ça fait bizarre de le voir vide et sombre.

Elle actionne un interrupteur et toute la salle s'illumine.

« Il fait très froid ici, désolée, dit-elle.

— Ça va, j'ai plusieurs épaisseurs.

— Il fera plus chaud le jour de ta bat-mitsva. Promis. »

On gravit l'escalier de la *bimah*[12], puis je me place juste devant, face au sanctuaire désert.

« Imagine cette salle remplie de gens qui t'aiment », dit-elle en souriant.

On commence à répéter les prières de la première partie de l'office. Mon hébreu est impeccable. Je prononce tous les mots à la perfection, même ceux sur lesquels je butais pendant les leçons.

Madame Simon sort la Torah de l'arche, et tire les poignées en bois pour l'ouvrir à l'endroit précis de ma section. Puis, je m'approche, prête à lire ce rouleau, comme des milliers de personnes avant moi.

À présent, c'est mon tour. Mon moment.

Je n'arrive pas à y croire.

« Tu es prête ? » me demande madame Simon.

12. La bimah est la table lecture, souvent placée sur une estrade, au centre du sanctuaire.

Elle me tend une sorte de pointeur long et mince en argent. Ça s'appelle un *yad*, qui signifie « main » en hébreu, et permet de ne pas perdre sa ligne pendant qu'on lit.

« Je crois.

— Mais oui, tu l'es. » Elle sourit. « Je le sais. »

Je chante ma section de la Torah, la vie de Sarah. Et à cet instant, tout s'éclaire. Tout ce qui m'a conduite jusqu'à ce moment : toutes mes réflexions, tous mes questionnements, et même mes disputes avec les filles de la cantine et mes parents.

Le judaïsme – ses enseignements et sa communauté – a toujours été là pour moi. Ça a toujours été une chose sur laquelle je pouvais compter, une chose plus grande que moi et mes problèmes.

Le but de cette expérience n'était pas d'accomplir des obligations, ni de franchir des étapes qu'on m'a imposées.

Mais de me montrer que la religion est là pour moi, pendant les moments difficiles, les bons, et tous les autres. La religion est une boussole qui nous indique la marche à suivre lorsque rien n'a de sens.

La religion est là pour nous, quoi qu'il arrive.

Il s'agit d'avoir foi en ce qu'on ne peut pas voir.

« Arianna, c'était fantastique », me félicite madame Simon à la fin de mon chant.

J'ai presque l'impression d'avoir vécu une expérience extracorporelle, tant mon esprit vagabondait pendant que je lisais ; mais, d'une certaine façon, ça a rendu ce moment encore plus important pour moi. Parce que j'ai eu cette magnifique révélation. Et j'ai enfin trouvé ce que je vais dire dans mon discours !

Voilà, finalement, il y a aussi du bon dans les mauvaises habitudes.

Rien n'est jamais tout noir ou tout blanc.

Il y a toujours plusieurs couches. Parfois, c'est compliqué, les choses se brouillent.

Ainsi va la vie.

La vie de Sarah.

Et la vie d'Arianna, aussi.

« Prête pour ton discours ? me demande madame Simon. Je sais qu'il te pose des problèmes, mais mon petit doigt me dit que tu vas très bien t'en sortir. »

Je déglutis péniblement.

« Je dois le réécrire. Mais je vous promets qu'il sera au point pour ma bat-mitsva. De toute façon, je n'ai pas le choix, pas vrai ? »

Elle lâche un petit rire.

« Je gère, promis, dis-je avec un sourire. J'ai enfin trouvé ce que je veux dire. Genre, là, à l'instant. »

Madame Simon hausse les sourcils.

« J'imagine qu'un peu de suspense ne peut faire de mal à personne. » Elle pose une main sur mon épaule. « Tu es sûre de ne pas vouloir en discuter un peu ? Me donner un petit avant-goût de ce qui nous attend ? »

Je secoue la tête.

« Vous m'avez amenée jusqu'ici, mais je dois finir le chemin toute seule. »

Chapitre 43

Je reste éveillée jusqu'à minuit pour plancher sur mon discours, alors je m'attends à être épuisée au matin de mon anniversaire. Mais ce qu'il y a de bien avec les anniversaires, c'est qu'on est toujours rempli d'adrénaline. Alors, même si on n'a pas assez dormi, on ne sent pas la fatigue.

Le meilleur jour de l'année pour se coucher vraiment tard, c'est la veille de notre anniversaire.

La sonnerie de mon portable retentit. J'ai déjà reçu des textos de la part de plein de personnes, même de madame Simon.

Madame Simon :

> Joyeux anniversaire, Ari ! Tu es presque bat-mitsva ! Youpi ! ☺

Alice :

Joyeux anniversaire, joyeux anniversaire, joyeux anniversaire, Arianna Nodberg, la fille la plus chouette du monde, joyeux anniversaire ! On se voit demain ! BISOUUUUUUUUS !

Hana :

Ari, c'est ton anniversaire, et je t'adore, et tu es la meilleure du monde. :-*

Zoé :

JOYEUX ANNIVERSAIRE, ARIANNA SIMONE NODBERG ! JE TE KIFFE !

Jason :

Bon anniv.

Cami :

BON ANNIV !

Golfy :

T'as cru que j'allais oublier ton anniv ? Ben non ! Bon anniv, Ari ! <3

J'aime bien que Golfy ne prenne pas la peine d'utiliser des emojis, mais qu'il essaie de créer un symbole en forme de cœur tout seul.

Lorsque je descends prendre mon petit déjeuner, je découvre une fournée de muffins à la banane et aux noix (ma mère a demandé la recette à la mère de Kaylan) alignés sur la table de la cuisine, des bagels avec du saumon fumé et du fromage frais, du jus d'orange pressé et un plateau de fruits de saison.

« Joyeux anniversaire, Ari ! s'écrie toute ma famille en chœur.

— Merci, dis-je en m'asseyant à table.

— Je vais te conduire au collège, aujourd'hui, m'informe ma mère. Tu ne vas quand même pas prendre le bus le jour de ton anniversaire. »

Je souris et tartine mon bagel de fromage frais.

« Alors, ça fait quoi, d'avoir treize ans ? m'interroge Gemma en prenant une poire sur le plateau. D'être officiellement une ado ?

— Rien de spécial. Pour le moment. »

Tandis que je vérifie si je n'ai pas de graines de pavot entre les dents, le téléphone sonne.

« Ari, c'est Mamina ! » hurle Gemma.

Je lui prends le combiné des mains et n'ai que le temps de dire bonjour : Mamina et Zeyda commencent aussitôt à chanter.

« Merci. Vous vous débrouillez vraiment bien, leur dis-je.

— On ne veut offrir que le meilleur à notre petite-fille chérie, répond Mamina. On chante en direct de l'aéroport ! On sera bientôt avec toi ! Quelle chance !

— J'ai trop hâte, mais je dois filer au collège. À plus tard ! Je vous aime !

— On t'aime encore plus », répondent-ils d'une même voix.

En arrivant au collège, je me sens un peu soulagée de constater que mon casier aussi a été décoré. Une minuscule partie de moi n'était pas totalement certaine que ce serait le cas.

« Des lunettes de soleil en forme de cœurs partout ! » Je tape dans mes mains. « Les filles ! J'adore ! Où est-ce que vous avez trouvé ça ?

— C'est du papier cadeau ! dit Mary en passant un bras autour de mes épaules. En fait, je suis tombée dessus au printemps dernier, et je l'ai gardé exprès pour pouvoir décorer ton casier avec. Incroyable, non ?

— Carrément ! » Je lâche un gloussement. « Les filles, c'est génial.

— Regarde à l'intérieur, regarde à l'intérieur ! » me presse Kaylan.

Lorsque j'ouvre la porte, je découvre une cinquantaine de sucettes géantes en spirales – celles que j'adore et qu'on ne trouve que dans les boutiques de bonbons spécialisées. Il faut au moins, genre, un jour et demi pour les finir.

« Kaylan ! Tu as dépensé toutes tes économies pour les acheter, ou quoi ?

— Tu en vaux la peine, ma chérie. »

Elle me serre dans ses bras.

La première sonnerie retentit et on rassemble nos affaires. Kaylan me prend par la taille, tandis qu'on se dirige vers notre cours de maths.

Je lui demande : « Tu crois que monsieur Gavinder va parler de la lettre ?

— Je ne sais pas, répond Kaylan. J'ai toujours envie de changer de groupe, quoi qu'il fasse. »

On arrive en classe et on s'assied à nos places. Monsieur Gavinder est installé à son bureau et ne regarde personne.

« Tu crois qu'il a deviné que c'était nous ? m'interroge Kaylan. Ou qu'Isabela était dans le coup ?

— Chut. »

Le cours commence, il fait l'appel. Ensuite, lorsqu'il demande qui veut venir faire l'exercice de géométrie au tableau…

Mon cœur se met à tambouriner dans ma poitrine.

C'est le moment de vérité.

Owen lève la main. Puis Kenny, et Rafa, et Daniel.

Et Isabela.

Je ne lève pas la main, parce que je n'ai honnêtement aucune idée de comment résoudre l'exercice. Kaylan non plus.

Et, de toute façon, qui aimerait plancher sur un problème de géométrie devant toute la classe le jour de son anniversaire ?

Pas moi, en tout cas.

« Isabela, viens donc au tableau, s'il te plaît », dit-il en souriant à moitié, sans regarder personne en particulier.

Isabela nous adresse un clin d'œil discret, à Kaylan et moi, tandis qu'elle marche jusqu'au tableau.

Elle complète l'exercice sans la moindre erreur, puis regagne sa place, le sourire aux lèvres.

« Excellent travail, Isabela, la félicite monsieur Gavinder. Bien, maintenant, sortez vos cahiers et faites les exercices des pages 7 et 9. Ensuite, nous ferons la correction. »

Kaylan me griffonne un petit mot.

Ari,
Je suis trop contente. On fera le rituel de la victoire chez nous.
Bisous,
Kay

PS : Déchire ce mot dès que monsieur G. aura le dos tourné, et jette-le après le cours.
PPS : tiens, voilà un super cadeau d'anniversaire pour toi (et moi aussi ☺), ON A FINI LA LISTE ! (Et tu ne trouves pas que le fait d'aider Isabela nous a aussi rapprochées ?)

Je garde le sourire tout le reste de la journée, non seulement parce que c'est mon anniversaire, mais parce que je n'arrête pas de penser à Isabela, et à notre lettre, qui a fait comprendre son erreur à monsieur Gavinder.

Il voit le génie d'Isabela, à présent. Et avec un peu de chance, il interrogera les filles aussi souvent que les garçons, à l'avenir. Peut-être même plus. Qui sait ?

J'ai l'impression qu'on a réellement accompli quelque chose – aussi bien en tant qu'amies qu'en tant que leaders –, et je crois bien que je ne me suis jamais sentie aussi fière de toute ma vie.

Golfy m'appelle après les cours et m'interprète *Joyeux anniversaire*, avant de reprendre le chant en hébreu, comme au camp.

« Waouh, Golfy ! Tu m'avais caché que tu avais une si belle voix. »

Je ne plaisante qu'à moitié : en réalité, il se débrouille plutôt bien.

« Merci. Au fait, c'est demain, ta bat-mitsva, dit-il. Je voulais juste te le rappeler.

— Merci. Mais je ne risque pas de l'oublier. »

Il éclate de rire.

« Ce n'est pas pour changer de sujet, et tu n'as peut-être pas envie de parler de ça le jour de ton anniversaire, mais je voulais te demander : comment ça s'est fini, cette histoire de lettre et de millionnaires désireux d'acheter ta maison ? »

Je me lève pour fermer la porte de ma chambre, en m'assurant rapidement que personne ne se trouve dans les parages, avant de lui répondre.

« Je l'ai remise dans la cuisine, mais sous une pile de papiers. Donc, j'ai fait ce qu'il fallait, même si ce n'était pas forcément la meilleure des solutions. » Je lui laisse le temps de dire quelque chose, mais je crois qu'il attend que je poursuive. « Bref, je l'ai replacée plus ou moins là où je l'ai trouvée, alors ça paraît normal. On dirait qu'elle avait glissé au milieu d'une pile. J'espère que ma mère ne remarquera pas les plis.

— Tu as fait ce qu'il fallait, dit-il. Advienne que pourra.

— Ouais. » Je m'adosse contre mes oreillers. « Sinon, j'ai parlé à mon père. Je lui ai avoué ce que je ressentais.

— Et alors ? »

Je déplie les jambes.

« Bah, il a écouté, en gros. Il n'a pas dit grand-chose.

— Il avait peut-être besoin de temps pour y réfléchir, suggère-t-il. Les gens ne savent pas toujours comment réagir sur le moment.

— Ouais, possible. Mais c'était quand même un peu décevant.

— Changeons de sujet deux secondes. Est-ce que je t'ai déjà parlé de la fois où ce gamin, Wyatt, s'est caché dans les poubelles de mon garage ? »

J'explose de rire.

« Hum, non. Je ne crois pas.

— D'accord. Prépare-toi, c'est une histoire de fou. Il s'était disputé avec son frère – ils sont jumeaux –, et leur mère leur avait ordonné de se séparer, et ensuite... »

Je suis plutôt attentive à ce qu'il dit, mais en vérité, c'est surtout le son de sa voix que j'écoute, et sa façon de raconter son histoire. Je ne suis même pas sûre qu'elle soit si extraordinaire, ou si c'est juste parce que c'est Golfy.

« Golfy, il faut que je t'avoue un truc », dis-je en passant la liste en revue.

Je ressens soudain le besoin d'y apporter un léger changement, d'ajouter quelque chose, de faire un double rituel de la victoire, parce que je m'apprête à accomplir un item pour la seconde fois.

En plus, c'est mon anniversaire, le jour le plus magique de l'année, où je peux faire tout ce que je veux.

« Oui ? »

Je me lance : « Je t'aime bien. Du genre, bien beaucoup. »

Il éclate de rire.

« “Bien beaucoup”. Ça me plaît. » Il marque une pause. « Moi aussi, je t'aime bien. Bien beaucoup. »

Je mets mon portable sur haut-parleur et le pose sur ma table de chevet, avant d'exécuter un rapide rituel de la victoire toute seule.

Il savait sans doute déjà ce que je ressentais pour lui, mais je l'ai quand même dit. À voix haute.

Parler à mon père comptait pour l'item « Avouer nos sentiments à un garçon ». Mais c'est un homme, donc même si c'était important, c'était un peu de la triche.

Et liste ou pas, je voulais que Golfy sache ce que j'avais sur le cœur.

Après ça, il continue à me raconter toutes sortes de trucs – genre, que son BFF du camp, Eli, qui mesure environ cinq centimètres de moins que lui, essaie de convaincre tout le monde de l'appeler Minigolfy l'été prochain.

J'explose de rire.

« *Oh my God !* C'est trop drôle. J'adore.

— Bon, alors préviens les autres, d'accord ? Il faut que ça reste.

— D'accord. Mais pourquoi il lui a fallu tant de temps pour y penser ? Je veux dire, tu as ce surnom depuis toujours, non ?

— Ouais. » Il rit à nouveau. « Aucune idée. »

Ma mère hurle depuis le rez-de-chaussée, qu'on doit se préparer pour le dîner.

« Je dois y aller, Golfy.

— On se voit demain, *à ta bat-mitsva* ! » beugle-t-il si fort dans le téléphone que je dois l'éloigner un peu de mon oreille.

Une fois qu'il a raccroché, je reste assise sur mon lit, les yeux rivés sur les photos de mon panneau d'affichage. Et je me bidonne encore à propos de cette histoire de Minigolfy.

Chapitre 44

Ça fait un peu bizarre de fêter son anniversaire la veille de sa bat-mitsva. Je le célèbre en famille – et cette année, la soirée est plus grande que d'habitude, puisque nos proches qui vivent loin sont déjà à Brookside pour ma bat-mitsva.

On ne fait pas un dîner super classe, comme le voulait ma mère à l'origine, mais les gens du Café Antonucci, le restaurant italien près de la plage, nous permettent d'utiliser leur salle privée sans frais supplémentaires.

Le repas se déroule dans une ambiance festive et sympa, et les serveurs m'apportent même un gros gâteau recouvert de glaçage au chocolat, pendant que tout le monde me chante *Joyeux anniversaire.*

On s'apprête à partir, lorsque Mamina me prend à part.

« Tu es magnifique. Tu le savais ? »

Je souris.

« Tu n'imagines pas à quel point tu es belle, me dit-elle.

— Hum. »

Je ne sais jamais quoi répondre à ça.

« Écoute, j'ai une surprise pour toi. »

Je m'attends à un bijou ou un truc du genre, à voir dans ses mains une jolie boîte bien emballée. Mais elles sont vides.

« Je comptais te l'annoncer seulement demain, mais la journée sera trop mouvementée. » Elle marque une pause. « Zeyda et moi avons décidé de... Tu sais, on vieillit, et Gemma et toi, vous nous manquez, et vous aussi, vous grandissez, et...

— Quoi ? demandé-je, impatiente.

— On va emménager près de chez vous ! On a trouvé un appartement à dix minutes d'ici, dans une communauté très active. Ça va être formidable !

— Quoi ? C'est une super nouvelle ! » Je me mets sur la pointe des pieds et me pends à son cou. « Franchement, c'est le meilleur cadeau de bat-mitsva du monde, Mamina. »

Elle sourit.

« Mon petit doigt me disait que ça te plairait. »

En rentrant du restaurant, on enfile tous nos pyjamas, et ma mère et moi nous asseyons dans la cuisine pour finir les cartons de table. À l'origine, on comptait les faire faire, ainsi que les invitations, par la dame de l'atelier de calligraphie, mais ça aussi, on a dû laisser tomber.

« Je ne suis pas sûre qu'on en ait encore vraiment besoin, puisqu'on ne va plus faire un vrai dîner servi à table, mais c'est toujours utile de savoir où on est censés s'asseoir, non ? » s'enquiert-elle en engloutissant son troisième mini-Snickers de la journée. On a beaucoup tapé dans les sucreries d'Halloween, cette année. « On demandera aux gardiens de la synagogue de les placer sur les tables avant la fin de l'office.

— C'est une bonne idée. Comme ça, personne ne se sentira exclu. J'aimais bien qu'on ait des places assignées à la cantine, en primaire.

— Exactement. »

Ma mère termine d'écrire « Eleanor et Steven Feldman » sur un carton, puis lève les yeux et me sourit.

Oh, mon Dieu. Je préfère ne pas imaginer tous les détails gênants que connaît Eleanor Feldman sur mon compte.

Ma mère continue à me fixer, sans se départir de son sourire bizarre de maman.

« Quoi ? finis-je par lui demander au bout de plusieurs secondes.

— Je suis juste si fière de toi. » Sa voix se brise. « De ta façon de toujours trouver des solutions, de voir le bon côté des choses. Tu es merveilleuse, voilà tout.

— Merci, maman. »

Je baisse les yeux sur la pile de cartons de table et la liste des invités. C'est quand même incroyable, la distance que les gens sont prêts à parcourir juste pour être avec nous.

« Je ne sais pas si papa te l'a dit, mais je ne peux pas toujours être comme ça. Je n'arrive pas à être tout le temps calme et positive. Parfois, c'est impossible, et ça n'a pas de sens. Ce n'est sans doute même pas bon pour la santé, d'ailleurs !

— Je suis au courant, dit-elle. Je suis désolée que tu aies tant souffert de la situation. Et je regrette qu'il m'ait fallu aussi longtemps pour m'excuser. Ce n'est pas ton rôle de nous remonter le moral ou de nous apaiser. Ça ne l'a jamais été. »

Le téléphone sonne, me faisant sursauter, et c'est la fin de ce moment d'émotion.

« Allô ? » répond ma mère.

Elle hoche toujours la tête pendant que la personne qui est au bout du fil parle. C'est plutôt drôle, puisque la personne en question ne peut pas la voir.

Elle hoche encore la tête. Encore. Et encore.

Puis, elle dit : « Oh, oui, je suis contente que vous appeliez. J'avais égaré votre lettre pendant un moment, et je viens tout juste de la retrouver sous une pile de papiers. Ma fille va fêter sa bat-mitsva, alors nous sommes un peu débordés. » Elle marque une pause le temps d'écouter ce que son interlocuteur a à dire. « Mmh mmh. Oui, oui. Que diriez-vous d'attendre un peu ? Nous sommes très occupés, ce week-end. Le week-end prochain, peut-être ? »

Elle se remet à hocher la tête.

« Parfait. Recontactez-moi la veille. » Elle sourit. « Oh, mais je vous en prie. »

Lorsqu'elle raccroche et revient s'asseoir à la table, elle me regarde, pousse un profond soupir, puis retourne aux cartons de table. J'attends quelques minutes dans l'espoir qu'elle me parle de sa conversation téléphonique, mais elle ne dit rien.

Je sais parfaitement de quoi il s'agit. Mais j'éprouve quand même le besoin de le lui demander.

Mon cœur s'accélère légèrement. C'est parfois difficile de poser une question quand on n'est pas certain de vouloir entendre la réponse.

« Qu'est-ce que c'était ? »

Je déballe un énième mini-Snickers.

« Rien d'important », répond ma mère en écrivant « Zoé Krieger » sur un carton.

J'insiste : « Pourtant, ça en avait l'air. »

Elle soupire à nouveau.

« Des gens ont eu un coup de foudre pour notre maison et veulent l'acheter. Mais je ne crois pas qu'elle soit à vendre.

— Bah, comment peuvent-ils l'acheter si elle n'est pas à vendre ?

— Ils ne peuvent pas. » Elle me regarde. « On va les laisser venir jeter un coup d'œil, et peut-être nous faire une offre, mais je ne crois pas qu'on soit prêts à déménager où que ce soit. C'est notre maison. C'est là qu'est notre place. »

J'attends qu'elle ajoute quelque chose, mais elle garde le silence après ça, et écrit tous les cartons de la table de mes amis du camp.

J'aime l'idée d'avoir un groupe d'amis en dehors du collège qui comptent pour moi, et pour qui je compte aussi.

Je lui demande, hésitante : « Il y a du nouveau, pour papa ?

— Pas encore, mais ça va venir. » Elle consulte une fois de plus la liste d'invités. « Je ne veux pas nous porter la poisse, mais je crois que nous aurons bientôt de bonnes nouvelles. Vraiment. »

Cela est-il en rapport avec le dîner auquel ils ont été conviés il y a quelques semaines au Vintage 25 ? C'est peut-être la magie des fameuses pommes de terre rôties deux fois dont tout le monde parle.

Je comprends qu'elle préfère ne pas trop évoquer le sujet avant que ça soit fait, alors je n'insiste pas. Parfois, il suffit d'avoir foi en l'avenir pour que les choses s'arrangent. Ça colle plus ou moins avec mon discours de bat-mitsva : je crois qu'il y a des moments dans la vie où il est super important d'avoir la foi.

Et c'est un de ces moments.

On continue à préparer les cartons de table, et j'envisage de lui avouer que j'ai volé la lettre du couple qui veut acheter notre maison, que je l'ai roulée en boule et cachée.

Mais je ne crois pas que ce soit nécessaire. Je l'ai remise dans la cuisine. Et au fond, j'ai probablement bien fait de la cacher au début. S'ils avaient appelé aussitôt, on aurait peut-être vendu la maison en pensant que la situation ne ferait qu'empirer.

Mamina prétend toujours que rien n'arrive sans raison. Pour être honnête, d'habitude, je lève les yeux au ciel quand elle le dit, parce que je trouve ça un peu facile, comme proverbe.

Mais maintenant, je me rends compte qu'elle n'a pas forcément tort.

Il se peut juste qu'il faille le temps de comprendre pourquoi certaines choses se produisent.

Mais ce n'est pas le moment de penser à ça.

Je n'arrête pas d'avoir de nouvelles idées pour mon discours, et je dois me dépêcher de les intégrer.

C'est excitant quand on approche de l'instant T (peu importe ce que ça signifie), du moment fatidique, de notre date butoir.

Avec le sentiment d'atteindre la perfection, exactement ce que l'on voulait, sur le fil.

J'imagine que je ne suis pas du genre à planifier les choses à l'avance. Ça me rappelle ma première tentative de macaronis au fromage.

Mais je donne toujours le meilleur de moi-même, au moment où ça compte.

Chapitre 45

Lorsque j'ouvre les yeux, au matin de ma bat-mitsva, je sens que ce n'est pas un samedi comme les autres.

Mon réveil sonne à six heures, et ma mère est déjà debout. On se dépêche de prendre notre petit déjeuner (même si je ne peux rien avaler) et de se préparer. Une fois qu'on a tous revêtu nos tenues de cérémonie, on se rend à la synagogue et on essaie de prendre des photos de famille avant le début de l'office.

Des cousins éloignés, que je n'ai rencontrés qu'une ou deux fois dans ma vie, viennent me voir pour me dire des trucs, genre « Qu'est-ce que tu as grandi ! » ou « La dernière fois que je t'ai vue, tu avais perdu tes dents de devant ! », ou encore « Te voilà devenue une bien jolie jeune fille ».

Sans mentir, être appelée « jeune fille », c'est carrément aussi flippant que d'être qualifiée de « femme ».

Je préfère rester une « fille ». Je ne vois pas en quoi c'est gênant.

Après un million de photos prises par mon oncle Scott, qui est en fait photographe professionnel et nous offre ses services pour la journée, il est temps pour tout le monde de prendre place dans le sanctuaire.

Mes parents, Gemma et moi restons près de la porte quelques minutes pour accueillir les invités, et plus ça va, plus mon estomac fait des siennes. Le temps s'écoule au ralenti. J'ai hâte que l'office commence. D'avoir le sentiment de m'en être bien sortie avec toutes les prières, ma section de la Torah, mon discours et tout le reste.

Une fois que les adultes sont presque tous arrivés, vient enfin le tour des enfants.

« Tu es superbe, me complimente Mary en me serrant très fort dans ses bras. Tu es allée chez le coiffeur ? »

Je secoue la tête.

« Ma mère m'a bouclé les cheveux avec ce nouveau fer à friser qu'elle a trouvé sur Internet.

— Ça fait pro, ajoute M.W. Genre, vraiment pro. »

J'éclate de rire.

« Merci, les filles.

— Bon, on va s'asseoir, dit Cami avant de m'envoyer un baiser. Tu es super relax, aujourd'hui, Ari. Tu n'as pas l'air stressée du tout.

— Merci, Cami. »

Kaylan arrive une seconde plus tard, accompagnée de sa mère et de Ryan.

« *Oh my God !* Désolée pour le retard, Ari, dit-elle, un peu essoufflée. Tu ressembles à un mannequin. Un mannequin de bat-mitsva.

— Merci, Kay. »

Je la prends dans mes bras, le cœur battant la chamade.

Ça y est, c'est en train d'arriver. Là, maintenant. Tout de suite. J'ai besoin de quitter mon corps pendant une minute pour observer la scène de l'extérieur. Je veux être pleinement consciente de tout ce qui se passe. M'en imprégner, être attentive, ne pas en louper une miette.

C'est ma bat-mitsva. Aujourd'hui. Maintenant.

Ryan me salue d'un signe de tête, et la mère de Kaylan m'embrasse sur la joue, me dit que je suis superbe et me souhaite bonne chance.

Puis, les filles du camp commencent à arriver. Alice déboule en courant dans le vestibule, me soulève dans les airs et me fait tournoyer.

« Ari, ma chériiiiie ! glapit-elle. *Oh my God !* Tu m'as grave manqué !

— C'est toooiii qui m'as grave manqué, AlKal ! » réponds-je tandis qu'elle me repose au sol.

Zoé et Hana arrivent en même temps et nous attirent, Alice et moi, dans un câlin collectif. On se met toutes à se balancer en poussant des cris, et j'ai soudain l'impression que toute l'assemblée se retourne pour nous dévisager.

« Bon, ça suffit, les filles. » J'essaie de me dégager. « Vous êtes en train de froisser ma robe ! »

Elles me libèrent enfin, mais poussent encore quelques cris stridents. C'est comme si le puzzle était presque complet.

« Est-ce que Golfy est là ? » articule silencieusement Zoé.

Je hausse les épaules.

« Je ne l'ai pas vu, pour le moment. »

Ma gorge se serre et commence à me gratter, et mon estomac se remplit de papillons à l'idée de voir Golfy. C'est un sentiment qui ressemble plus ou moins à celui qu'on éprouve juste avant de recevoir un cadeau qu'on veut absolument, ou quand on se trouve tout en haut du grand huit et que le wagon s'apprête à descendre la pente.

C'est le meilleur genre de stress qui soit.

Notre haie d'accueil est plutôt pas mal, finalement, parce que mes parents sont tellement occupés à discuter avec les nouveaux arrivants, qu'ils ne peuvent pas entendre mes conversations avec mes amies.

Tandis que je remonte l'allée centrale en direction de la *bimah*, quelqu'un me tape sur l'épaule.

Golfy.

« Désolé d'être en retard, dit-il. On était pris dans les embouteillages. Tu es super belle. Tu vas tout déchirer. Tu es ma nouvelle personne préférée dans le monde. Bon, à toi de jouer. À plus. »

Je glousse derrière mes mains, et souris en montant sur l'estrade.

Chapitre 46

Lorsque je regarde toute ma famille et tous mes amis rassemblés devant moi, j'ai carrément l'impression que mon cœur se dilate. Même les filles de la cantine semblent s'intéresser vaguement à l'office – bien plus qu'à Roch Hachana, en tout cas.

Le rabbin Oliker et madame Simon saluent tout le monde, puis disent « *Shabbat Shalom*[13] », et me présentent en expliquant que je dirigerai la majeure partie de l'office. Et tandis que je chante les prières, je ne pense à rien d'autre. Mon esprit ne s'égare pas du tout.

Je vis ce moment en pleine conscience.

Je lis mes parties, puis les membres de la congrégation répondent en lisant les leurs.

13. C'est un salut commun utilisé à Shabbat, ou pour souhaiter « un bon shabbat ».

Je souris en arrivant à mon passage préféré : « "Face aux eaux écartées, nous croyons encore ce qui nous a été révélé avant même de nous tenir au pied du Sinaï : que nous sommes éternellement en Égypte, où que nous allions, qu'il existe un monde meilleur, une Terre promise, que le chemin sinueux menant à cette Terre traverse le désert, et que le seul moyen d'y parvenir est d'avancer ensemble, main dans la main." »

Je songe à toutes les fois où l'on a métaphoriquement avancé ensemble : quand la communauté de Camp Silver m'a ouvert les yeux sur le judaïsme, lorsque Kaylan m'a dit que je pouvais compter sur les filles de la cantine dans les moments difficiles, et puis aussi le lien que j'ai gardé avec mes amis du camp en dépit de l'éloignement, et quand Golfy m'a aidée à trouver une solution pour cette histoire de lettre.

Quand arrive le moment de lire ma section de la Torah, plusieurs membres de ma famille (mes parents, Mamina et Zeyda, grand-mère, mes oncles et tantes) viennent chanter les bénédictions en hébreu avant chaque paragraphe. En gros, ils remercient Dieu pour tout, et surtout pour avoir donné la Torah au peuple juif.

Lorsqu'ils ont terminé, ils m'adressent tous un sourire et me serrent dans leurs bras. Et je crois que le plus fort dans cette expérience, c'est que, bien sûr, c'est ma journée, mais que je la partage avec tant d'autres gens. On a vraiment le sentiment de faire partie de quelque chose.

D'être tous réunis pour célébrer les bons moments et traverser les périodes difficiles. Et si on garde ça à l'esprit et qu'on reste fidèle à ces principes, tout ira bien.

Ici, tous ensemble, aujourd'hui, nous sommes une communauté.

Et encore une fois, c'est la seule façon d'avancer.

L'office se poursuit, et l'heure de mon discours arrive. Il m'a fallu plusieurs mois pour trouver ce que je voulais dire. Mais il est enfin au point.

« Bonjour, tout le monde. *Shabbat Shalom.* Je vous remercie du fond du cœur d'être venus partager ma batmitsva avec moi.

Ma section de la Torah s'intitule *Haye Sarah*, ce qui signifie littéralement "la vie de Sarah".

Il se passe des trucs super importants dans cette section, et il y a plein de sujets dont on pourrait débattre – le mariage, la famille, l'héritage... Mais je n'ai pas le temps d'aborder tout ça, alors vous allez devoir me faire confiance. »

Tout le monde rit. Je me félicite intérieurement et continue :

« L'aspect qui m'a le plus intéressée est souligné dans le titre de la section et à la première ligne : "la vie de Sarah". La section nous indique également que Sarah vécut cent vingt-sept ans, puis ajoute "telle fut la durée de sa vie".

Au début, ça me paraissait un peu répétitif. Mais après en avoir discuté avec madame Simon, j'ai compris que c'était censé l'être, et c'est aussi censé nous faire réfléchir à la vie.

À la façon dont les moments, les jours, les mois et les années s'ajoutent les uns aux autres pour former la "durée de notre vie".

Je crois qu'il s'agit aussi de nous faire comprendre que la vie est longue, mais qu'il y aura des hauts et des bas. Sarah a dû quitter sa terre natale avec Abraham et a essayé pendant des années d'avoir un enfant. Elle finit par en avoir un (Isaac), mais elle est alors très vieille.

La vie est compliquée. On doit traverser des périodes difficiles, en espérant qu'elles passent vite et qu'on en sortira grandis, mieux équipés pour affronter les suivantes. Et puis, on fait notre possible pour profiter à fond des bons moments pendant qu'on a la chance de les vivre.

Tout comme Sarah, j'ai fait face à des épreuves. Les siennes étaient beaucoup plus dures, évidemment. »

Tout le monde éclate de rire à nouveau.

« Mais j'ai aussi connu des moments incroyables. Et souvent, le chemin pour y arriver était semé d'embûches. L'été dernier, j'ai passé quatre semaines à Camp Silver, dans les Berkshires, et je n'avais pas la moindre idée de ce qui m'attendait. Je n'étais jamais allée en colonie de vacances, et je quittais ma famille et ma meilleure amie.

Je ne vais pas vous faire mariner : j'ai passé le meilleur été de toute ma vie – sans vouloir faire de peine à ma famille et ma BFF, Kaylan. »

Je jette un coup d'œil à l'assemblée et croise son regard. Elle lève le pouce dans ma direction.

« À Camp Silver, j'ai appris à vivre en pleine conscience. À profiter à fond de l'instant présent. À apprécier vraiment tout ce qui se trouve juste sous nos yeux, même quand les temps sont durs. Et cela m'a aidée à traverser des moments très compliqués. J'ai monté un club de pleine conscience, qui fera peut-être bientôt partie d'un programme régional dans tous les collèges du comté.

C'est au camp que j'ai pris conscience de l'importance d'appartenir à une communauté, et qu'il est essentiel de s'appuyer sur celle-ci dans les moments difficiles. On a dû me le rappeler plusieurs fois après mon retour, et c'est là que je me suis aperçue que j'appartenais aussi à une communauté ici, à Brookside.

Je suis fière d'être devenue une adulte aux yeux des miens. Je me sens honorée de pouvoir me tenir ici, devant vous, de diriger l'office et de prier avec vous tous. J'espère être capable de me montrer à la hauteur, d'accomplir tous les commandements, et de devenir une adulte juive exemplaire.

Je sais que les jours et les années à venir me réservent d'autres épreuves et d'autres moments merveilleux. J'espère être aussi bénie que Sarah, et vivre une longue vie bien remplie.

Qui sait, peut-être que moi aussi, je vivrai cent vingt-sept ans. »

Nouveaux éclats de rire dans l'assemblée.

Et si je lisais ce discours à l'une des soirées « jeunes talents » que Kaylan veut organiser dans les *comedy clubs* ? Je suis plus drôle que je ne le pense, si ça se trouve.

« Mais la meilleure chose dont j'ai pris conscience, c'est que le judaïsme m'a offert une marche à suivre lorsque rien n'avait de sens, et une communauté sur laquelle m'appuyer dans les temps difficiles. Et j'espère que je pourrai être là pour les autres, comme ils l'ont été pour moi.

Tous ensemble et main dans la main, comme je l'ai lu tout à l'heure. C'est la seule façon d'avancer.

Merci à tous du fond du cœur d'être ici, avec moi, pour ce jour très spécial.

Et merci tout particulièrement à madame Simon, qui m'a épaulée depuis le début. »

Après mon discours, il reste encore des prières, puis le rabbin Oliker fait quelques annonces et me gratifie d'une bénédiction. Et voilà. L'office est fini.

Je m'attendais plus ou moins à être soulagée, mais ce n'est pas vraiment le cas. Oui, je ressens du soulagement, mais aussi une certaine tristesse. Comme lorsque notre anniversaire se termine. On l'a attendu si longtemps, et c'était génial, mais d'un coup, c'est fini.

C'est comme la minute après qu'on a passé un examen de fin d'année, où on est tenté de ressortir ses fiches de révision. C'est super difficile de se défaire de ce sentiment.

Et c'est ce que j'éprouve en cet instant, mais en mille fois plus fort. Parce que j'ai travaillé si dur et appris tant de choses, et que maintenant, c'est derrière moi.

Je regagne le vestibule, où je retrouve ma famille et salue tout le monde. On va tous aller dans la salle de réception pour manger des bagels, et ce sera parfait comme ça. Ce qu'on ne nous dit pas, c'est qu'on est si bien après sa bat-mitsva, on éprouve un tel sentiment de fierté et d'accomplissement, qu'on se soucie à peine de la fête, finalement.

Du moins, en ce qui me concerne.

« Ari, tu es formidable, formidable, formidable, me dit ma mère, en me faisant le plus gros câlin de toute l'histoire de l'univers. Allez, viens, on y va.

— On va où ? demandé-je. C'est par là. »

Je commence à me diriger vers la salle de réception.

« Non, viens avec moi. Par ici. Viens. Tu vas voir », insiste-t-elle.

Je regarde autour de moi et m'aperçois que la foule se disperse déjà. J'ai soudain un mauvais pressentiment, comme si j'étais entrée dans *La Quatrième Dimension* – même si, en vérité, je n'ai jamais vu cette série, alors je ne sais peut-être pas de quoi je parle.

« Attends, qu'est-ce qui se passe ? »

Je tourne la tête pour regarder dans le couloir. Où sont mes amis du camp ? Mes copines du collège ? Je scrute le parking à travers les grandes portes vitrées, et je vois tout le monde monter en voiture. Est-ce qu'ils rentrent tous chez eux ? Mes parents auraient-ils annulé aussi les bagels ? Est-ce qu'on va faire une sorte de brunch festif en petit comité chez Fleetwood, juste pour la famille, sans les amis ?

« Allez, viens. »

Elle me tire par le bras, et des tas de questions fusent dans ma tête.

« Je ne comprends pas ce qui se passe, dis-je tandis qu'on gagne le parking. Sérieux, vous me faites flipper. Et les cartons de table, alors ? »

Gemma s'assied sur la banquette arrière avec moi, en silence, les lèvres aussi pincées que possible, comme si un sourire menaçait de lui échapper à tout instant.

Je chuchote : « Qu'est-ce qui se passe, Gem ? »

Je sais que je peux lui faire cracher le morceau.

Elle secoue la tête.

« Peux rien dire. Je parlerai pas. »

J'essaie de deviner où mon père nous conduit, de voir quelle direction il prend. J'ai l'impression qu'on rentre à la maison. Oh, non, pas un barbecue dans le jardin avec tout le monde. On vient d'en faire un il y a un mois.

Je demande : « Où on va, papa ? »

— Je suis tellement fier de toi, Arianna Simone. »

Pour la première fois depuis une éternité, je perçois de l'émotion dans sa voix, et je dois avouer qu'à ces mots, ma gorge se serre. Mais ça ne répond pas vraiment à ma question.

Chapitre 47

« La piscine ? glapis-je. Qu'est-ce qu'on va faire à la piscine ? »

Je vois les gens entrer, tous encore sur leur trente et un, comme à la synagogue. Je me bidonne littéralement devant un tel spectacle.

« Tu vas voir, dit ma mère. Tu vas voir. »

On suit le sentier qui longe la clôture de la piscine, et on se retrouve bientôt dans le tout nouveau bâtiment, dont la rénovation a duré bien plus longtemps que prévu.

À l'entrée, Joey accueille tout le monde, guide les invités et les aide à s'installer.

« *Mazel tov*, Arianna Nodberg ! beugle-t-il dans son micro, celui qu'il utilise tout l'été pour la Freeze Dance. Notre invitée d'honneur est là ! La star du jour est arrivée ! »

En toute franchise, je n'ai jamais vu Joey excité à ce point.

Les doubles portes du bâtiment flambant neuf s'ouvrent, puis tout le monde crie : « *MAZEL TOV !* » En vérité, ça signifie « bonne chance » en hébreu, mais on l'utilise couramment pour dire « félicitations ».

C'est comme s'ils avaient lancé « surprise ! » à une fête d'anniversaire surprise. D'ailleurs, je crois qu'ils pourraient le faire, parce que je n'ai honnêtement aucune idée de ce qui se passe.

Mais à l'intérieur de la salle gigantesque, j'aperçois tous les gens qui se trouvaient à ma bat-mitsva. Les tables sont parées de nappes en vichy rouge et blanc, du style de celles qu'on verrait à un barbecue, et il y a deux énormes enceintes qui passent *Hava Nagila*. Tout le monde se prend par la main et se met à danser en cercle une *hora* pleine d'enthousiasme.

Les murs sont décorés d'affiches géantes de Camp Silver – je soupçonne Kaylan d'avoir imprimé celles du site et de les avoir fait agrandir.

Comme centres de table, il y a des mini feux de camp fabriqués avec des mouchoirs en papier, des bouts de bois et de l'argile à modeler. Une fausse bougie trône au milieu de chacun d'eux.

« Va voir Kaylan », me dit ma mère.

Elle sourit et se penche pour m'embrasser sur la joue.

Je n'ai pas à aller bien loin, car une seconde plus tard, Kaylan fonce droit sur moi et me serre dans ses bras, si fort que mes pieds décollent légèrement du sol, et que je dois m'assurer que ma robe est toujours en place et que personne ne voit ma culotte.

Des millions de conversations fusent tout autour de nous.

« Kaylan, dis-je, impatiente qu'elle m'explique.

— Arianna, répond-elle en m'imitant.

— C'est toi qui as fait tout ça ? »

Elle hoche la tête.

« Oui, enfin, Alice m'a aidée. C'est elle que tu dois remercier pour toutes les photos de Camp Silver et les banderoles argentées.

— Vous avez préparé ça ensemble ? »

J'ai carrément mal aux joues à force de sourire.

« Tu as raison : une fois qu'on donne une mission à Alice…

— Exactement. » Je l'enlace à nouveau. « Mais sérieusement, tout ça, c'était ton idée ? »

Elle fait oui de la tête.

« Je t'ai dit que je marquerais les esprits.

— La liste avant toute chose, dit-on d'une même voix.

— Mais comment tu as fait ? » lui demandé-je

Elle pose un doigt sur son menton.

« Je me suis mise d'accord avec Joey, et il m'a donné l'autorisation d'utiliser la salle. J'ai envoyé un mail à tous les invités pour les prévenir du changement de lieu de réception. Alice m'a aidée pour tous les trucs en rapport avec le camp. Littéralement. Golfy et Jason m'ont donné un coup de main pour les playlists. Golfy a ajouté toutes les chansons juives, en hébreu, et les musiques pour la *hora*, bien sûr. J'ai fabriqué les centres de table avec ma mère… hum. » Elle marque une pause. « J'ai dit à ta mère que je m'occuperais de tout, elle m'a plus ou moins crue. Mais je pense qu'en réalité, elle ne me faisait pas totalement confiance, parce qu'elle s'est mise à m'appeler tous les deux, trois jours, complètement paniquée.

— Je n'arrive pas à croire qu'elle t'ait laissée faire ça. »

Elle hausse les épaules.

« Au fond d'elle, elle sait que je maîtrise.

— J'imagine. »

Je la serre à nouveau dans mes bras.

« Dis, je peux faire le rituel de la victoire, rapidement, pour avoir réussi à marquer les esprits ? me demande Kaylan. Et après, on dansera la *hora* ensemble ? Voilà un truc que je ne m'attendais pas vraiment à dire un jour.

— Ça sonne bien. »

On va se mettre dans un coin de la pièce pour effectuer le rituel de la victoire, derrière le buffet – qui est entièrement couvert de sandwichs du Harvey Deli.

Je demande : « Je suppose que Cami t'a aussi donné un coup de main ? »

Kaylan hoche la tête.

« Elle n'est pas si mauvaise, finalement », dis-je avec un sourire.

Kaylan balaie rapidement la salle du regard.

« Oh, et monsieur Wainscott s'est chargé des mini hot dogs. » Elle explose de rire. « On ne pouvait pas s'en passer, naturellement.

— Naturellement. » J'éclate de rire à mon tour. « Attends, je ne peux pas te laisser faire le rituel de la victoire toute seule, même si j'ai déjà marqué les esprits et que c'est clairement ton moment... Alors, tu veux bien qu'on le fasse ensemble ?

— D'accord », répond-elle avec un hochement de tête.

On n'a jamais sauté aussi haut, jamais fait un *high five* aussi puissant, on ne s'est jamais étreintes aussi fort.

« Kaylan Terrel, ma très chère BFF, tu as indubitablement marqué les esprits.

— Toi aussi, Arianna Nodberg. Tu as tout déchiré pendant la cérémonie, et tu es officiellement une femme aux yeux des tiens, à présent. »

J'explose de rire à nouveau.

« Où est la bat-mitsva ? » beugle mon père dans le micro de Joey.

Celui-ci est allé chercher une chaise pour qu'ils puissent me soulever.

« Arianna Nodberg, c'est l'heure de la *horaaaaaa* ! »

Tout le monde se prend par la main et se met à danser en ronde. Je vais bientôt me retrouver au milieu, hissée très haut, de façon à voir tous les gens qui m'entourent et profiter pleinement de ce moment de joie.

« Tu dois y aller, me dit Kaylan. Au fait, je crois que je veux devenir organisatrice d'événements, plus tard. C'est ma passion. Ma nouvelle passion.

— Mais tu avais déjà choisi la comédie, pour cet item.

— Pas grave, je referai un rituel de la victoire après la fête. Un double rituel de la victoire. *Yes !* » Elle sourit. « Tu avais raison, on peut carrément avoir plus d'une passion. Et se consacrer à toutes.

— Arianna Nodberg ! » hurle de nouveau mon père.

Puis Golfy s'empare du micro : « Arianna Nodberg, où es-tuuuu ?

— Allez, tu dois vraiment les rejoindre, me presse Kaylan. Ton père et Golfy se partagent le micro.

— Viens. » Je lui agrippe la main. « J'ai besoin de t'avoir près de moi. »

Kaylan sourit et me chuchote à l'oreille : « Quand est-ce qu'on débute notre prochaine liste ? Est-ce qu'on doit encore attendre l'été ? »

Je secoue la tête.

« Non. On n'a qu'à commencer tout de suite. On est des ados, maintenant, on peut faire les choses autrement.

— Ça me plaît », répond Kaylan.

On marche jusqu'au centre de la salle, main dans la main. Alice m'envoie un baiser, Mamina, Zeyda et grand-mère tapent dans leurs mains au rythme de la musique, et mes parents se tiennent la main en sautant sur place.

Je balaie la foule du regard, et un sentiment intense de joie et de chaleur m'envahit.

Les mots que j'ai lus une heure plus tôt résonnent dans ma tête : *« Le seul moyen d'y parvenir est d'avancer ensemble, main dans la main. »*

Pourquoi m'a-t-il fallu autant de temps pour comprendre ce qui m'a permis d'écrire mon discours ?

Les réponses à toutes mes questions se trouvaient juste sous mes yeux depuis le début.

Remerciements

À Dave, Aleah et Hazel : vous êtes les étoiles de ma vie et c'est à vos côtés que j'avance. Je pourrais écrire un livre entier pour exprimer ma gratitude envers vous trois, et ce ne serait pas encore assez.

À tous les Greenwald et tous les Rosenberg : merci pour votre amour, votre enthousiasme et votre soutien.

À toute l'équipe de la bibliothèque de la Birch Wathen Lenox School : j'ai de la chance d'avoir des collègues superstars comme vous.

À Caroline Hickey et Lisa Graff, mes incroyables partenaires de retraite littéraire et amies extraordinaires : je suis vraiment heureuse que la New School de New York nous ait réunies.

À Alyssa Eisner Henkin : je te suis éternellement reconnaissante pour tes conseils et tes encouragements.

À Maria Barbo : j'aimerais faire le rituel de la victoire non-stop avec toi pour te remercier de l'attention, la passion et le dévouement dont tu as fait preuve en travaillant sur ce livre.

À Stephanie Guerdan : tu mérites des *high fives* à l'infini pour toutes tes idées brillantes, ton sens de l'organisation et ta patience.

À Katherine, Ann, Aurora, Amy, Gina, Ro, Emily, Mark, Kimberly, Vanessa, et toute la fabuleuse équipe de chez Katherine Tegen Books : vous êtes les meilleurs des meilleurs, et chaque jour passé à travailler avec vous est pour moi une chance.

À Aleah, Alexander, Daphne, Emma, Gabbi, Lindsay et Sophia : merci pour les dessins.

Et le meilleur pour la fin : merci aux enfants qui lisent mes livres et à ceux qui m'envoient des lettres et des mails. Je vous adore ! N'arrêtez jamais de lire !

Composition : Facompo,
Rouen

MIXTE
Papier issu de
sources responsables
FSC® C003309
FSC
www.fsc.org

Achevé d'imprimer par
Normandie Roto Impression s.a.s.
61250 Lonrai (Orne)
N° d'imprimeur : 1902408

Imprimé en France